지역학으로서의 문학

강원권 문학장 재구

지역학으로서의 문학

강원권 문학장 재구

남기택 지음

삼경문화사

책머리에

이 책은 필자가 연구하고 있는 강원권 사례를 통해 문학과 지역학의 접점을 모색해 보려는 의도로 구성되었다. 지역학으로서의 문학을 구명하기 위해서는 다양한 인접 이론의 체화가 우선 전제되어야 할 것이다. 중요한 문제가 정체성 구명을 위시하여 지역학 담론이 지닌 실천적 성격에 놓이리라 본다. 현 단계 지역학 연구는 결과론적인 학술 담론일 뿐만 아니라 해당 지역의 문화 발전을 선도하는 실천적 계기를 강조하고 있다.

주지하는 것처럼 지역학은 특정 지역의 지리나 역사, 문화 등을 종합적으로 연구하는 학문으로 정의된다. 단순한 사전적 의미와 달리 지역학 연구의 실제에 있어서 그 범위와 방법론은 다양하게 분절 중이다. 지역 단위의 실정적 의미가 강조되고, 그와 관련된 개별 연구의 역사가 축적된 성과를 보이는 시점이다. 그럼에도 불구하고 지역학의 방법론에 관한 합의는 여전히 요원한 실정인 듯하다. 이 책은 일종의 전유 관점으로 본 지역학, 즉 해당 지역의 다양한 문화 콘텐츠를 재구하고 현재화하려는 시도 전반을 유의미한 지역학 범주로 삼는 거시적 관점에 입각해 있다. 문학은 그 중 하나의 각론임이 분명하다.

주된 논점의 예시로써 이 책의 구성 방식을 소개하자면 다음과 같다. 강원권 문학장에서 정전 격으로 거론되는 김동명은 한국 문학사에 각인된 명망과 달리 기존 연구가 충분한 수준은 아니다. 이러한 양상은 김동명 문학에 내재된 일종의 모순적 지형과도 같다. 김동명의 고향인 강릉을 중심으로 진행되고 있는 지역적 전유의 관점에도 문제는 적지 않다. 김동명 문학은 강원 지역에서 원류 격으로 강조되고 있으나 그의 시에 강릉을 비롯한 강원 지역의 장소적 요소가 특별히 부각되지는 않는다. 지역문학적 관점에서의 분석 역시 부족한 실정이다.

지역학 입장으로 착목해야 할 요소를 개발 또는 확장할 필요가 있다. 우선 김동명 시에 고향이라는 원형적 모티프가 예의 등장한다. 여기에는 고향 혹은 향수, 바다 등의 형상화가 포함될 수 있다. 이러한 소재를 통해 시적 헤테로토피아를 추구하는 양상은 김동명 시의 로컬리티가 구현되는 방식이기도 하다. 또한 다양한 문학사회학적 입지를 통해 김동명 시의 지역성을 추론할 수 있다. 강릉 지역에서 하나의 문화 콘텐츠로 김동명 시를 전유하고 있는 제도적 경향은 그의 문학에 내재된 로컬리티를 현재화하는 실천적 노력이라 하겠다. 그 밖에 강원권 시문학의 주류 경향인 리리시즘의 기원이 되고 있다는 점, 민족문학적 특수성을 환기하는 주요 계기로 기능하고 있다는 점 등이 주목되었다.

이 책에서 매체로서 주목한 대상 중 하나는 《두타문학》이다. 삼척 지역을 거점으로 한 두타문학회와 그 동인지 《두타문학》은 오랜 역사는 물론 강원권 문학 단체의 아비투스를 상징하는 사례라 할 만하다. 강원권 지역의 문학 활동이 개별 지역을 배경으로 한 동인 활동에 집중되고 있는 현실은 관련 지역의 문학사적 특수성인 동시에 문학장의 문제적 성격이기도 하다. 지역 문학사의 명맥을 유지하는 중요한 전거라는 의미와 함께 문단의 전문성이나 다양성이 상대적으로 부족하다는 한계를 동시에 지니는 것이다. 두타문학회가 지닌 일종의 경직성은 내부 문제로 한정되지 않는다. 문학적 다양성을 향한 외부의 노력이 병행되어야 한다.

지역 문단의 활성화를 강제할 다양한 장치가 필요하다. 상대적으로 열악한 문학 인구의 양성과 제도적 저변 확대를 위한 제반 노력이 요구되는 시점이다. 강원권 문단은 보편적으로 삶과 창작이 유리되지 않는 에크리튀르의 실존이요, 지역과 예술 공간이 하나의 장에서 길항하며 텍스트를 구성하는 문학적 경계에 해당된다. 이는 지역을 거점으로 한 문단의 활동 방향을 시사하기도 하는데, 지역학으로서의 문학 연구는 이러한 실정성의 학술적 근거를 확보하는 작업일 수 있다. 또한 그 결과를 통해 현재의 문학장을 재구성해 나가려는 실천적 활동 속에서 본연의 의미를 완성될 수 있을 것이다.

고전문학의 경우로는 〈최생우진기〉의 경우를 살펴보았다. 신광한이 조선 중종 때에 현 동해시의 두타산 무릉계곡을 배경으로 하여 창작한 고소설인 〈최생우진기〉는 김시습의 〈용궁부연록〉이나 중국의 〈수궁경회록〉, 〈용당영회록〉 등과 상호텍스트성을 지닌다. 〈최생우진기〉의 플롯은 현실과 판타지의 이야기로 대비되는데, 이는 당대 서사 장르의 전형적 구성을 따르면서 구체적 체험을 반영하는 양상이라 할 수 있다. 그 같은 배경 위에서 〈최생우진기〉는 두타산 무릉계곡의 다양한 장소성을 전유한다. 두타산의 문화지리학적 층위, 장소성 지표로 활용되는 선학의 존재, 신선봉과 관련된 장소 상징, 동해라는 바다의 물성 등이 대표적 양상이다. 이들은 공히 동해나 삼척을 위시한 강원 영동권 지역의 장소성을 함의한다.

〈최생우진기〉의 장소 전유 양상은 해당 지역의 문학사적 전통을 증거하고 로컬 히스토리를 재구성하는 데에 하나의 근거로 기능할 수 있다. 고전문학에 구조화된 장소성 지표는 로컬리티의 관점에서 중요한 요소가 아닐 수 없다. 이는 문학과 예술이 궁극적으로 삶의 반영임을 증거한다. 텍스트에 각인된 장소 형상화 양상은 과거는 물론 관련 지역의 현재적 삶을 조명하는 수단일 수 있다. 〈최생우진기〉의 장소성은 강원권 지역 문학장의 문화유산이자 문학사적 전통으로 전유되어야 한다.

지역학으로서의 문학을 예시해보고자 하는 의도에도 불구하고 이 책이 그에 관한 사례를 성공적으로 분석했다고 보기는 어렵다. 기존의 단편적 입장을 취합한 결과에 지나지 않을지도 모른다. 보다 집중적이고 확장된 논의를 약속할 수밖에 없다. 오늘날의 이론적 수위에서 볼 때, 트랜스로컬리티는 현 단계 문학이론의 공준을 재고하는 방법론적 대안 범주 중 하나로 부각되고 있다. 지역문학의 입론 아래 개별 단위에서의 실증적 고찰이 진일보한 결과를 낳고 있는 것도 사실이다. 이제 지역문학 연구는 이론적 정치함의 제고를 통해 미적 가치의 보편적 수준을 확보하는 데로 나아가야 한다.

급하게 책을 기획하는 과정에서 박종성 사장님을 비롯한 삼경문화사 선생님들께서 많은 배려를 해 주셨다. 공동 작업한 원고 일부를 수록하도록 허락하신 권석순 선생님께도 감사드린다. 흔쾌한 후의들이 다양한 학문 공동체의 긍정적 요소이리라 믿는다. 네트워크의 로컬 연대는 이 같은 정서적이고 제도적인 관계를 포함할 줄 안다. 지역(문학)은 한국문학의 다양성을 증거하고 그 총량을 확보하는 데 필수적인 결절(node)일 수밖에 없다. 이 책은 지역학으로서의 문학적 양상에 관한 초보 단계에 불과할 것이지만, 이러한 배경 작업을 계기로 로컬리티와 트랜스로컬리티의 이론적이고 학술적인 지양 단계들이 연속되기를 기대한다. 지수에게 놓인 횡단의 삶을 응원한다.

2020년 2월 언장골 서재에서

남기택 적음

차례

제 1 부

문학, 지역학, 한국학

1 한국학과 글로벌 학제

2 문학담론과 시대지평

3 현대시와 미적 공준—김동명 시를 중심으로

4 지역학으로서의 삼척문학

5 부재 너머의 장소—강릉권 문학장의 경우

6 〈최생우진기〉의 장소성 전유

지역학으로서의 문학

__강원권 문학장 재구

1

한국학과 글로벌 학제

1. 학제의 기원

문학은 한국학의 특정 분과가 될 수 있을까? 그것이 추상적 질문이 아님을, 2020년 오스카의 주인공 《기생충》은 충분히 증거해 주었다. 아카데미 감독상과 작품상 등을 석권한 봉준호 감독의 이 작품은 한 세기를 넘어서고 있는 한국 근현대 문화 담론의 역사 속에서 가장 빛나는 기념비로 기록될 만하다. 그것은 한국 예술이 지닌 위상을 세계에 각인한 사건이요, 문화가 체현한 제도로서의 힘을 하나의 정언명령으로 각인하였다. 그럼에도 불구하고 문학 혹은 예술이 학제로서 역할하기 위해서는 보다 체계적인 시스템에 의해 구조화될 필요성이 있음 역시 주지하는 바와 같다.

학적 체계가 구비해야 할 제도적 메커니즘의 실제를 하나의 사례를 통해 환기해 본다. 2015년 6월 2일, 미국 캘리포니아 주립대학 로스앤젤레스(UCLA) 한국학센터(Center for Korean Studies, CKS)는 '한국의 새로운 소설(New Fiction from Korea)'이라는 주제 아래 소설가 배수아, 천명관과의 대담회 형식으로 콜로퀴엄을 열었다. 대상 작품은 각각 철수》(*Nowhere to be Found*)와 《고령화 가족》(*Modern Family*)이었다.

LA의 한국문화원이 소개한 바에 의하면, 배수아의 《철수》는 세계적 출판전문그룹 아마존에서 운영하는 번역전문 임프린트 아마존 크로싱(Amazon Crossing)에서 'Nowhere to Be Found'라는 제목으로, 천명관의 《고령화 가족》은 미국의 번역문학 전문 출판사인 화이트 파인 프레스(White Pine Press)에서 'Modern Family'라는 제목으로 2015년 4월 출간되었다. 출간을 기념하여 한국문학번역원에서는 미국 대중문화 연구의 효시 기관이라고 볼 수 있는 서부의 두 대학, 즉 캘리포니아 주립대 로스앤젤레스(UCLA)와 얼바인(UC Irvine)에서 각각 작가의 낭독과 관객과의 대화 시간을 마련하게 되었다는 것이다.[1]

이 행사가 시사하는 사실은 크게 두 가지였다. 하나는 한국문학번역원과 같은 한국학 관련 제도의 활동이 대외적으로 본격 진행되고 있다는 사실이고, 다른 하나는 CKS와 같은 미국 내 한국학 관련 기관이 축적된 경험을 바탕으로 활발히 가동되고 있다는 사실이다. 이 글에서 주목하고자 하는 바는 두 번째 시사점과 관련된다.

한국학의 세계화를 위한 관련 학계의 노력은 이른바 세계화 시대를 맞아 진행된 필연적 결과일 것이다.[2] 한 세기를 넘어서는 근대화의 과정은 한국사회의 위상을 세계적 단계로 격상시키기에 충분했고, 학문과 문화의 측면에서도 전 지구적 가치 구성을 향한 다양한 모색이 진행되고 있는 시점이다. 이 지점에서 오늘날의 학문이 서양에 기원을 두고 있다는 사실을 다시 환기하고자 한다. 이른바 근대의 보편화에 따른 학문과 예술의 서구적 공준은 자명한 현실이 되었다. 모더니티는 국가와 제도의 형식일 뿐만 아니라 사상과 학문을 범주화하고 이론적 근거를 제공하는 본질적 기제가 된 것이다. 이런 맥락에서 모더니티가 편제한 전 지구적 학제는 학문의 기원뿐만 아니라 예술의 존재 방식을 규명하는 보편적 형식이라 하겠다.

핵심적 내용을 보면 오늘날 학문은 합리성과 실증성을 본질로 지닌 채 진리를 탐구하는 것이 그 목적이라는 명제가 공준으로 작용하고 있다. 근대적 학문의 보편적 패러다임에 담긴 합리주의에의 맹신이 회의되기 시작한 것은 거대 담론이 해체된 이후의 일이다. 시학이나 미학의 기원 역시 이

1 https://www.kccla.org/korean/calendar_view.asp?cid=3756&imonth=6&iyear=2015.

2 이 글에서 '한국학'이란 "한국에 관련된 각 분야를 연구하는 학문"으로서 "한국의 역사, 지리, 정치, 경제, 사회, 문화" 등을 다루는 것이라는 사전적 정의(표준국어대사전)를 따르며, 그와 관련된 현대적 학제 전반을 가리키는 폭넓은 개념으로 사용하기로 한다. 그런 점에서 "전통적인 한국의 어문학, 역사학, 철학, 농학, 법학 등"을 가리키는 '국학' 개념과는 층위가 다르다고 하겠다.

와 다르지 않다. '한국학'이라는 학제의 범주 또한 이러한 메커니즘을 따른다고 하면 지나친 일반화일 수도 있겠다. 그렇지만 자본주의에 근거하는 학문과 예술의 제도화가 파생하는 병폐들이 다양하게 실재하는 것이 현실인 이상 기존의 공준에 대한 반성적 성찰은 충분한 의미를 지닌다.

오늘날 한국학의 세계화와 관련된 담론 양상을 보면 이 근본적 문제에 대한 성찰보다는 기존의 공준을 전제로 한 형식적 활성화 양상에 천착되는 경우가 많다. 즉 현 단계 학문과 예술을 구성하는 서구적 기원을 간과한 채 기존의 패러다임이 허용하는 자장 내에서 헤게모니를 나눠 갖거나 점유하기 위한 제도적 노력에 치중하고 있는 것이다. 이는 한국학의 세계화에 대한 모색이 내적 지양의 결과라기보다는 외적 강제의 질서 속에서 구조화되고 있는 형국이라 비유할 수도 있을 듯하다. 이 글은 위와 같은 전제 아래 한국학의 세계화를 위한 우리의 제도적 노력이 어느 수준이며 앞으로의 방향성은 무엇인지에 대해 논하고자 한다.

2. 현황 및 쟁점

한국학의 대표적 범주로서 한국어문학을 들 수 있을 것이다. 이 분야에 있어서 세계화에 대한 관심이 처음 제기된 것은 한국전쟁 이후의 일이다.[3] 주요 양상을 개관해 보자면, 한국어문학의 세계화 방안은 1950년대 조용만, 김양수, 조연현 등에 의해 처음 모색되기 시작하였다. 이 시기 한국어문학의 세계화 방안은 문학 분야에 집중된다. 그 결과 민족문학의 관점을 부각하였다. 세계문학과의 비교문학적 관점에서 민족문학으로서 한국문학이 갖는 세계적인 보편 자질의 측면을 주로 모색하였던 것이다. 이들의 지닌 민족문학적 관점의 모색은 1990년대 이전까지 계속되었다.

1990년대에 들어 논의는 보다 확대된다. 설성경은 한국문화관광연구원의 《문화정책논총 6》에서 〈한국문학의 세계화 방안〉(1994)을 논의하였다. 그는 노벨문학상 수상을 위한 전략으로서 한국문학의 세계화 획득 방안과 외국문학 수용을 통한 강화 방안을 모색했다. 이후 2000년에 들어와 세계

3 이하 관련 내용은 〈어문연구학회 2015 학술대회지원 사업계획서〉(2015. 5.)에서 인용 및 재구성.

문학비교학회에서 '한국문학의 세계화 방안에 대한 연구'를 특집으로 다루게 된다. 권영민, 이태동 등은 한국문학 세계화의 문제를 본격적으로 탐색하였다. 그런데 이들 연구는 한국문학 작품의 해외 번역 출판의 문제에 국한된 경향을 보인다.

2013년에는 겨레어문학회에 의해 '인문학의 한류를 위한 세계적 시야의 한국어문학 연구와 교육'을 주제로 국제학술대회가 개최되었다. 2014년에는 '한류와 한국어문학—한류의 학문적 전환과 창조적 모색'이라는 주제로 학술대회를 개최했다. 그런데 이들 학술대회는 한국어의 세계화 방안, 고전문학의 문화콘텐츠화를 통한 한국문학의 세계화 방안 등에 국한된 경향이 있었다. 또한 이러한 경향은 이른바 '한류'의 관점에서만 세계화를 탐색하였다는 아쉬움을 남기기도 한다.

한편 해외 학계의 동향으로서 2014년 10월 미국 버클리 캘리포니아대에서는 '신경숙과 한국문학'이라는 주제로 국제심포지엄이 개최되었다. 신경숙의 《엄마를 부탁해》의 영어판 *Please Look After Mom*은 2011년 미국에서 처음으로 번역 출간된 후 〈뉴욕타임스〉 베스트셀러 순위에 오르면서 미국 내 관심을 증폭시키기도 했다.

이러한 학술행사 및 출판 경향을 통해 한국어문학 텍스트가 세계사회 속에서 세계시민을 독자로 하는 경향, 곧 한국어문학의 세계화가 점차 확산되고 있음을 파악할 수 있다. 그럼에도 불구하고 한국어문학의 세계화 방안은 예시한 바와 같이 극히 지엽적인 차원에서 모색되고 있다. 예컨대 민족주의적 관점, 한국어교육의 관점, 한류의 관점, 번역 출판의 관점 등에 국한된 경향이 있는 것이다. 따라서 보다 거시적인 문화의 관점에 주목할 필요가 있다. 그리하여 어문학의 종속, 지식의 종속, 문화콘텐츠의 종속 등으로부터 벗어나 세계사회에서 대등한 관계로 교섭할 수 있는 한국어문학의 세계화 방안을 중층적으로 모색해야 할 것이다.

한국학의 세계화는 민족주의의 패권화와 관련된 지적 욕망과는 무관한, 일종의 시대적 흐름에 따른 필연적 대응이라는 입장에서 접근해야 할 문제이리라 본다. 오늘날의 지적 수위에 따르자면 국민국가 단위의 공동체 구성과 학문적 경계는 이미 시의성을 상실한 지 오래다. 앤더슨의 도발적인 문제 제기 이전에도 초역사적 국민국가의 실체에 대해서는 꾸준한 지적 회의가 이어져 왔다.[4] 공간이론 분야의 석학 르페브르가 자본주의적 생산관계에 의한 권력의 배치로써 공간 생산을 비판적으로 분석한 것도 이미 1970년대를 전후한 시기였다. 이 책의 레미 에스가 쓴 서문에 따르면 르페브르는 1960년대 후반 《도시에 살 권리》로부터 잡지 〈공간과 사회〉를 위시하여 《도시 혁명》, 《마르크스 사상과 도시》, 《공간과 정치》 등을 거쳐 《공간의 생산》이라는 역작에 이른다.[5] 이러한 지적 맥락을 일관되게 관통하는 문제의식은 공간과 권력 사이의 불가분한 관련에 대한 변증적 모색이라 할 만하다. 오늘날 신자유주의의 전면화와 세계시장의 보편화는 국민국가 단위에 대한 회의가 이미 시의성을 상실하고 있다는 실정을 단적으로 증명하고 있기도 하다. 이러한 실정은 어문학을 포함한 문화의 기존 경계에 대해서도 동일한 입론을 강제하고 있다.

이 같은 시류에도 불구하고 현 단계 한국학의 세계화 수준은 앞서 예시한 바와 같이 지극히 미비한 수준이라 하겠다. 이는 학문이나 문화의 기저에 존재하는 국가 공동체의 토대적 수준과 밀접히 연동된다. 이른바 '국력'으로 상징되는 한국사회의 현 수준은 세계적 질서 속에서 제3세계 단계를 벗어나지 못하는 지정학적 위상에 머무르고 있는 것이 사실이다. 이 글은 위와 같은 현실적 조건 속에서 국어국문학 연구의 현 단계를 다양한 관점에서 논구하고 그 방향성을 모색하는 데 초점을 맞추고자 한다. 한국어문학 연구는 이제 국가 경계를 넘어 글로벌 담론의 콘텐츠를 모색해야 하고, 그에 내재된 현 단계 지식 지정학의 식민성을 인식해야 하며, 보다 실질적인 차원에서 세계화를 위한 학제와 형식을 마련해야 한다.

세계의 각 국민국가는 민족성, 고유성, 전통성, 정체성 등을 강조하면서 국가와 국가, 민족과 민족의 경계를 강화하여 왔다. 그러나 최근 경제의 글로벌화는 국민국가의 경계를 약화시키면서 시장을 중심으로 세계사회를 통합해가고 있다. 국민국가 혹은 민족국가는 더 이상 자신만의 고유성, 전통성을 고집하기 힘들게 되었다. 그보다는 영토성 혹은 고유성의 경계를 허물고, 나아가 서로 밀접한 관계 속에서 상호 의존성을 증가시켜나가고 있다. 이러한 세계사회의 변화는 정치경제, 과학기술 분야를 넘어 사회문화적 양

4 베네딕트 앤더슨, 윤형숙 역, 《상상의 공동체》, 2002 참조.

5 앙리 르페브르, 양영란 역, 《공간의 생산》, 2011 참조.

상으로 확대되고 있다. 정치경제, 과학기술 분야의 세계화는 강대국 중심의 선진 국가들에 의해 주도되면서 경쟁력이 취약한 여러 후진국이나 개발국들의 유관 분야에 영향력을 행사하고 있다. 이러한 권력지향적이고도 패권 중심적인 영향력의 행사로 인해 경쟁력이 취약한 여러 후진국이나 개발국들의 정치, 경제, 과학기술 등은 선진국에 종속되기에 이르렀다.

현재 세계화는 여러 분야에서 빠르게 진행되고 있다. 사회문화 분야도 예외는 아니다. 문화의 세계화는 저가 컴퓨터의 보급, 인터넷의 확대, 각종 소셜 미디어의 등장, 영화 및 TV 프로그램의 동시 상영, 온라인 쇼핑 보편화 등에 의해 빠르게 진행되고 있다. 이런 사회적 변화에 따른 문화의 생산, 분배, 소비의 세계 체제는 현대적인 문화 및 생활양식을 전 지구적으로 확산시키는 역할을 수행하는 동시에 선진국에의 문화적 종속을 심화시키는 결과를 낳고 있는 실정이다.

문화의 세계화 흐름 속에서 한국어문학의 문화적 종속 문제도 예외가 될 수는 없다. 문화 생산의 기저에 해당하는 언어와 문학은 자국의 고유성과 전통성, 민족성과 정체성을 수호해야 하는 당위성이 있는가 하면, 자국의 언어와 문학을 세계 시민들에게 현대적인 문화 및 생활양식으로 보급해야 하는 소명 또한 지니게 되었다. 따라서 한국어문학이 선진국의 문화적 종속화로부터 벗어나 세계화로 뻗어나가기 위한 보편성과 대중성의 방안을 찾아야 할 필요가 있다. 한국어문학의 세계적 위상을 제고함으로써 글로벌 수준의 담론장을 형성하는 것은 국문학 연구의 당위가 된 것이다. 이때 중요한 입장이 민족국가 단위의 정체성이나 문화적 패권주의를 넘어서는 특이성(singularity)의 관점이어야 할 것이다.

3. 학문의 제도화, 제도화된 학문

현대 사회에서 학문은 물론 문학 역시 제도화되는 것은 필연의 결과이리라 본다. 문제는 그 시스템을 얼마나 합리적이고 효율적으로 구성하느냐의 차원일 것이다. 한국학의 글로벌 시스템과 관련된 현황 분석을 위해 앞서 본 CKS의 사례를 소개하기로 한다. CKS 홈페이지에는 아래와 같이 설립 배경 및 목적을 설명하고 있다.

UCLA 한국학센터는 UCLA 내에서 급증하는 한국학 관련 분야의 여러 프로그램을 발전시킬 것을 목적으로 1993년에 설립되었다. 한국학센터는 대부분의 교수진이 한국학 전문가들이며, 학부 및 대학원 모두에서 최대 규모의 한국학 전공자를 보유하는 등 미국 본토에서 최대의 한국학 프로그램을 주도하고 있다.

The UCLA Center for Korean Studies was established in 1993 to coordinate development of UCLA's burgeoning programs in this field of research. Center presides over the biggest Korean Studies program on the mainland of the United States, with the most specialists dedicated to Korea on its faculty and the largest number of students studying Korean subjects, at both the undergraduate and graduate levels.[6]

우리나라의 한국학 관련 대표적 기관으로 한국국제교류재단(KF)을 들 수 있다. 이 기관이 한국어 해외 보급과 해외 한국학 진흥을 주요 목적으로 외교부 산하 특수법인으로 설립된 것이 1991년이고 보면, CKS의 설립은 국내를 대표하는 제도적 움직임과 거의 동시에 출발하고 있음을 알 수 있다. 이 연구소를 이끄는 존 덩컨 교수는 하버드대 데이비드 매켄, 카터 에커트 교수 등과 함께 해외 한국학 2세대의 대표 학자에 꼽힌다.[7] CKS와 같은 학제가 지닌 프로그램은 다양한 부문의 한국학 전문가를 자연스럽게 수용하고 있다. 대표적인 예가 방문학자(Visiting Scholars) 프로그램이다. CKS는 매년 전 세계의 대학과 관련 기관을 대상으로 학자 방문 프로그램을 운영하고 있다. 방문학자는 UCLA 도서관과 연구 시설을 이용할 수 있으며, 공동의 연구 공간이 제공된다. 다음은 방문학자 프로그램에 대한 공식 안내문이다.

Each year, the UCLA Center for Korean Studies welcomes scholars from universities and institutions throughout the world, who are drawn to UCLA for its dynamic research environment. These visitors

6 한국학센터 홈페이지에서 인용. 번역은 이 글의 것이다. http://international.ucla.edu/cks/about.

7 "한국학' 연구하는 외국인 학자들', 〈동아일보〉 2014. 5. 24. 참조. 이 기사에 따르면 미국, 중국, 일본, 러시아 등의 한국학 원로학자들은 중국학, 일본학, 러시아학을 공부하다가 한국으로 관심을 옮긴 경우이다. 그런데 덩컨과 같은 2세대 학자들은 1970~80년대 한국학의 기초를 직접 체험하며 연구한 이들에 속한다.

> include academics, scholars, and senior government officials, representing every discipline of Korean Studies. These visitors provide a valuable resource for the Center's faculty and graduate students, as well as the Los Angeles community as a whole, and enhance UCLA's coverage in Korean Studies. The Center for Korean Studies provides limited administrative assistance to visiting scholars and helps scholars with access to UCLA's library and research facilities. Because of severe space limitations throughout the university, the Center is unfortunately unable to provide private office space to visiting scholars.[8]

이 프로그램은 유료로 운영된다.[9] 그럼에도 불구하고 매년 평균 20여 명의 관련 학자들이 이 프로그램에 참여하고 있다. 대개의 방문학자들은 CKS를 포함한 UCLA 관련 시설을 이용하면서 소속 기관에서 미리 신청한 연구 과제를 1년간 수행한다. 그러면서 앞서 소개한 것과 같은 소규모 연구회 혹은 콜로퀴엄에 참여하며 연구 정보를 공유하게 된다. CKS의 이러한 제도적 장치는 그 자체로 전 세계의 한국학 관련 학자가 자발적으로 참여하는 기제로 작동하고 있다. 한국학 연구와 세계화의 관점에서는 전유하고 지향해야 할 국제적 시스템이라 할 만하다.

한국학의 세계화를 위한 국내 학계의 움직임 역시 활발해지고 있다. 개인 단위에서도 다양한 연구비 수주와 학술 활동을 통해 한국학의 세계적 담론 형성을 위해 노력하고 있다. 대학 단위에서도 일부 대학에서는 적극적인 관심을 보인다. 전담 연구소나 연구팀이 구성되어 활동하고 있는 것은 대표적 사례라 하겠다. BK 사업을 위시하여 각종 연구지원 사업에서도 세계화를 위한 조직적 움직임을 보이고 있다. '국제화' 지표를 주요 평가 항목으로 설정하는 현상은 한국학의 세계화를 강제하기 위한 제도적이고 실천적인 노력의 일환으로 볼 수 있다.

그럼에도 불구하고 그 내실을 살펴보면 여러 한계가 산재한 것도 사실이다. 무엇보다 이른바 국제화의 수준이 개인적 차원에서의 학회 활동이나 개별 논문 작업이 지배적 형태라는 점을 들 수 있다. 대학이나 연구팀 단위에서의 각종 콘텐츠도 한국어 강좌를 근간으로 하고 있으며, 대상 국가 역

8 http://international.ucla.edu/cks/programs/visitingscholars.

9 행정 비용(administrative fee)은 학자의 경우 연간 3,000달러, 비학자의 경우 8,000달러이고, 지원비(application fee) 500달러를 공통으로 요구하고 있다.

시 동남아권 단위를 벗어나지 못하는 실정을 보인다. 세계화와 관련된 학계의 현 수위를 보여주는 현상이라 하겠다.

국가적 단위에서 비교하자면 상황은 더욱 열악하다. 자국 언어 및 학문 진흥과 관련된 한중일 3국의 대표적 기관을 비교해 보면 그 실정이 적나라하게 드러난다. 단적인 예로 한국국제교류재단의 연간 예산은 중국의 공자학원과 일본의 국제교류기금에 비해 1/6에도 못 미치는 수준이다. 해외 사무소 현황 역시 2013년 현재 6개국 7개소에 불과한 실정이다.[10]

한국학과 관련된 국가적 시스템의 이와 같은 실정은 한국학 세계화를 향한 전망을 어둡게 한다. 위 보고에 따르면 한국어 및 한국학 지원 관련 부처와 기관의 유기적 협력도 제대로 이루어지지 않고 있다. 부족한 하드웨어를 극복할 내적 연대마저 부족한 실태인 것이다. 학문의 제도화에 따른 한계가 이와 연동된다. 현실이 이렇기에 제도적 사업의 일환으로 한국학의 세계화를 성취하는 것은 요원한 기대일 수밖에 없다. 한국학과 관련된 개별적 단위로부터의 인식론적 전환과 실천적 연대는 이러한 실정으로부터 비롯되는 필연의 과제이기도 하다.

4. 문학장의 경우

학문과 예술이 제도화된 현실 속에서 이를 주관하는 국내 시스템은 지극한 행정주의적 수준을 벗어나지 못하고 있다. 따라서 중요한 것은 한국학의 개별 분과나 실천 단위들의 자발적 노력이라 하겠다. 본 장에서는 문학 분야에 초점을 두어 관련 문제를 논의하기로 한다. 대상 지역은 현 단계 글로벌 학제의 중심지요 한민족 최대의 이민 장소인 미주 지역을 대상으로 삼고자 한다.

한국문학의 세계화와 관련된 문학장의 모색은 여느 분야와 마찬가지로 열악한 실정이다. 한국문학의 세계화를 위한 교두보이자 실천 단위로서 미주 지역 한인 문단을 예시할 수 있을 것이다.[11] 미주 지역에서 본격적 문단을 구성한 계기는 1973년 12월에 간행된 《지평선》으로 파악되고 있다. 《지

10 "한국학' 연구하는 외국인 학자들', 앞의 글에서 발췌.

11 이하 내용은 남기택, 〈미주지역 디아스포라 시문학의 양상〉, 《어문연구》 70, 어문연구학회, 2011. 12에서 발췌, 재구성.

평선》은 "1940년대 초 만주의 망명 문단이 엮은 《在滿朝鮮人詩集》 이후 두 번째로 해외동포 문단에서 발간된 동인지"일 뿐만 아니라, 오늘날 LA를 중심으로 발간되고 있는 '미주한국문인협회' 기관지 《미주문학》의 모태라는 의미를 지닌다.[12] 《재미시인선집》은 《지평선》 1, 2집 직후인 1975년에 간행되었다.[13] 이후 1980년대 들어 본격적으로 문단 제도가 발전하게 된다. 대표적인 예로 1982년 '미주한국문인협회', 1983년 '크리스찬문인협회', 1987년 '재미시인협회', 1989년 '미동부한국문인협회' 등의 창립을 들 수 있다. 이들 기관지인 《미주문학》, 《크리스찬문학》, 《外地》, 《뉴욕문학》의 창간[14]을 비롯하여, 유사한 시기에 시 장르와 관련된 주요 매체로서 미동부 지역의 최초 동인지 《신대륙》,[15] 종합 장르로 전문 구성된 《객지문학》,[16] 미주한국문인협회에서 캐나다를 포함하는 시선집으로 기획한 《바람의 고향》[17] 등이 간행된다. 이들을 전후하여 미주 지역 한인 문단은 거점 지역을 중심으로 동인지 및 기관지 형태의 문예지를 지속적으로 발간하게 된다. 그리하여 선집, 동인지, 기관지 등의 매체를 통해 문단을 형성하고 활동하는 메커니즘이 문단의 주요 아비투스(habitus)로서 미주 지역에 정착하게 되는 것이다.

이들 문예지는 재미 한인 문단의 정립기를 대표하는 상징적인 의미를 지닌다. 그 이유는 동인지 《지평선》이 "다만 이십여만 교포들이 살고 있는 미주에서도 우리 교포 문단이 형성되기를 바라는 마음"에서, 또한 "기계화된 거창한 사회제도 속에서 우리 교포문학은 출현되지 못할까 두려우며 어설피 미국화되어 버리기를 원하지 않음"[18] 이유로 발간되었다는 사실을 통해서 간접적으로 확인된다. 동인지 간행에는 '교포 문단'이 부재하는 현실 속에서 본격적인 문단을 형성하려는 의지가 담겨 있는 것이다.

12 정효구, 〈재미한인 동인지 《지평선》의 양상과 그 의미〉, 앞의 글, 85~86쪽.

13 김시면 외, 《재미시인선집》, 하서출판사, 1975.

14 창간 연도는 《미주문학》(미주한국문인협회, 1982), 《크리스찬문학》(크리스찬문인협회, 1983), 《외지》(재미시인협회, 청한문화사, 1989), 《뉴욕문학》(미동부한국문인협회, 1991) 등과 같다.

15 《신대륙》은 미국 동부지역(뉴욕)에서 1985년부터 1986년까지 총 3호를 출간한 종합 장르 동인지이다.

16 고원 외, 《객지문학》(재미작가6인집), 융성출판, 1986.

17 미주한국문인협회 편, 《바람의 고향》(재미시인시선집), 범우사, 1986.

18 《지평선》 2집의 마종기, 최연홍, 황갑주 3인이 쓴 '후기', 정효구, 〈재미한인 동인지 《지평선》의 양상과 그 의미〉, 앞의 글, 98쪽 재인용.

위와 같은 현황을 볼 때 재미 한인 문단은 이른바 동인지 문단을 형성하고 있음을 알 수 있다. 일종의 집단주의 혹은 팩셔널리즘(factionalism)이라고 할 만한 구조를 지니는 것이다. 이러한 문단 제도는 정립기의 필연적 형태라 하겠다. 불모지와 같은 현실 위에 사적인 문학 팩션의 형성은 무엇보다 우선적인 과제였음을 짐작할 수 있다.[19] 하지만 문학적 경험이 축적되어 나가면서도 위와 유사한 문단 에꼴이 강화되는데, 이는 이민족 사회에서 특수하고도 배타적인 집단을 형성한 채 유지되는 디아스포라의 문화적 범주를 전형적으로 보여주는 양상이라 하겠다.[20] 이를 하나의 팩션 형태로 가리킬 수 있는 이유에는 그 밖에도 재미 한인 문단 자체에 내재하는 분파적 성향 역시 포함된다. 한국 문학장 내에서도 동인지 혹은 기관지를 매개로 한 집단적 문단 구조, 학연과 등단 매체를 중심으로 형성되는 문단 에꼴은 보편적 현상이다. 또한 문단의 활성화 양상은 그 자체로 미주 지역 디아스포라 문학의 특수성에 해당되기도 한다. 기타 국가 한인 디아스포라 문학이 강제 이주라는 배경에 따라 문학장 성립 자체의 현실적 어려움이 실재했던 점에 비해 재미 한인의 경우 자발적 이산이라는 조건이 전제되어 있다. 그 결과 문학장의 형성과 구조 역시 상대적으로 자유롭고 활성화된 형편인 것이다. 이 과정에서 팩션 형태가 깊이 내재하게 되는 메커니즘이 미주 지역 디아스포라 문단의 특수성이라 하겠다.

미주지역 문단의 팩셔널리즘은 문학 특유의 장르적 속성에 의한 것이기도 하다. 이러한 판단에는 문단 내에서 시 장르가 압도적 우위를 차지하고 있다는 점이 전제된다. 그 위에 시 장르가 지닌 내적 요인과 개별 작품의 경향이라는 외적 요인이 더해진다. 우선 내적 연관으로서, 재미 한인 한글 시문학의 경우 문학적 수월성을 담보한 미적 가치를 미국 주류 문단 내에서 인정받는 경우가 드물다. 이는 문학 내면의 미학적 문제와 연동된다. 문학적 수월성의 편차는 곧 시적 상상력 자체의 구조적 차이이기도 하다. 이때 '언어'가 파생하는 인식과 문화의 이질성은 한국과 미국의 문학적 차

19 한국 문학사의 전개에 있어서 1920년대 전후 동인지 문단이 지닌 위상과 의미는 하나의 참조점을 제공하리라 본다.

20 김종회, 〈남북한 문학과 해외 동포문학의 디아스포라적 문화 통합〉, 《한국현대문학연구》 25집, 한국현대문학회, 2008. 8., 487~508쪽.

이를 가져오는 결정적 원인일 것이다.[21] 물론 시에 있어서도 영어권 텍스트의 경우 한글 시문학의 양상과는 상당한 차이를 보인다. 예컨대 한인 이민 3세인 캐시 송은 'The Best American Poems'에 선정될 정도로 중심 문단에서 주목할 만한 활동을 펴고 있다.[22] 하지만 이 글의 대상인 시단 정립기에 국한하자면 영어권 텍스트를 찾아보기 힘든 실정이어서 1964년 이주한 고원의 *The Turn of Zero*(1974)가 주목되는 정도이다. 유선모는 한국계 미국인 작가들의 작품 활동을 시대별로 분류하면서 1970년대를 부재의 시기로 남겨놓고 있다.[23] 그럼에도 불구하고 1980년대 들어 최초의 영문판 시집인 김정미의 *Chungmi*(1982)를 위시하여 캐시 송의 *Picture Bride*(1983), 김명미의 *Under Flag*(1991) 등이 발간되며 미 문단의 주목을 끈 사례는 고무적인 성과라 하겠다.[24] 이들의 언어 전유와 그를 통한 시학적 성취는 재미 한인 한글 시문학의 발전 가능성과 방향에 대한 하나의 예표일 것이다.

다음으로 외적 연관으로서, 실제 시작품의 양상에서 개인적 정서 표출이 두드러진다는 점을 들 수 있다. 이 또한 미적 자율성의 예술태로서 근대시가 지닌 보편적 현상일 것인데, 그로 인해 다민족 국가의 정체성과는 거리가 먼 지엽적인 서정 장르의 양상을 반복 재생산하게 된다. 한편 재미 한인 사회가 형성되는 역사적 맥락 역시 외적 연관의 하나로서 고려되어야 한다. 한인 이주의 배경에는 기독교운동이 자리하고 있었고, 그 전개 과정에서 기독교와 정치적 분파주의 사이의 길항이라는 요소를 발견하게 된다.[25] 이러한 사회적 배경 위에 하나의 상부구조로서 형성된 재미 한인 문단은 지역별 동인회나 단체 중심의 팩션 성향을 지닌 채 전개되어 나간다.

21 이에 대해 이명재는 "미국 주류 문단과는 대조적으로 민족공동체적 소수 민족의식과 경계인(marginal men) 및 이방인 의식에서 스스로 여러 문학단체를 결성하고 다투어서 의욕적으로 여러 매개체인 문예지도 잇따라 발간하고 있"음을 지적한다. 이명재, 〈미주 한인문학의 현황과 특성〉, 한국문학방송(http://www.dsb.kr), 2009. 12. 24, 10쪽(인쇄본).

22 2000년 선정. 기타 예일대학의 '젊은시인상' 수상을 위시한 작품 활동에 대해서는 전종진, 〈현대 미국시의 경향—미 문단에서 주목받는 캐시 · 송을 중심으로〉, 《문예운동》 2005년 봄호, 265쪽 참조.

23 유선모, 《한국계 미국 작가론》, 신아사, 2004, 29~32쪽.

24 이들의 작품 경향에 대해서는 위의 책, 128~142쪽 참조.

25 Wayne Patterson, "Christianity, American Missionaries, and Korean Immigration to the United States, 1903~1915", 《2011 Dongsoon Im and Mija Im Conference of Korean Christianity 자료집》, 2011. 10. 21, 27~28쪽.

요컨대 분파적 문단 제도는 미주 지역 한인문학의 특수성이자 한계를 가리키지만, 이는 역설적으로 디아스포라 혹은 소수성을 구성하는 일요소를 제공한다. 동인 위주의 문단은 재미 한인 시문학을 디아스포라 문학으로 구성할 수 있는 실정적이고도 제도적인 근거인 것이다.

활성화되어 있는 디아스포라 문학 현장인 재미 한인 문학장은 민족국가 단위로 설정되었던 한국문학의 외연을 확장하고, 공동체에 대한 탈근대적 사유를 가능케 하는 물리적 기제일 수 있다. 그럼에도 불구하고 현 단계 미주 지역 한인 공동체의 특수성 중 하나로 정착된 배타적 민족주의 성향을 간과할 수 없다. 1960년대 이민법 개정 이후 본격적 이주가 시작된 이래, 미주 지역 한인들은 비교적 빠른 시간에 한인 커뮤니티를 형성하고 주류 사회의 주변 단위로 포섭된다. 재미 한인들은 특유의 근면 성실로 안정적 정착에 성공하지만, 한편 이민 1세대들의 정체성에 내면화된 '단일민족' 이데올로기는 문화적 충돌이나 인종적 갈등을 낳는 원인으로 상존하고 있다.

오래간만에 제 나라에 가서
미국 거지가 왔다는
옛 친구들 바람을 맞고 돌아온
한국 사람이 또 하나
총에 맞아 죽었다.

한 줄기 바람이 휙
쏘고 갔다. 그저,
아무렇지도 않게
바람이 지나간 자리에
아무 그림자도 없었다.

—고원, 〈바람 · 5〉 전문[26]

고원은 미주 지역 한인 문단을 대표하는 작가 중 한 사람이다. 이 작품은 "한국 사람이" 비극적으로 "총에 맞아 죽"은 풍경을 담담히 묘사한다. 그 사건은 "그저,/ 아무렇지도 않게/ 바람이 지나간 자리"로 등치되고 있다.

26 고원, 《고원문학전집》 II, 고요아침, 2006, 99쪽.

소수민족으로서의 불평등한 사건은 이주의 삶에 있어서 가장 서러운 현실일 것이다. 총기 소지는 미국 주류사회 내에서도 찬반 논란이 끊이지 않는 심각한 사회 문제 중 하나이다. 해마다 수많은 관련 사건이 발생하지만 총기 소지가 여전히 허용되고 있는 현실은 자유와 인권을 상징하는 한 축 이면에 거대한 무기산업 자본의 헤게모니라는 다른 한 축이 양립하는 이중적 의미를 지닌다. 미국 내 소수자라는 에스니시티(ethnicity)를 지닐 수밖에 없는 한인들은 종종 총기 범죄의 희생양이 되고 있다. 가장 비극적인 사건일 수 있는 총기 사건의 희생자를 지극히 건조한 어조로 묘사하는 위 작품은 그 담담한 어조로 인해 비극성을 더한다. 이러한 사건은 스스로 "또 하나"의 징후가 된다. 즉 불평등한 인종차별적 사건이 결코 일회성에 그치지 않음을 반증하는 무언의 역설을 담고 있는 것이다. 이러한 실존적 조건 속에서 배타적 민족주의를 극복하고 전문적 문학장을 구성하는 일은 결코 쉬운 일이 아니다.

이와 같은 재미 한인 문단의 실정은 외국의 현장에서 한국학 전파의 주요 매개인 한인 문학장이 지극히 소수민족적이고 자기만족적인 시스템을 벗어나지 못하고 있다는 판단과 연계된다. 한국학의 세계화를 위해서는 한국 내의 이론적 접근으로는 한계를 지닌다. 해외 각국에 파급되어 있는 한국학 관련 한인 단체와 개인의 실질적 활동이 매개될 때 한국학의 세계화는 보다 구체적으로 실현될 수 있을 것이다. 이 글에서 살핀 미주 지역 한인 문학장의 구조적 한계는 앞으로의 과제를 시사한다. 즉 실질적인 교류와 실천, 기존 학제와 문화적 경계를 넘어서는 다양한 접근이 필요한 것이다.

5. 과제와 전망

한국학의 세계화를 위해서는 다양한 차원에서 보다 체계적인 준비와 대응이 필요하리라 본다. 이 글의 입장에서 가장 시급한 과제 일부를 제안하자면 다음과 같다. 먼저, 관련 예술단체 및 연구자 간 해외 교류를 위한 이론적 토대가 필요하다. 현 단계 진행되고 있는 한국어문학 연구의 세계화 방안 및 관련 결과물들은 해외 한국어문학 연구들과의 담론 공동체를 형성하는 데 일조할 수 있다. 그럼에도 불구하고 현 단계 관련 학계나 대학에서 한국어문학 전공 분야의 해외 교류는 기타 학문 분야에 비해 지난한 실정이다. 해당 기관들이 해외 교류를 위해 공통적으로 전제하고 있는 형식은 연구계획서를 위시하여 외국 기관과의 협약 혹은 연구가 매개된 초청 공문 등이다. 한국어문학의 본령과 속지가 한국으로 귀속되는 이상 해외 대학이나 학계로부터 제도적인 양식을 만들어내는 과정이 결코 쉽지는 않다. 제도적 개선을 통해 해외 교류를 위한 구체적인 방법과 콘텐츠를 제공할 필요가 있다.

다음으로, 한국문화의 종속화 연구를 심층적으로 진행할 필요가 있다. 지식의 종속, 어문학의 종속, 문화콘텐츠의 종속 양상을 구체적으로 분석해야 할 것이다. 이는 곧 창의적인 지식과 어문학 텍스트 및 문화콘텐츠 생산을 위한 토대로서의 의미를 지니기도 한다. 세계사회에서 한국문화의 위상은 한국어문학 연구의 활성화와 질적 수준이 담보될 때 비로소 진일보할 수 있다. 한국어문학은 문화의 기초이자 커뮤니케이션의 기본 도구요 범주이기 때문이다. 관련 문인 및 연구자 간의 활발한 해외 교류가 시급하고도 중요한 이유도 이와 무관하지 않다. 그럼에도 불구하고 현 단계 한국어문학과 문화는 세계적 차원에서 그다지 높은 위상을 점하고 있지 못한 실정이다. 이는 과학기술이나 자본시장과는 또 다른 한국어문학의 구조적 종속성을 반영하고 있다.

그 밖에, 한국어문학 텍스트의 해외 번역 출간을 위한 체계적 구조, 홍보 및 유통의 시스템, 학제간 연구틀의 활성화 등이 시급한 과제로 부각되고 있다. 한국어문학의 특수성을 세계사회와의 보편적 관계선상으로 잇는 것이 필요하며, 그 결과 인간 삶의 실존적 탐구라는 인문학의 본령을 수행할 수 있어야 한다. 이러한 담론 공동체의 형성은 지식의 종속적 관계로부터 벗어나 대등적 관계를 구성함으로써 문화적 불평등을 불식시키고 문화적 삶을 향상시킬 수 있는 기회 요소로 작용할 수 있다. 이를 위해서는 동궤의 문제의식으로 도출된 구체적이고도 제도적인 실천 방안을 필요로 한다. 개인 연구자는 물론 대학이나 학회 차원에서의 조직적 대응이 필요하리라 본다. 또한 이러한 목적은 개별 지역이나 에콜의 시도만으로는 완성되기 어렵다. 다양한 지역에서 관련 학자층의 연대와 모색이 필수적인 과제일 것이다.[27]

27 이상 〈어문연구학회 2015 학술대회지원 사업계획서〉, 앞의 글 참조.

이상의 과제는 다분히 이론적이고 상식적인 논지에 해당될 것이다. 그런 점에서 상투적 결론이기도 하다. 해외 한국학 관련 석학들은 공통적으로 현 단계 한국사회의 실정과 한국학의 현재를 있는 그대로 세계와 소통할 것을 강조하고 있다.[28] 있는 그대로의 현실을 세계와 자유롭게 소통하는 과정에서 새로운 세대들에 의해 자연스럽게 한국학의 미래가 구성되어야 한다는 입장인 것이다. 이러한 입장은 비교적 객관적인 시각에서 한국학의 본질과 체계적 구성을 위한 방안이겠지만, 한편으로 현 단계 학문이 놓인 위계적 질서를 암묵적으로 허용하는 관점일 수도 있다.

따라서 이 글은 그 밖에도 우리 고유의 학문적, 예술적 지평을 이론적으로 확립해나갈 것을 제언하고자 한다.[29] 문학에 국한하자면, 우리에게 고유한 미학이란 것이 존재하는가를 반성적으로 성찰해야 한다. 2015년 문단에 불거졌던 표절 시비는 부족했던 미적 숙의의 건강한 계기를 마련하였다는 점에서 역설적으로 유익한 사건일 수 있다. 문학의 제도화가 필연인 이상 표절의 문제 역시 제도적 보완을 통해 해결을 강제하는 방법이 가능하다. 나아가 제도화된 감각의 경계를 벗어나려는 사유와 실천적 운동이 필요한 시점이다. 우리에게 요구되는 미학이란 무엇이며 한국문학의 새로운 가능성이란 어떤 것인가를 함께 고민할 필요가 있다.

이 글의 입장은 구체적인 삶의 장소에 기반한 미학적 필요성을 강조하는 것이다. 차이의 반복을 전제한 시학의 갱신이 요구된다. 우리의 요구가 '한국문학'이라는 범주를 구성하고 전제하는 것이라면, 이때 주목해야 할 화두 중 하나가 공동체의 가치일 것이다. 장소성에 대한 천착과 전유는 이에 대한 하나의 기준이 될 수 있다. 그것은 곧 정체성에 매몰되는 부패한 사랑의 길을 넘어서는 방식이기도 하다. 네그리와 하트에 따르면 정체성과 통일성에 매몰된 사랑은 부패한 것이요, 차이를 포함하지 않는 반복에 불과하다. 따라서 진정한 사랑은 "공통적인 것 안에서 이루어지는 특이성들의 마주침과 실험"이어야 한다.[30]

인간이 고유한 이상 개별적 삶이 이루어지는 장소로서의 지역은 기관

28 "'한국학' 연구하는 외국인 학자들', 앞의 글 참조.

29 이하 세 단락은 졸고, 〈미적 근대의 재구〉, 《내일을 여는 작가》 2015년 하반기호, 87~88쪽 재인용.

30 안토니오 네그리 · 마이클 하트, 정남영 · 윤영광 역, 《공통체》, 사월의책, 2014, 267쪽.

화되지 않은 무수한 분자들의 세계와 같다. 이에 대한 관심은 관계를 감각하는 주요한 수단이라 하겠다. 미적 경험의 공통성을 향한 자의적 지향은 시학이 현존하는 다양한 층위를 사유하는 데서부터 비롯된다. 미적 인식의 재구는 결국 삶의 질서를 재구성하는 길이요 기존의 감각적 배치를 전복하는 실천이기도 하다. 시학이 지닌 통시적 협의를 보다 다양한 공시적 담론장으로 개방할 필요가 있다. 아감벤의 비의적인 표현을 빌면 도래하는 공공체는 임의적 존재로서의 특이성을 지니지만, 그 순수한 특이성의 형상은 "오로지 자기 자신이 어떤 이념, 즉 자신의 가능성들의 총체와 맺는 관계를 통해서만 규정"[31]될 수 있기 때문이다.

선험적인 당위성을 지닌 이론이란 존재할 수 없다. 한국문학은 다양한 이론적 입장 위에서, 자발적이고 특수한 미학의 지평을 지속적으로 고민해야 한다. 그와 동시에 보다 실질적인 교류와 실천이 뒤따를 때 한국문학의 세계화는 국내와 국외 양방의 차원에서 점진적으로 실현될 수 있다. 효율적 행정 논리와 물리적 시공간 등의 장해를 넘어서는 것은 문학이라는 장르의 존재 조건이기도 하다. 포즈 너머, 문학 본연의 미학을 체현하려는 고투 속에 경계를 넘어서는 소통은 그 가능성을 실재로 드러내리라 본다. 한국학의 세계화가 향후 그려 나갈 궤적 역시 이와 다르지 않을 것이다.

31 조르조 아감벤, 이경진 역, 《도래하는 공동체》, 꾸리에, 2014, 95쪽.

지역학으로서의 문학

_강원권 문학장 재구

2
문학담론과 시대지평

1. 공간의 귀환

현실은 담론을 구성한다. 모든 이론은 현실의 사건과 사유가 결집된 추상적 결과일 것이다. 그렇게 구성된 이론의 작용은 동시에 그 역의 성립을 가능케 한다. 담론의 결과는 사후적으로 또 다른 현실과 실천의 장을 계기한다. 오늘날 공간에 대한 일련의 담론이 형성하는 이론적 수준은 공간과 장소에 관한 새로운 인식과 모색을 강제하는 주요 기제로 작용할 수 있다.

공간이 존재의 배경인 이상 삶을 반영하는 문학에 있어서 그것은 중요한 화제가 아닐 수 없다. 시간과 공간은 문학뿐만이 아니라 다양한 학문의 오랜 연구 주제 중 하나인 줄 안다. 그럼에도 불구하고 공간은 사회학의 주변 주제로 취급되어 왔다. 슈뢰르의 정리에 따르면 우리 일상의 결정적인 심급으로 간주되고 있는 것은 시간 구조이며, 사회학에서 공간에 대한 관심이 본격 제기된 것은 비교적 최근의 일이다.[1]

서구 형이상학의 전통에서 시간은 대체로 혁신, 진보, 문명 등의 긍정적인 이미지를 동반해 왔다. 반면 공간은 정체, 단순재생산, 노스탤지어 등의 부정적인 내포 의미를 지닌다. 그 결과 변동과 변화의 성향을 지닌 사회

1 이하 사회학에서의 공간 부재 원인에 대해서는 마르쿠스 슈뢰르, 정인모 · 배정희 역, 《공간, 장소, 경계》, 에코리브르, 2010의 1부 1장 '사회학의 공간 망각에 대하여' 참조.

학 이론과 공간은 선험적으로 모순되는 것처럼 보인다. 근대의 발전이 결국 공간을 극복하고 정복하는 것을 목표로 진행되어 왔다는 역사적 사실은 사회학에서 공간이 소외될 수밖에 없었던 결정적 원인을 확인케 하는 소이이기도 하다. 그 밖에도 사회학에서 공간 망각의 주된 원인으로 근대적 학제의 분리를 들 수 있다. 예컨대 사회적인 것과 연관된 사회학, 공간적인 것과 연관된 인문지리학의 정립이 그것이다. 사회학과 지리학 사이의 엄격한 분업 등은 사회학이 공간과 무관하도록 만들었다는 것인데 비교적 최근에 이르러서야 이 양상이 변화되고 있다. 그런 변화는 사회학에서의 공간 재발견이 지리학에서의 공간 상대화와 병행하는 것과 상관이 있으며, 이를 사회과학 내 '공간의 귀환'[2]이라고 부를 수 있겠다.

이 글은 오늘날 공간의 사회학이 형성하는 이론적 지평을 참조하면서 이를 문학 분석에 적용할 수 있는 접점을 모색하는 시론적 성격을 지닌다. 특히 지역문학론에 주목하여 공간의 사회학을 지역문학 연구에 적용하고자 하며, 그 일환으로 강원권 지역 문학장의 구체적 사례를 제시하기로 한다.

2. 공간, 지역문학, 경계사유

공간의 귀환을 주목하는 문학의 입장으로서 무엇보다 지역문학론을 들 수 있다. 지역문학론은 오래 전부터 구체적 장소에 주목하여 왔다. 공간의 문제는 문학작품을 해석하는 주요 매개일 뿐만 아니라 지역문학론을 성립 가능케 하는 이론적 거점이기도 한 것이다.

로컬의 가치를 증거하고 실천하기 위해서는 인식론적 전환이 필요하다. 문학이론의 주류를 반성적으로 검토하고 새로운 관련 논리 모색이 필요한 이유가 이와 연동된다. 지역문학론은 그 자체로 '공간적'이요 하나의 경계 담론을 구성한다. '지역문학'이라는 범주를 호명하는 순간 그 대타적 범주로서 한국문학 혹은 중앙문학이 전제된다는 점에서 그러하다. 이때 미뇰로 식의 '경계사유(border thinking)'는 다양한 참조점을 제공한다.

경계사유는 유럽 모더니티의 관점을 벗어나고, 서벌턴의 시각에서 식민

2 Waldenfels가 사용한 이 비유는 위의 책, 25쪽에서 재인용.

주의적 차이를 인정하기 위해 미놀로가 전유하는 용어이다.[3] 미놀로는 두셀의 논의를 인용하면서 에스파냐어에서 '차이(difference)'가 놓이는 두 지표인 'lo otro'와 'el otro'를 '내부' 종속성과 '외부' 종속성으로 번역하고자 한다. 나아가 마르크스주의를 위시하여 '식민주의 경험'을 전제하지 않은 이론은 '식민주의적 차이'를 제대로 설명하지 못한다고 주장한다. 예컨대 아메리카 인디언과 아프리카 흑인 노예제는 언제나 '타자'일 수밖에 없다. 여기서 타자는 '동일자'의 보완적 부류인 내부 종속성(lo otro)이라기보다는 체계 밖의 영역으로 추방된 외부 종속성(el otro)으로서의 타자, 이를테면 식민지화 과정의 외적 서벌턴으로 규정될 수 있다.[4] 이처럼 중남미를 둘러싼 세계질서에 대한 미놀로의 비판적 논급을 통해 강조되는 이 용어는 사실 그 전부터 포스트 담론 속에서 직간접적으로 주목되어 왔다. 미놀로의 오랜 관찰이 능숙하게 묘파하고 있듯이 전 지구적 세계질서는 모더니티와 식민주의의 양립을 허용하지 않는다. 동전의 양면과 같은 이 근대/식민 세계 체제를 직시하고 넘어서기 위해서는 인식론의 근본적 재구가 필요할 것인데, 여기서 유용하게 기능할 수 있는 방법론적 범주로서 경계사유가 부각되는 것이다.

이러한 문제의식은 지역문학을 바라보는 관점에도 그대로 적용될 수 있다. 지역문학이라는 문제적 범주는 그 용어에서부터 이중적 의미를 지닌다. 지역의 많은 문인들이 지역문학이라는 용어를 사용하는 데 거부감을 느낀다. 이러한 거부감에는 문학이면 똑같은 문학이지 왜 '지역'을 들어 스스로를 제한하는가 라는 판단이 전제되어 있다. 그러나 시각에 따라 전혀 다른 입장이 가능하다. 모든 문학이 인간의 삶을 반영하고 구체적인 장소를 배경으로 생성되는 한 어떤 작품이든 지역문학 아닌 것이 없기 때문이다.

한편 한국 지역 문학장의 거점 단위들과 기타 지역을 대비하여 볼 때 또 다른 이중성이 드러난다. 예컨대 강원권은 지역문학 담론의 현 단계 수위 속에서도 가장 소외된 지역에 해당된다. 이 말은 해당 지역 문학장 내에서 창작이나 연구의 수준이 상대적으로 부족하다는 말인 동시에 지역 문학 일반론의 차원에서도 무관심의 대상이 되고 있다는 뜻을 함의한다. 기존의 상징적이고 선도적인 작업들 속에 강원권 지역문학이 거론되지 않거나 인

3 월터 D. 미놀로, 이성훈 역, 《로컬 히스토리/글로벌 디자인》, 에코리브르, 2013, 31~32쪽.

4 위의 책, 292~299쪽, 그리고 305쪽 참조.

색한 것은 해당 지역과 관련된 텍스트의 부재만을 의미하지는 않는다. 그것은 사실이 아니다. 이에 대한 문제의식적 접근이 필요한 실정인 것인데 경계사유의 입론은 이러한 개별 지역의 문화적 당위성을 견인하고 공간의 재구성을 견인하는 시의적 수단으로도 기능할 수 있다.

한국 문학장은 한국사회의 큰 타자라 할 정치경제적 종속성의 구조로부터 자유롭지 못하다. 기형적 자본주의와 분단모순, 그로부터 비롯된 중앙 중심의 메커니즘 등은 종속적 사회 구성의 대표적 형태라 할 수 있다. 오늘날 지역문학이 처한 문학장 내 위상은 이러한 구조적 불균형의 산물이기도 하다. 이를 포함한 지역문학의 실정성 문제를 경계사유의 관점에서 숙의하는 과정은 곧 미학적 대안과 로컬리티 범주를 구성하려는 실천 행위이기도 할 것이다. 이러한 실천적 노력들이 문학장의 진지한 담론 수준을 형성할 때 지역문학의 진정성과 예술적 가치가 현재화될 수 있을 것이다.

경계사유는 이처럼 기존 범주가 지닌 통념과 선입견, 혹은 인식론적 구조를 회의하는 목적의식적 태도이기도 하다. 또한 공간에 대한 기존의 통념과 인식 구도를 재구할 수 있는 방법론적 범주에 해당된다. '라틴아메리카'라는 용어가 실제 남미의 지정학이나 역사에 있어 '라틴'과 무관한 상상된 기표였듯이, 지역문학 역시 문학 보편의 가치가 귀속되는 미적 근대의 공준에 의해 호명된 예술적 서벌턴일 수 있다. 그 중에서도 일부 지역은 지역 문학장 내의 또 다른 굴절이라는 문제적 지형을 지닌다. 연대의 필요성은 이로부터 비롯되는 실정적 요구에 해당된다. 로컬의 역사는 그 자체로 완성될 수 없다. 기타 지역과의 연대와 모색, 동일성과 차이성을 궁구하는 과정에서 진정한 경계의 실체가 형성될 것이며 또한 고유한 로컬 히스토리로서의 지역 문학장을 구성할 수 있으리라 본다.

3. 문학사회학과 로컬 히스토리

공간의 모순, 지역 문학장의 중층성 지역문학론의 이론적 정립과 트랜스로컬의 지향을 위해서는 다방면의 모색이 필요할 것이다. 이 글은 현 단계 지역문학론의 장에서 가장 소외된 지역이 강원권 지역문학 현황이라고 보고 있다. 이에 따라 먼저, 강원권 지역문학 담론의 현황을 점검해보고자 한다. 강원권 문학장은 지리적 특성상 영동권과 영서권의 분할이 필연적이다. 이는 지리적 특성일 뿐만 아니라 그로부터 비롯되는 정서적, 장르적 차이를 동반한다. 현 단계 문학제도적인 차이도 이러한 특성을 보이는데, 지역문학에 대한 최근의 관심은 영동권에서 보다 주목된다. 대표적인 사례로서 '관동문학회'를 중심으로 하는 '강원도 작고문인 세미나'를 들 수 있다.

관동문학회는 2013년과 2014년 현재 3회에 걸쳐 강원도 작고문인 세미나를 개최했다. 여기서 다루어진 작고문인들은 강원권 지역 문단의 형성과 전개에 직간접적으로 기여한 이른바 1세대 문인들이다. 필자는 이 일련의 세미나에 참여하면서 대표적인 작가들의 문학세계 전반을 지역성에 바탕하여 개관한 바 있다. 문제적인 것은 지역 출신의 작가라고 해서 지역문학적 특성이 두드러지지 않는다는 사실이다. 보다 복합적 요소로서 문학적 실천의 전문성과 관련된 근본적 모순들을 발견할 수 있다.

일례로 강원 영동 지역 문학장의 1세대 문인격으로 거론되는 정순응(1910~1994) 시세계를 예시해보면 다음과 같다.[5] 우선 정순응의 생애에 있어서 시인으로서의 이력이 그다지 특화되는 것은 아니다. 이는 "나는 시인은 아니"[6]라는 스스로의 고백을 통해서 단적으로 확인될 뿐만 아니라 실질적인 문학 활동의 양상, 텍스트가 이룬 미학적 수준 등을 일별하더라도 대체로 동의할 수 있는 판단이다. 그렇다면, 그럼에도 불구하고 정순응 시세계를 학술적으로 논구해야 하는 당위성이 우선 전제되어야 할 것이다.

정순응 시세계의 예술적 수월성이나 문학사적 의미 등은 구체적 작품에 대한 면밀한 고찰을 통해 귀납해야 할 문제이다. 입론 단계에서 정순응 시 논구의 당위성은 무엇보다도 지역문학적 관점에서 일차적으로 확보된다. 정순응은 강원 영동 지역 문학장에서 문단 1세대로 제도화되고 있는 인물이다. 정순응 시가 해당 지역의 거점 문학제도인 '관동문학상'을 제1회로 수상(1991)하였다는 사실은 이에 대한 상징적 사례라 하겠다.

한편 이 같은 지역 문학사적 평가가 문학 자체보다도 역사전기적 위상에 따른 것일 수 있다는 점은 이러한 실정이 보다 복잡한 지형을 내포한 문제임을 암시한다. 그렇다 하더라도 결과적으로 정순응 시가 강원 영동 지역, 특히 강릉의 지역 문학사와 관련하여 간과할 수 없는 구성 요소로 실재

5 관련 논의는 남기택, 〈정순응 시의 실정과 로컬리티〉(제2회 강원도 작고문인 세미나 발표문, 2014. 9. 13) 참조 및 재인용.

6 정순응, 〈자서〉, 《동해를 바라보며》, 고려원, 1984.

한다면 그에 대한 이론적이고 미학적인 조명은 필수적인 작업에 해당되리라 본다. 위 〈자서〉에 기술된 정순응의 다음 회고는 이에 대한 판단에 하나의 단서를 제공한다.

> 그러나 어려서부터 詩를 좋아했고 朝鮮日報 時代日報 등에 詩作을 발표해 오다 十八세 때 朝鮮日報 詩壇에 게재된 〈無題〉가 추후 압수되어 日警 高等係에 호출되고 당시 高普校長의 깊은 배려로 文學活動에서 손을 씻고 공부에 專念하였다.[7]

위에서 보는 바와 같이 정순응이 문단에 데뷔한 것은 오랜 기원을 지닌다. 엄창섭은 "《조선일보》(1926년)에 시 〈無題〉를 발표하며 민족적 울분을 꽃 피운 바 있"[8]음을 적시함으로써 정순응 시세계의 형성 무렵을 증거한 바 있다. 그런 정순응이 일경 호출을 야기한 사건을 계기로 절필한 내력, 즉 〈자서〉에 드러난 대로 "이 詩 한편은 내 人生의 將來를 가름하는 계기가 되어 文學지망에서 의사가 되었"던 이력은 문학사적으로는 아쉬운 면모가 아닐 수 없다.

정순응 시의 중층성은 위와 같은 역사전기적 배경으로부터도 드러난다. 문학장에 있어서 한 편의 시가 인생을 가늠하는 계기가 되었다고 표현할 때 대개 시인으로서의 삶을 결정짓는 동인이라는 맥락으로 작용할 터이지만, 정순응에게 있어서는 "文學지망에서 醫師가" 될 수밖에 없었던 비문학적 사건이었던 셈이다. 그로 인해 정순응 시세계는 말년에 이르러 《東海를 바라보며》(1984)와 《산정수정》(1986)에 집약되는 양상을 결과적으로 낳게 되었다. 그럼에도 불구하고 그 사건은 오늘날 정순응 시의 실정성 차원에서, 즉 강릉을 중심으로 한 강원 영동 지역 문학장에 있어서 그의 문학이 지니는 명망과 위상을 결정짓는 문학사회학적 요인으로 작용하고 있다는 점에서 문학적 생애와의 연관이 사후적으로나마 증거되는 셈이다. 요컨대 그는 지역에서의 오랜 사회적 실천, 이를테면 "짧지 않은 세월을 한결같이 인술을" 펼치고 "평생을 소외된 이웃을 위하여 넉넉함과 베풂의 소중함을

7 위의 글.

8 엄창섭, 〈자연과 생명에의 서정적 변용—동포 정순응 박사의 생애와 다도〉, 《현대시의 현상과 존재론적 해석》, 2011, 131쪽.

몸소 실행"한 인물이었다.[9] 이처럼 해당 지역에서 노블레스 오블리주를 실천한 생애는 오늘날 강원 영동 지역 문학장에서 정순응 시가 지닌 위상을 결정하는 주요 요인이라 할 수 있다.

정순응 시의 문학적 모순이라 함은 이러한, 적어도 문학과 관련된 복잡하고도 사회적인 연관을 가리키기도 한다. 그렇다면 이에 대한 '문학적' 평가는 어떠해야 하는가. 정순응 시를 지역문학적 관점에서 혹은 한국 문학사의 한 지표로서 구명하는 과정에는 위와 같은 문학적 지형에 대한 이론적이고도 학술적인 논거와 입장이 포함되어야 할 것이다. 이는 현 단계 강원권 지역문학론의 수위와 관련하여 공통적으로 발견되는 이론적 한계이자 지향점이라고 할 수 있겠다.

이와 같은 정순응 시세계의 중층적 요소는 강원권 지역 문학장의 구조적 속성과 유비되는 지점을 지닌다. 요컨대 강원 지역은 근대화의 과정과 질곡 속에서 정착과 안주의 장소라기보다는 자발적 이주와 이산의 공간으로 구조화되는 측면을 지닌다. 이에 관한 실례로서 강원영동지역문학의 전범적 존재로 거론되는 김동명(1900~1968)의 경우를 예시할 수 있다. 김동명의 문학세계에서 지역성이 특별히 부각되는 것은 아니고, 전기적 배경 속에서도 지역적 삶의 요소는 출신 근거로밖에 확보되지 않는다. 그럼에도 불구하고 김동명 문학은 강릉이 고향이라는 이유로 인하여 근대 강원영동지역문학의 출발을 알리는 상징으로 기능하고 있다.[10] 김동명은 강원 영동권의 각종 기록이나 문단 제도에 의해 이곳 지역문학의 전범으로 재생산되고 있는 것이다. 김동명 문학은 지역문학의 정체성을 구성하는 주요한 계기로서 실재하고 있는 바 이러한 실정적 층위로부터 강원영동지역문학으로서의 입지는 확보될 수 있다.

김동명 시의 대표작으로 잘 알려진 〈파초〉는 서정적인 어조로 조국을 떠난 파초의 슬픔을 표현하고 있다. 여기서의 '조국'은 곧 서정적 자아가 지향하는 장소를 환기한다. 그것은 현실의 질곡과 상반되는 지향의 공간이며 궁극적으로 모든 존재가 귀속될 원초적 장소이기도 하다. 지역문학적 관점에서 주목해야 할 부분이 '향수'가 환기하는 장소성일 것이다. 김동

9 위의 글, 같은 쪽.

10 김동명 시의 지역문학적 배경에 대해서는 엄창섭, 《김동명 연구》, 학문사, 1987 참조.

명 시에 나타나는 원형적 공간으로서의 장소성은 향수 혹은 고향 등과 더불어 '바다'와 연동된다. 가령 "바다여 네 가슴 속에는 푸른 하늘이 잠겨 있고/ 네 입설에선 끊일줄 모르는 노래가 永遠을 부르노나"(〈海洋頌歌〉)라고 할 때, 바다는 그것이 지닌 원형적 이미지와 더불어 김동명 문학세계의 근원지로서 공간성을 환기하는 기제가 된다. 이처럼 고향, 향수, 바다 등은 궁극적으로 지역성으로부터 비롯되는 문학적 상상력의 지평이라 할 수 있겠다.

그럼에도 불구하고 이 문제에 대해서는 보다 신중히 판단해야 하리라 본다. 김동명 시에서 고향이나 바다가 환기하는 지역성의 요소가 강원 영동 지역과 관련되는가의 문제가 불분명하기 때문이다. 유년기 함남 이주가 지닌 역사전기적 배경을 살펴봐야 할 필요성이 이로부터 제기된다.

> (중략) 만일 할머니께서 아들의 학교 교육을 위해 開港地를 찾는 일이 없었더라면 어떻게 되었을까 하는 것입니다. 아마도 시인, 교수 김동명도 정치평론가, 정치인 김동명도 이 세상에 있을 리가 없습니다. 이유는 강릉지방의 개화의 後進性이니 선친이 받을 수 있는 교육도 서당과 鄕校에서 받는 것에 그쳤을 것이기 때문입니다.[11]

이 글에서는 김동명의 함남 원산으로의 이주가 '개항지'를 찾기 위한 의지적 결단이었음을 강조한다. 이어 이 글은 "더욱이 元山에서 소학교를 다니던 연고 때문에 그곳에서 교편을 잡는 것도, 첫 詩集의 많은 부분을 얻는 일도"[12] 가능했으리라 봄으로써 초기 시세계의 근원까지도 유추하고 있다. 이러한 언급이 문학이론적 분석은 아닐지라도 아들에 의한 아버지의 평전이라는 점에서 문학사회학적 관점으로 간과할 수 없는 자료라 하겠다. 이에 의하자면 김동명 시에서 빈번히 등장하는 고향 관련 소재는 출신지 강릉보다도 이주 이후 소학교를 다닌 함남 원산, 중학교를 다닌 흥남 등을 가리키는 것으로 보는 것이 타당할 것이다. 하지만 앞서 언급한 바와 같이 김동명 시가 지닌 실정적 위상은 강원영동지역문학의 전사로서 기능하기에

11 김병우, 〈아버지 金東鳴에 관한 書翰—評傳〉, 김병우 외, 《김동명의 시세계와 삶》, 한남대학교 출판부, 1994, 224쪽.

12 위의 글, 같은 쪽.

충분하리라 본다. 또한 지역적 정체성이라는 것이 일종의 구성적 개념임을 전제할 때 지연을 매개로 한 지역문학 컨텐츠 확보와 재구의 노력은 그 나름의 의미를 지니고 있다.[13] 이를 종합하면 김동명 시에서의 고향이라는 장소는 "끊일 줄 모르는 노래"의 근원으로서 향수와 회귀의 공간이면서, "개화의 後進性"으로 인해 찾을 수밖에 없었던 개항지에 반하는 대타적 공간으로서의 의미를 동시에 지니게 된다. 이는 한국의 대개 지역 문학장이라는 공간이 지닌 이중적 요소에 해당될 것이다.

도시의 생성, 문학장의 정립 근대사회의 본격적 전개와 함께 공간의 범주는 상대화된다. 기술의 첨단화와 제도의 미분화는 기존의 공간 범주가 지닌 절대성을 상대적인 것으로 재구성하였다. 이러한 상황은 지역 문학장의 구성에도 그대로 반영된다. 이와 관련된 강원권 문학장의 사례로 동해 지역 문학장을 들고자 한다. 김시래(1923~2008) 시는 이에 관한 상징적 텍스트라 하겠다. 현 단계 동해 지역 문학장의 중심 매체는 동해문인협회, 동해여성문학회, 작가동인 동안 등으로 대표되고 있다. 김시래는 이러한 지역 문학장을 형성하는 데 있어서 주요한 역할을 한 인물이다.

김시래(金時來, 1923~2008)는 1955년 《조선일보》 신춘문예에 동화 〈금희와 도둑〉이 당선되어 문단에 나왔다. 김시래는 동해시 망상동 출신으로서 함흥사범학교와 국민대학 정치학과를 졸업한 후에는 주로 고향에 거주하면서 일생을 보냈다. 문단과 관련된 이력으로는 동해문인협회를 결성하여 지역 문단의 활성화에 일생을 보낸 경력이 주목된다. 하지만 아쉽게도 중앙문단과의 교류나 문학사적으로 기록되는 작품을 다수 남겨 놓지는 못한 것으로 보인다. 장르적 관심도 다양하여 동화를 비롯하여 동극, 단편소설 등 다양한 장르의 창작을 시도하였다. 시작에 대한 관심 역시 일생 동안 지속되어 왔지만 시인으로서 등단의 절차는 생애 후반기인 1997년에 이르러

13 지역적 정체성은 고정된 실체가 아니라 유동적이고 구성적인 개념이어야 한다. 정체성에 관하여 "문제의 핵심은 '본질'이 아니라 '담론'이며, '정체성(identity)'이 아니라 '정체성 형성(identification)'"이라는 지적도 현대 지역사회의 정체성 구명에 있어서 지녀야 할 태도가 무엇인지 강조하고 있다. 송승철, 〈세계화와 지방화 시대의 '강원' 정체성〉, 강원사회연구회 편, 《강원문화의 이해》, 한울, 2005, 57쪽. 오늘날 문화지역 자체의 변동 가능성에 주목해야 하며, 이에 따른 정체성 강화의 의식적 노력이 필요한 것이다. 옥한석, 〈강원의 문화지역과 지역 정체성〉, 같은 책, 138쪽, 144쪽.

서 거치게 된다.[14]

김시래 시의 문학사적 의미는 지역 문학장의 구성과 관련된 문학사회학적 관점에서 확보될 수 있다. 한국사회에서 동해시라는 지역은 특수한 도시적 위상을 점한다. 동해시는 1980년에 신설된 행정 단위이다. 당시 명주군 묵호읍과 삼척군 북평읍이 합쳐 신도시로 형성된 것이다. 도시의 신생은 그 이전의 실정과는 다른 새로운 경계와 삶의 환경을 만들게 된다. 시인 김시래가 '동해문인협회'라는 문학장의 건립을 구체적으로 모색한 것은 1985년에 이르러서이다. 김시래는 당시 해당 지역에서 문학 활동을 하고 있던 박종해, 권석순, 장정자 등과 동년 7월 16일에 동해문인협회를 창립하고 회장으로 추대된다. 기관지 형식의 문예지 《동해문학》은 우여곡절 끝에 1988년 3월에 창간되었다. 김시래는 창간호와 2집(1990)까지의 인쇄비용을 자비로 충당하였다.[15]

> 創刊號란 원래 그가 원하든 원치 않든 간에 그가 志向하고자 하는 넓이와 깊이가 모두 드러나게 마련이다. 이와 같은 意味에서 본다면 우리의 出發은 매우 미약한 것이 될 수 밖에 없다.
>
> 그러나 會員들에게 作品發表의 무대가 되고 讀者들에겐 창작 의욕을 고취시켜 汎市民的인 文學風土를 조성하는 데 크게 기여하리라는 確信을 갖고 本誌는 出發한다.[16]

위의 창간사에서 주목되는 것은 지역문화운동으로서의 발간 의지이다. 대개의 창간호가 취하는 형식적 수사일 수도 있겠지만, 《동해문학》은 창간 이후 오늘날까지 해당 지역에서 중추적인 문학매체로서의 실정적인 의미를 지니고 있다. 이는 그만큼의 실질적이고 실천적인 활동을 지속하였음을 방증하는 현상이라 하겠다. 또한 그런 만큼 문학사회학적으로 본격적인 분석의 대상이라 할 수 있다.

14 그의 약력에는 "1997년 한맥 문학 신인상에 동시 〈민들레〉, 〈내 고향 심곡리〉, 〈구름〉, 〈목련꽃〉이 당선"되었다고 등단 이력을 밝히고 있다. 이상 김시래, 《돌이고 싶어라》, 문원출판사, 1998의 저자 약력 참조.

15 동해문인협회의 창립 과정에 대해서는 박종해, 〈김시래 선생과 '동해 문학'〉, 《동해문학》 20집, 동해문인협회, 2008, 223~224쪽 참조.

16 김시래, 〈出發과 確信〉(창간사), 《동해문학》 창간호, 동해문인협회, 1988, 6쪽.

김시래가 동해문인협회의 창립을 주도하고 문예지 발간의 비용까지 책임질 수 있었던 데에는 당시 동해문화원의 초대 원장으로 재직함으로써 갖게 된 명망, 그를 둘러싼 주변 여건이 실질적 작용을 하였으리라 추론된다. 김시래의 상징권력은 가치평가의 대상이 아닌, 이른바 '후원자'로서의 문학사회학적 입지를 지닌 작가였다는 김시래의 위상에 대한 실질적 근거라 하겠다. 문학사회학과 관련하여 볼 때 서구 19세기의 후원제도는 "상이한 지위를 지닌 후원자와 작가 사이에 교환관계가 형성"[17]됨으로써 문학장의 활성화에 크게 기여하게 된다. 한국 근현대 지역 문학장은 역사적 정황상 그 본격적 성립 자체가 해방과 한국전쟁 이후로 늦춰질 수밖에 없었고, 이때 각 지역에서 명망을 지니거나 선진 교육을 습득한 주요 인물들은 지역 문학장의 후원자이자 핵심 인물로 기능하며 그에 따른 상징권력을 선취할 수 있었다. 김시래는 비교적 늦게 신도시로 형성된 동해 지역에서 후원자이자 핵심 작가로서 1980년대의 지역 문단을 주도하게 되었다.

이렇게 볼 때 동해 지역 문학장의 성립과 전개는 1980년대 이후부터 거론될 수밖에 없다. 이는 해당 행정구역 자체가 그때 발생한 것이기 때문에 당연한 결과일 수 있다. 한편 이는 또 다른 역설을 내포할 수밖에 없다. 오늘의 동해시가 해당되었던, 즉 동일한 공간이었던 인근 삼척시와 강릉시의 경우 지역 문학장의 역사는 훨씬 이전으로 소급되기 때문이다.

지리적으로 가까운 삼척시만 보더라도 오늘날까지 이어지는 본격 지역 문단은 1950년대에 이미 성립되었다. 1950년대 후반 당시 직업소년학교(야간중학)에서 교편을 잡고 있던 김영준, 박종철, 정일남 등을 중심으로 문학모임이 시작되었고, 1959년 9월에 '동예문학회'를 결성하게 되었던 것이다. 이는 1951년 강릉에서 결성된 '청포도시동인회'를 잇는 강원 지역의 초창기 문학단체라 할 수 있다.[18] 동인지 《동예》 1집이 제작된 것은 1961년 8월에 이르러서이다. 《동예》는 이후 3집까지 제작되는데 이들의 활동은 한국

17 앨런 스윈지우드, 정혜선 역, 《문학의 사회학》, 한길사, 1984, 107쪽.

18 정일남, 〈문단사 동예문학회 편〉, 정연휘 편저, 《삼척문학통사》, 삼척문학통사발간위, 2011, 635쪽. 한편 전상국은 "1969년 첫 모임을 가진 뒤 1971년 1월에 발간된 《표현》 1집은 춘천은 물론 강원도 최초의 시동인지"(전상국, 〈강원 문학의 역사와 현황〉, 《물은 스스로 길을 낸다》, 이룸, 2005, 321쪽)라고 기록하는데, 이보다 앞서 비록 단명에 그쳤지만 강릉을 중심으로 한 시동인지 《청포도》가 존재함을 간과하고 있다. 시동인지는 아니었지만 종합 매체로서 《동예》 역시 《표현》보다는 앞선 것이었다.

문학장 전체에 있어서도 주목할 만한 지역의 사건이었다. 소설가 김장수와 시인 박남수 등의 방문, 평론가 김운학의 기고문 수록 등은 동예문학회의 활동이 해당 지역 문학장에만 국한되지 않았음을 방증하는 사례라 하겠다.[19] 무엇보다도 동예문학회의 활동은 오늘날까지 해당 지역 문학장의 굳건한 토대이자 문학사적 전사로 기록되거나 전유되고 있다는 점에서 분명한 실정적 의미를 지닌다.

기든스가 지적한 바와 같이 인간이라는 존재는 자신의 고유한 역사를 만들 듯이 자신의 고유한 지리학을 만든다.[20] 동해문인협회의 창설은 김시래 스스로가 자신의 역사와 지리학을 만드는 자연스러운 과정이었으며, 김시래 시는 그 고유한 장소성을 개성적으로 형상화하고 있다. 익히 알려진 바와 같이 문학사회학은 문학을 사회의 반영으로서 환원시키는 것이 아니요 텍스트 자체에 대한 파악을 통해서만 발전할 수 있다.[21]

김시래 시에 있어서 가장 두드러지는 특성은 지역적 소재를 바탕으로 실질적인 삶의 경험과 혜안을 담아내고 있는 국면일 것이다. 그 언어는 일상적이고 지시적이다.

어달리 밤바다는
불을 먹고 산다.
늦여름부터 이른 가을까지
몰려오는 오징어배
가슴에 가득 안고
애증(愛憎)한 긴 밤을
육중한 몸으로
불태운다.

—〈어달리 밤바다〉 부분

동해 지역과 관련된 장소적 특징 중 대표적인 것으로 '바다'를 들 수 있다. 바다에 인접한 지역에서의 삶이 그로부터 영향을 받을 수밖에 없다는

19 위의 글, 같은 쪽, 그리고 18쪽 사진 자료 참조.
20 마르쿠스 슈뢰르, 앞의 책, 121쪽.
21 앨런 스윈지우드, 정혜선 역, 《문학의 사회학》, 한길사, 1984, 98쪽.

것은 당연한 사실이다. 문학은 삶을 형상화하는 바 강원 영동 지역의 많은 작품들은 바다를 직간접적 소재로 다루고 있다. 그 중에서도 바다를 통한 생의 관조, 바다와 관련된 구체적 생활의 양상 등이 시화되는 경우가 많다. 이는 이른바 실존적 장소로서의 바다를 형상화하는 경우에 해당될 것인데 위 작품은 이와 관련되는 대표적 예시로 꼽을 만하다.

이 작품은 시적 화자가 평생을 지켜본 어달리 바다를 의인화하여 표현하고 있다. 어달리 밤바다가 "불의 도시"요 "용궁으로 가는 길목"이라 규정될 수 있는 것은 결국 인간의 삶과 직결된다. 생활을 위한 오징어배의 행위로부터 '불의 바다'가 존재하며, 역시 생존을 목적으로 바다를 향해 기원한 데로부터 '용궁과의 소통' 행위가 비롯되어 온 것이다. 이처럼 〈어달리 밤바다〉는 지역적 장소성을 전유하는 김시래 시세계의 전형적 특성을 보여줄 뿐만 아니라 강원 영동권 해양시문학이 바다를 소재로 취하는 방식을 구조적으로 압축하고 있다.[22]

또한 이 작품은 형식에 있어서도 전통적인 시조 양식의 정형적 패턴을 따른다. 세 개의 연들 모두에서 첫 행이 "어달리 밤바다는"과 같이 동일하게 대상을 지시하도록 언표되고 있다. 1연과 2연은 일종의 자유 시조처럼 행의 수와 시상이 동일하게 전개된다. 이는 동시 작가로서 김시래가 지닌 의도적인 시작 방식일 것이지만 더불어 전통적인 서정과 형식을 변주하는 고유한 시성이기도 하다.

김시래 시는 이처럼 전통적인 정서와 장소성의 사유를 내용적으로 지닐 뿐만 아니라 구조적 장치로서도 고전적 시학을 변주하는 양상을 지닌다. 이러한 내용적, 형식적 특성을 지닌 시세계이기에 전통과 향수의 시학이라는 수사가 가능하리라 본다. 이와 같은 김시래의 문학관은 스스로의 시론을 통해 드러나기도 한다.

> 어린 시절을 보내던 심곡리(深谷里)는 나의 조상 400년 터전이다. 약간의 논밭데기가 있어 여가 있는 대로 간다. 밭에 가면 월동추 숨소리가 들리고 논두렁을 걸어가면 벼포기 기지개 켜는 소리가 들린다. 그것뿐만이 아니다. 향수의 두루마리를 풀어헤치면 물방아 소리, 물레 소리,

22 남기택, 〈강원영동권 해양시문학의 사례와 전망〉, 《영주어문》 27집, 영주어문학회, 2014. 2. 28, 207~208쪽 참조, 재인용.

> 풀피리 소리가 끊임없이 들려온다.
>
> 아쉬움은 언제나 발목에 걸리기에 심곡리의 향수를 비롯하여 자연을 소재로 틈틈이 써온 그 동안의 원고 꾸러미를 한데 묶어 보았으나 몇 편이나 건져올려질지 두렵다.[23]

위에서 보는 같이 김시래 시세계는 "심곡리의 향수를 비롯하여 자연을 소재로 틈틈이 써온 그 동안의 원고"라는 자전적 기술 속에 잘 집약된다. 위 짧은 문학적 소회 속에서도 많은 자연물이 등장하듯이 그의 많은 시편들은 자연을 소재로 하고 있으며, 그것은 반드시 고향을 구성하는 장소적 배경으로서의 자연을 변주하고 있다. 이들 작품은 특히 《돌이고 싶어라》의 1부 '민들레', 3부 '어달리 밤바다', 4부 '내 고향 심곡리'에 집중된다.

> 길게 산 중턱을 휘감아
> 세월을 지키는 천 년의 산성
> 그저 유적이라고 부르지 마오
> 녹슨 훈장이라 하리다.
> 역사에 밀려 뒷전에 누워
> 맡은 일 잃은 채
> 긴 세월 비바람 맞으면서
> 지금은 허물어져 퇴락한 산성.
>
> 하늘을 지키고 있다.
> 사백 년 전 임진왜란 때의 무용담일랑
> 가슴에 쌓아둔 채
> 받아보지 못한 메마른 사랑.
>
> —〈두타 산성〉 부분

이 작품은 동해 지역의 명소 중 하나인 두타산을 다룬다. 여기서는 두타산의 역사가 "퇴락한 산성"으로 형상화된다. '두타산성'은 신라 파사왕 23년(102)에 처음 쌓은 성이다. 조선조 태종 14년(1414)에 삼척부사 김맹손

23 김시래, 〈자서〉, 《돌이고 싶어라》, 9쪽.

(金孟孫, 1478~1502)이 다시 축조하였는데, 임진왜란 때는 함경도 안변에서 후퇴한 왜병의 주력부대와 치열한 전투를 벌였던 곳이다. 이처럼 두타산성은 두타산 정상 아래쪽에 있는 산성으로서 산을 보호하는 동시에 이 지역의 역사를 지켜 왔다. 이 시에서는 두타산에 대한 지역민들의 관심이 현실적으로 점점 퇴색되어 가고 있는 실정을 "퇴락한 산성"과 "메마른 사랑" 등으로 형상화하고 있다.[24]

대표적 장소성에 투사된 화자의 시선은 두타산을 다루는 다른 시편을 통해서도 유사하게 반복된다. 즉 〈두타산〉에서는 "억겁의 세월을 말없이/ 뒷들 서쪽 윗자리에/ 너그러운 모습으로 앉아 있구나.// 그 넓은 가슴에/ 이 고을 민초들 끌어안고/ 언제나 푸르게 살라 한다"라고 묘사한다. 지역의 삶과 역사가 응집된 두타산은 언제나 "너그러운 모습"으로 고유한 장소성을 현시하고 있다. "언제나 푸르게 살라"는 도덕적 전언은 계몽적이라기보다는 두타산의 물성 자체를 현현하는 듯하다.

요컨대 김시래 시는 전통과 향수가 공존하는 세계를 일상적인 시어로 다룬다. 이때의 전통과 향수는 장소성과 결합될 때 시적 수사로서의 긴장을 유지하는 폭을 확장한다. 이 점에 주목하자면 김시래 시의 로컬리티는 현실을 반영하는 언어 구성체로서의 시(문학)라는 근본 명제를 다시 확인하는 기제이기도 하다. 나아가 김시래 시는 미적 자율성의 근대적 시학이 형성하는 경계를 벗어나 전통과 향수의 지역적 결합 양상을 '무의식적으로' 체현하고 있다. 이는 강원권 지역 문학장이 주목해야 하는 김시래 시의 실정적 의미이기도 할 것이다.

주변 문화론 및 지역별 연계 다음으로, 주변 문화론과의 관계 차원에서 로컬 연구의 현재를 진단해보고자 한다. 강원도 민속예술의 발굴과 고증 작업은 고유한 로컬 히스토리 정립의 관점에서 남다른 의미를 지닌다. 최근의 사례로서 '2014 강원국제민속예술축전'의 일환으로 이루어진 민속학술대회를 주목할 수 있다. 여기에는 전신재의 기조강연인 〈강원동 영동지역 민속예술의 정체성〉을 필두로 하여 강릉, 고성, 삼척, 동해, 속초, 양양

24 남기택 · 권석순, 〈정치적 상상력과 지역문학〉, 《비평문학》 47호, 한국비평문학회, 2013. 3, 107쪽 참조, 재인용.

등지의 민속예술 현황과 문제점이 논구되었다. 민속예술에 대한 관심과 비평적 조명은 그 의미와 맥락이 지역문학 연구의 그것과 궤를 같이한다. 문제는 개념과 문제설정에 있어서의 이론적 깊이와 실정성일 것이다.

여기 소개된 한 발표문에 따르면 "민속은 사람들이 살아가는 과정에서 발생한 정형화된 양식"이요 "우리나라에서 민속예술이란 말이 일반화된 것은 제1회 전국민속예술경연대회가 개최되던 1958년경"으로 정리된다.[25] 이를 전제로 생각해보자면 우선 문제적인 것이 개념의 중층성이다. '민속예술'이라는 범주 자체에 다양한 층위가 존재한다. 우선 '예술'과 '제도'의 대립이 부각된다. 현대적 의미의 예술은 미적 근대가 생산한 제도로서의 성격을 지닌다. 즉 예술은 미적 자율성의 미학적 공준을 따르는 형식으로서 현대사회에 존재한다. 반면 이른바 민속예술은 제도적인 사업의 일환으로 발생되었다는 생래적 배경을 지닌다. 그 결과 오늘날까지 다양한 사업과 행사의 형식으로 그것이 재현되고 있는 실정을 볼 수 있다. 이처럼 예술 본연의 의미와 제도화된 형식적 기제로서의 모순적 성격에 대한 이론적 해명이 필요하다. 또한 '민속'과 '예술'의 대립을 볼 수 있다. 정형화된 삶 양식으로서의 민속은 자유와 창조를 발생적 맥락으로 지니는 예술과 역시 모순적 지점을 형성한다. 이러한 근본적 차이를 간과하고 민속예술로서의 당위를 주장할 수는 없으리라 본다. 지역문화와 관련된 보다 깊이 있는 이론적 모색이 필요한 이유가 이로부터 발견되기도 한다.

한편 지역문화의 현재화 작업을 위한 고민의 자리에서 부각되는 것은 궁극적으로 지역 간 혹은 학제 간 연계의 구체적 지점이다. 트랜스로컬리티(translocality)의 시의적 요청이 여기에 존재한다. 우선 '지역(로컬)'의 범주를 어떻게 형성할 것인가가 숙의되어야 한다. 현 단계 지역문화운동은 일정 정도 지역이기주의에 편승하거나 행정편의적 제도의 성격을 지니고 있다. 민속이나 문화의 형태가 형성 단위로서 확정되는 것은 아닌 바 각 지역은 대동소이한 콘텐츠를 공유하게 된다. 이때 누가 먼저 깃발을 꼽는가의 형태와 결과로 지역문화가 구성되어서는 곤란할 것이다. 민속예술과 지역문화의 단계적 모색을 위한 자리에서 또한 귀납되는 요점은 민속예술의 현

25 이한길, 〈양양의 민속예술의 현황과 진단〉, 《강원도 민속예술의 현황과 진단》(2014 강원국제민속예술축전 민속학술대회 자료집), 2014. 10. 9, 145쪽.

재화에 대한 지속적 고민이 필요하다는 사실이다. 이는 공연 혹은 축제의 입론으로부터 자유롭지 못한 현 민속예술의 제도화 구도에 대한 반성적 성찰과 공명한다. 실질적 문화콘텐츠로서의 가능성을 다양한 학제 간 접근을 통해 실현해야 할 시점이다.

이어, 지역문학 논의에 있어서 지역들의 연계를 위한 실천적 방안을 모색하고자 한다. 이와 관련된 예시를 위해 강원 지역과 대전 충남 지역과의 문학적 경향을 대비할 수 있다. 이들 지역 문학장은 다양한 측면에서 유사성을 지닌다. 이는 문학의 주류 장르가 지닌 성격 및 문단의 구조적 특징 등으로부터 추론되는 바이다. 그럼에도 불구하고 근대적 계획 도시로서의 대전 지역은 문학장의 성립 및 전개 과정에서 남다른 선도적 면모를 지니고 있었음이 최근 논구되고 있다.[26]

이 중 김현정의 글은 한국전쟁기 대전 지역 문학장의 새로운 실체를 논급한다. 이 발제문은 1952년 9월에 발간된 《호서문학》을 분석하고 있다. 한국전쟁의 포화 속에서 전문 문예지가 발간되었던 사실은 관련 지역의 문학적 역사와 깊이를 반증하는 주요한 사건이 아닐 수 없다. 또한 한국 문학사 구성에 있어서도 간과할 수 없는 사료라 하겠다. 그에 따라 이 글은《호서문학》 1집이라고 하는 귀중한 자료를 발굴하고 서지적 사항을 상세히 밝힌다. 원래의 텍스트 자체가 "活字가 고루지 못해서 철字에 正確할수없었"[27]을 뿐만 아니라 지금 시점에서 가독성도 어려운 상태임에도 불구하고 그 전모를 재현하고 해설하는 작업은 중요한 의미를 지닌다. 이러한 일차 작업 혹은 원전 확정으로서의 의의를 간과할 수 없다. 하지만 이러한 논지가 '50년대 대전지역문학'으로 일반화될 수 없다는 점에서는 그 자체로 한계에 해당된다.

이와 관련하여 다음 사항에 대한 고민이 필요하리라 본다. 무엇보다 《호서문학》 1집이 왜 '대전문학'인가에 대한 논리이다. 지역문학이라는 범주를 구성하는 요소는 다양하다. 이 중에서 이른바 속지주의, 즉 문학 활동

26 박수연, 〈대전의 형성과 근대문학의 출발—식민지 시기에서 해방공간까지의 대전〉(《국내 지역문학 자료 현황 및 활용 방안에 관한 워크숍 자료집》, 서울대학교 인문학 연구원 · 대전문학관, 2014. 7. 29); 김현정, 〈1950년대 대전지역의 문학—《호서문학》 창간호를 중심으로〉(《제16회 맥락과비평문학연구회 문학심포지엄 자료집》, 맥락과비평문학연구회, 2014. 9. 27) 등 참조.

27 원영한, 〈편집여백〉, 《호서문학》 1집, 1952. 9, 30쪽.

이 이루어진 장소나 작가의 출신이 해당 지역이라는 요소는 가장 단순한 층위에 해당된다. 필자는 이러한 '형식적' 요소 외에도 텍스트 내적인 로컬리티 중심의 '내용적' 층위, 관련 요소들이 해당 지역 문학장과 한국 문학장 간에 관계하는 '실정적' 층위 등을 종합적으로 판단하여 지역문학의 개념이 구성된다는 입장을 지니고 있다. 그렇다면 《호서문학》 1집이 전후 본격적인 대전 지역 문학장 전개의 전사적 의미를 구성하는 데 대한 보다 구체적인 설명이 포함될 필요가 있다. 이와 연동하여, 《호서문학》 1집은 대전 지역 뿐만 아니라 한국 문학사의 관점에서도 주요하게 다루어져야 할 텍스트에 해당된다는 점이 부기되어야 한다. 1950년대에는 '대전 지역 문학장'이라는 실체가 부재하였을 뿐만 아니라 《호서문학》의 내용 자체가 지역문학적인 요소보다는 '한국문학' 혹은 '전후문학' 등의 요소가 더 크기 때문이다. 이러한 정황은 지역문학을 연구하는 데 있어서 취해야 할 방법론적 입장을 시사한다. 지역문학과 관련된 담론장에서 종종 거론되는 이견 중 하나가 '지역문학적 관점에 내재된 르상티망'이다. 이를 극복하기 위해서는 결국 종합적 관점으로 지역문학의 다층성을 밝힐 필요가 있다.

수록된 작품들이 지역문학론의 관점에서 평가되는 방식은 무엇인가에 대해서도 깊이 있는 이론적 모색이 뒤따라야 한다. 지역문학론은 지역문학을 보는 기본적인 관점으로부터 텍스트 해석의 미학적 방법론을 아우르는 '이론적' 입장일 것이다. 지역문학이라는 개념 자체가 중앙문학과의 대타적 관계에서 형성된 선험적 대항담론이기 때문이다. 그렇다면 기존의 미적 모더니티 혹은 미학적 공준을 보완하거나 대체할 시학과 이론이 필요하다. 이러한 관점에서 대개 지역성과 관련된 요소들이 주목되는 줄 안다. 이에 대해 김현정은 《호서문학》 1집의 작품들을 '전후 현실과 세태 풍자', '자연친화와 서정성', '순애보적 사랑과 가족애' 등의 키워드로 분석하고 있다. 필자의 생각으로 이러한 해설은 기존에 텍스트를 대하는 소재적 관점과 크게 다르지 않다. 더더욱 양기철의 소설 〈길은 질퍽거리고〉 등의 텍스트는 당대 군사문화나 내면화된 가부장제를 미화하는 대목까지 포함하고 있다. 물론 지역문학론이 문학의 보편적 미학과 분리되는 것은 아니다. 하지만 그러한 보편론 위에 지역문학론의 고유한 입론 혹은 시각이 반영된 분석이 병행될 때 지역문학 연구의 당위성이 입증될 것이다. 이는 또한 《호서문학》 1집이 대전지역문학의 정체성을 형성하는 단초라는 전제에 대한 실증적 근거이기도 하다.

한편 '민족정서 개발과 문화운동 전개'라는 발간 취지의 실현태에 대한 문학사회학적 접근도 중요하다. 위의 취지를 표명하는 호서문학회의 발족과 잡지 발간이 결국 식민지 문화의 교두보로서 미국공보원(USIS)의 영향을 전제하고 있었다는 점은 단지 문화 활성화를 반증하는 긍정적인 기제만이 아니다.[28] 《호서문학》의 취지 전후에 함의된 문학사회학적 배경과 결과는 문학 차원을 넘어 문화적 수위와 지역 간 연계를 가늠하는 주요한 논점이 아닐 수 없다. 특히 지역문학 연구의 주된 목적 중 하나이기도 한 고유한 로컬 히스토리의 정립 관점에서도 문학사회학적 분석의 결과가 논거로 제시되어야 한다.

이와 같이 지역문학을 다루는 담론장의 깊이 및 활성화를 강제하는 주요 계기들이 로컬적 연대를 통해 마련될 수 있다. 경계사유의 문학적 실천들이라 할 만한 지역문학 관련 담론이 개별 행정구역 단위를 벗어나지 못하고 있는 현실은 관련 연구들 역시 제도화의 경계에 함몰되어 있는 현 수위를 반증한다. 지역문학을 다루는 작금의 형식은 결국 지자체나 지역별 문예진흥기금의 예산에 기대어 관련 담론장이 행사화되는 메커니즘을 벗어나지 못하고 있다. 따라서 제도의 논리를 벗어나는 문학적 실천 활동이 보다 강조되어야 한다. 앞서 예시한 강원권 소장 문학단체나 학술단체와 대전 충남권 해당 단체들 간의 문학장적 연계는 로컬 연대를 위한 하나의 구체적 방안이 될 수 있다. 이들 간의 접촉이 경제 논리를 벗어나 현실적 관계로 외화되는 순간으로부터 로컬의 연대는 구체화될 수 있을 것이며, 이는 기타 거점 지역별 문학단체들 모두에게 적용되는 실천적 모색의 모델일 것이다.

28 김현정, 〈대전의 전후문학과 문화 양상〉, 《한국 지역어문학 연구와 문화 담론》, 한국지역문학회 전국학술대회 자료집, 2014. 9. 26, 146쪽 참조. 동일하게 《호서문학》 1집을 다룬 이 글은 "1953년 4월 25일에 대전 미국공보원(USIS)이 폐원된 뒤 그 시설과 기구를 인수받아 전국에서 처음으로 문화원이 개원"된 사실을 "한미문화교류 증진에 이바지"한 긍정적 기제로만 간단히 설명하고 있다.

4. 근공간 너머, 정체성과 트랜스로컬리티

사회학에서 공간은 근공간 중심주의로 전제되어 왔다. 사회학 이론은 사회적인 것을 지역 고정성으로 전제하고 있다. 사회적인 것을 구체적인 장소에 결부시키고, 근공간 관계 속에 들어 있는 것으로 추측하고 있다는 것이다. 근거리 관계와 원거리 관계의 이분법은 공동사회와 이익사회라는 고전적인 대립항으로부터 비롯되며 오늘날과 같은 지구화 시대에서는 공동사회와 이익사회의 대립항이 지역성과 지구성의 차이로서 재현되고 있다.[29] 문학사회학에서 공간을 전유하는 방식은 이러한 전제를 그대로 이어받는다. 이 글에서 주목한 지역문학론의 경우에도 예외일 수 없다. 지역문학 연구의 거점 난위는 현 행정구역 단위의 '지방' 범주를 그대로 받아들이고 있고, 더더욱 해당 지역의 지역적 정체성을 강조하고 구명하는 데에만 집중되어 왔다.

그러나 공간은 다차원적인 것이다. 트랜스로컬리티에 주목해야 하는 이론적 이유가 이로부터 비롯된다. 주지하는 바와 같이 2010년대 한국사회는 절망과 혼돈 속에 빠져 있다. 세월호 비극은 이 나라의 현 단계 수준에 대한 상징인 동시에 지금-여기의 현실을 근본적으로 반성토록 하는 문학적 사건이기도 하다. 이때 트랜스로컬리티는 세월호의 현실과 장소가 우리 모두의 것이라는 문제의식과 공명한다. 문학장과 관련해서는, 이러한 시대적 비극을 계기로 문학과 현실 혹은 지역들 간 관계 속에서 실천과 연대의 지점을 모색할 필요가 당위이자 의무로 제기된다.

문학이 지역을 다루는 다양한 방식이 존재한다. 지역문학론은 이의 미학적 가치를 설명하고 창작방법론의 지표를 제공하는 데로 나아가야 한다. 기존의 지역문학론을 검토해보면 대개 지역문학(사)의 당위성이나 방법론적 필요성을 주장하는 수준에 그치고 있음을 확인하게 된다. 그 자체로 문학의 다양성이 비평적 · 학술적 담론에서도 마련되고 있는 긍정적 현상이기는 하지만, 보다 구체적인 방법론을 통해 실증적 분석 작업이 필요한 시점인 듯하다. 물론 지속적인 관심의 결과 심층적 각론을 제기하는 지역이 없지 않으나 아직까지는 부족한 것이 사실이다. 특히 이 글에서 주목한 강원 지역, 대전

29 마르쿠스 슈뢰르, 앞의 책, 26쪽.

충남 지역 등지는 지역문학 논의의 장에서조차 열세인 곳이다.

현 단계 이론의 수위에 따르면 지역문학을 논의하는 데 있어서 중요한 문제는 해당 문학장의 정체성과 관련된다. 이는 지역문학이라는 개념의 성립 가능성 혹은 개념적 당위성의 근거일 것이다. 많은 기존 논급들은 해당 지역 문학장의 범주 설정에 있어서 지역문화의 체현(작가)과 그것의 반영(작품)이 중요함을 지적하며 지역적 정체성을 강조하고 있다. 지역적 정체성에는 지리적 특성, 지역적 사건과 삶, 지역문화 등이 주로 포함된다. 문제는 대개의 지역 문학장에서 생산되는 작품의 현 수준을 보면 지역성이 두드러진다기보다는 보편적 소재를 취해 소위 통상의 미학을 추구하는 경향을 보인다. 그럼에도 이들 경향을 지역문학의 정체성으로 일반화할 수 있을지 의문이다. 달리 말해 지역에서 생산된 작품의 총량을 지역문학의 정체성으로 규정해야 하는가는 지역문학론이 궁구해야 할 논점이 아닐 수 없다.

지역문학의 정체성이 단순한 통계론적 개념은 아닐 것이다. 이는 오히려 구성적이고 당위론적 개념에 가깝다. 물론 기존 현황을 바탕으로 지역문학을 실증하는 것이 선행과제에 해당된다. 이로부터 나아가 지역문학의 문제적 지형을 지적하고, 기존의 미학으로부터 소외되었던 작가와 작품, 지역성과 문학적 가치를 재발견해가는 일종의 인식론적 전환 과정을 통해 지역문학의 정체성이 밝혀지리라 본다. 그리하여 지역문학을 논의하는 과정에서 미적 가치 기준이 재고되어야 할 필요가 있다. 지역문학은 곧 한국문학이고 나아가 세계문학이 되어야 한다. 그런데 통상의 미학으로는 이러한 명제의 실현이 요원하기만 하다. 기존 미학이 이끌었던 근대문학 100년의 역사가 이룬 오늘날의 기형적 문학장 구조를 보면 그런 판단이 억지가 아님을 알 수 있다. 지역의 삶과 문학을 대하는 새로운 공준이 필요한 시점이다. 이때 문학사회학의 전유는 중요한 이론적 지평을 구성한다. 공간에 대한 사유, 로컬 간의 연대 등은 새로운 미학적, 실천적 대안으로 기능할 수 있다.

결코 간과해서 안되는 문제가 지역문학의 정체성에만 함몰되는 '부패한 사랑'의 방식이다. 네그리와 하트에 따르면 "정체성과 통일성으로 인해 부패된 사랑"은 "창조를 포함하지 않으며 차이 없는 반복"에 그친다. 진정한 사랑은 "공통적인 것 안에서 이루어지는 특이성들의 마주침과 실험"이라는 것이다.[30] 지역문학론의 입장에 있어서 트랜스로컬은 이처럼 정체성을 넘어 특이성들과의 조우를 실천하려는 장소적 관심을 통해 가능할 것이다. 이는 근공간 중심의 장소애에 집중되는 공간론을 극복하는 과정이기도 하다.

모두에 전제한 바와 같이 현실은 담론을 구성한다. 논의를 마무리하는 이 단계에서 담론 역시 현실을 구성한다는 점을 다시 강조하고자 한다. 공간에 대한 논의는 기존의 개별 학문 담론을 넘어 통섭의 기제로 주요하게 대두되고 있다. 문학에 있어서도 이러한 흐름은 기존의 문학 연구가 지닌 관성을 넘어서는 다양성의 계기로 적극 사유되어야 한다. 그러한 인식 전환을 담은 담론은 점진적이지만 발본적으로 문학과 현실을 변화시켜 나갈 것이다.

30 안토니오 네그리 · 마이클 하트, 정남영 · 윤영광 역, 《공통체》, 사월의책, 2014, 267쪽.

3

현대시와 미적 공준

—김동명 시를 중심으로

1. 미적 공준이라는 정설

'미적 공준'은 그 자체로 하나의 정설을 구성한다. 미적 가치판단의 기준 정도에 유비될 이 표현은 익히 아는 바와 같이 일종의 역사적 개념으로 변주되어 왔다. 비근한 예로 조선 시대의 시조와 2010년대의 현대시가 향유되는 방식은 근본적으로 다르다. 재도지기(載道之器)라는 효용적 도구로서의 예술과 미적 자율성이 투영된 결과로서의 그것은 범주적 차이에 국한되지 않는다. 여기에는 이른바 미적 공준이라는 예술적 규범을 포함하여 해당 사회구성체의 상부구조를 지배하는 패러다임과 인식론적 지평 등이 달리 작동하고 있다. 따라서 미적 공준은 절대 불변의 미학 원리가 아닌, 그 시대의 이데올로기가 확정하고 예술적 세계관이 공인한 정설이라고 볼 수 있는 것이다.

그리하여 미적 공준은 일종의 당파적 세계관이기도 하다. 문예사조의 역사는 예술적 가치나 유행이 다양한 사회 제도와 연동되면서 어떻게 달라져 왔는가를 잘 보여주고 있다. 그 사회학적 의미를 확대해 보자면, 미적 공준은 상징 권력을 쟁취한 승리자의 헤게모니가 된다. 또한 동시에 치열한 싸움의 장 위에 다시 오를, 여전히 불안한 헤게모니이자 정설일 수도 있겠다. 근대시의 운명 역시 그런 흐름 위에 놓여 왔을 것이다.

이 글의 관심은 근대시 이후의 미적 공준과 그 범주의 다층성에 관한 것이다. 또한 이 글은 오늘날의 미적 공준이 위와 같은 가정을 따르는 것으로 전제한다. 이러한 관점에서 볼 때 문학은 이미 하나의 제도가 된다. 근대문학이 성립된 이래, 그 하위 장르로서의 시는 다분히 제도적인 범주로 발전되어 왔다. 제도적인 범주라 함은 '시'라는 개념의 근대적 정의는 물론 미학과 작시법 등의 이론적 규범, 등단이나 수용 등의 형식적 절차 등을 함의하는 표현이다. 예컨대 오늘날 시는 잡지라는 매체를 통해 일차적으로 생산, 유통된다. 출판 시장의 상업 논리에 따른 성패는 작품성은 물론 정전으로서의 위상을 결정하는 핵심 변수로 기능하고 있다.

문제는 시학이 제도적으로 형성, 정착되는 과정에서 여러 문제점을 파생할 수 있다는 점이다. 이 글은 그 중 하나를 '지역성'의 관점에서 점검하려는 의도를 지닌다. 부득이 하나의 예를 거론하게 될 것인데, 주로 김동명(金東鳴, 1900~1968) 시에 주목하고자 한다. 1923년 《개벽》을 통해 등단한 김동명은 첫 시집 《나의 거문고》(1930)를 포함해 총 6권의 시집을 상재하였다. 김동명 시를 한국 문학사에서 하나의 정전이라고 부를 수 있을까? 〈파초(芭蕉)〉나 〈내 마음은〉과 같은 상징적 작품들은 김동명 문학세계의 명망을 환기하는 보편적 상징이라 할 만하다. 그럼에도 불구하고 그에 관한 연구가 충분한 편은 아니다. 이를 위시하여 김동명 문학에 함의된 복합적 층위를 중심으로 기존의 미적 공준, 혹은 지역적 정설이 지닌 의미와 한계를 살펴보고자 한다.

2. 김동명 시, 정전 혹은 모순

2011년 6월, 고등학교 3학년을 대상으로 한 대학수학능력시험 모의평가 언어 영역 문제지에는 초허(超虛) 김동명의 〈파초〉가 지문으로 실렸다. 〈파초〉는 김광균의 〈수철리(水鐵里)〉, 윤선도의 〈견회요(遣懷謠)〉 등과 같이 묶여 21번부터 24번까지 문항의 지문이 되었다. 당시로서는 보기 드문, 현대문학과 고전문학 작품을 함께 묶어 교차 질문하는 새로운 문제 유형이었다. 문제지에 인용된 〈파초〉 전문과, 이 작품에만 해당되는 단독 문항을 보면 다음과 같다.

(가)

조국을 언제 떠났노,
파초*의 꿈은 가련하다.

남국을 향한 불타는 향수,
너의 넋은 수녀보다도 더욱 외롭구나.

소낙비를 그리는 너는 정열의 여인,
나는 샘물을 길어 네 발등에 붓는다.

이제 밤이 차다,
나는 또 너를 내 머리맡에 있게 하마.

나는 즐겨 너를 위해 종이 되리니,
너의 그 드리운 치맛자락으로 우리의 겨울을 가리우자.

—김동명, 〈파초〉

* 파초 : 잎이 긴 타원형이며 키가 큰 여러해살이풀.

22. (가)를 감상한 내용으로 적절하지 않은 것은?

① 파초를 '또' 머리맡에 둔다고 한 것을 보니, 계속해서 파초를 돌보겠다는 의지를 알 수 있군.

② 파초를 위해 '종'이 된다고 한 것을 보니, 파초를 아끼는 마음을 알 수 있군.

③ 파초의 잎을 '치맛자락'으로 비유한 것을 보니, 파초는 '나'에게 모성적 존재임을 알 수 있군.

④ '나'와 파초를 '우리'로 묶어 표현한 것을 보니, '나'는 파초에 대해서 일체감을 느끼고 있음을 알 수 있군.

⑤ 파초와 '나'가 처한 상황이 차가운 겨울밤인 것을 보니, 시련과 고난의 상황에 놓여 있음을 알 수 있군.[1]

1 〈2012학년도 대학수학능력시험 6월 모의평가 문제지〉, 한국교육과정평가원(http://

〈파초〉에 대한 적절한 감상 능력 여부를 묻는 위 문항은 답지 중에 갑작스러운 '모성애'의 등장으로 다소 싱겁게 귀결되는 듯도 하다. 이 글에서 주목하고자 하는 점은 문항의 완성도라기보다는 '수능'이라는 제도의 상징적 의미와 관련된 것이다. 수능은 60만 명 이상의 수험생이 치르는 한국 사회의 대표적 시험 제도로 기능해 왔다. 거기 지문으로 실리는 작품은 대학 교수 40여 명에 이르는 출제진의 반복되는 검토를 거친다. 그런 만큼 공신력 있고, 해석에 있어서 객관성이 검증된 텍스트가 선별되는 것이다. 이런 수능의 대상 작품으로 〈파초〉가 다루어졌다는 에피소드는 김동명 시가 지닌 정전으로서의 위상을 반증하는 하나의 사례일 수 있겠다.

위의 예가 아니더라도 김동명 시의 문학사의 의미에 대해서는 이미 많은 논의가 있어 왔다. 〈파초〉, 〈내 마음은〉 등으로 상징되는 김동명의 시세계는 한국 문학사에 분명한 자산으로 기록되어 있는 것이다. 일례로 《국어국문학자료사전》의 경우 다음과 같이 김동명을 기록하고 있다.

> 1923년 《개벽》 10월호에 프랑스의 세기말 시인 보들레에르에게 바치는 시 〈당신이 만약 내게 문을 열어 주시면〉을 발표하면서 문단에 등장하였다. 전원에 묻혀 시작에 골몰하면서 《조선문단(朝鮮文壇)》·《동광(東光)》·《조광(朝光)》·《신동아(新東亞)》 등의 잡지를 통해 작품을 발표하였다. 초기의 퇴폐주의 경향에서 벗어나 민족의 비애와 조국에의 향수를 투명하고, 고아(高雅)한 수법으로 서정화하기에 힘썼다. 1938년 〈구름〉·〈바닷가에서〉·〈해진송가(海津頌歌)〉·〈나의 뜰〉·〈나의 서재(書齋)〉·〈나의 집〉·〈송진냄새〉·〈동해(東海)〉·〈귀범(歸帆)〉·〈석죽화(石竹花)〉·〈황혼(黃昏)〉 등 47편을 묶어 시집 《파초(芭蕉)》를 간행했다. 이들 시편은 한결같이 전원과 자연을 예찬한 작품으로서 은둔·자적의 생활속에 식민지시인의 심경을 진솔하게 표현한 것이며, 1930년대의 우리 문단을 풍미하던 농촌문학의 시대적 동향 가운데 한 인텔리 시인으로서의 변모과정을 작품세계로 형상화했다. 해방후 과거의 시풍과 서정성을 탈피, 현실과 정치, 사회적인 풍자와 관념에 치우치게 되

www.kice.re.kr). 시집에 수록된 〈파초〉 원문은 다음과 같다. "祖國을 언제 떠났노,/ 芭蕉의 꿈은 가련 하다.// 南國을 향한 불타는 鄕愁,/ 네의 넋은 修女보다도 더욱 외롭구나.// 소낙비를 그리는 너는 情熱의 女人,/ 나는 샘물을 길어 네 발등에 붓는다.// 이제 밤이 차다,/ 나는 또 너를 내 머리마테 있게하마.// 나는 즐겨 너를 위해 종이 되리니,/ 네의 그 드리운 치마짜락으로 우리의 겨울을 가리우자."(김동명, 《파초》, 신성각, 1938, 2~3쪽)

었다.[2]

이 글은 초기 보들레르의 영향, 민족의 비애와 조국에의 향수, 《파초》 이래 전원과 자연 예찬, 해방 이후 사회적 풍자와 관념 등으로 김동명 시세계의 변모를 설명하고 있다. 이러한 내용은 김동명과 관련된 문학사적 정의에 있어서 대동소이하게 반복되고 있다.[3] 대개 이 같은 골자로 김동명 문학은 하나의 정전으로 각인되어 있는 것이다.

한편 김동명 시에 대한 연구가 충분히, 깊이 있는 수준으로 진행되어 온 형편은 아닌 듯하다. 위와 같은 사전류 설명만 보더라도 정확하지 못한

2 국어국문학편찬위원회 편, 《국어국문학자료사전》, 한국사전연구사, 1998, 503쪽. 여기서 《파초》에 수록된 작품이라 소개하는 '〈해진송가(海津頌歌)〉'는 〈해양송가(海洋頌歌)〉(김동명, 《파초》, 앞의 책, 18~19쪽)의 오기이다.

3 대표적인 예로 《한국민족문화대백과사전》의 설명을 들 수 있다. 이 책은 본문에서 예시한 《국어국문학자료사전》보다 시기적으로 앞선 것인데, 여기에 소개된 김동명 부분 중 문학에 관련된 내용은 다음과 같다. "친구 현인규(玄仁圭)에게서 보들레르(Baudelaire, C. P.)의 시집 《악의 꽃》을 빌려 읽고 깊은 감명을 받은 것이 계기가 되어 〈당신이 만약 내게 문을 열어주시면〉이라는 시를 《개벽》(1923년 10월호)에 발표함으로써 문단에 등단하게 되었다. 첫 시집은 《나의 거문고》(1930)로서 이때의 시 경향은 암담하고 우울했던 역사적 현실과 아울러 보들레르의 영향을 받아 퇴폐적이고 감상적인 경향이 농후하였다. 이 시기의 시로 남아 있는 작품들은 〈나는 보고 섰노라〉(1923) · 〈애달픈 기억〉(1923) · 〈농녀(農女)〉(1926) · 〈추억〉(1926) · 〈공원의 밤〉(1926) · 〈구라파 송(頌)〉(1926) · 〈첫봄〉(1926)을 들 수 있다. 그가 특유의 시 경지를 개척하기 시작한 것은 1930년 무렵부터였다. 그로부터 1940년대 초엽까지 약 10년간이 그의 황금기에 해당한다. 시집 《파초》(1938)와 《하늘》(1948)에 그의 시풍이 잘 나타나 있다. 이 때 그는 전원에 살면서 자연물을 소재로 한 시를 많이 썼다. 하지만, 이들은 단순한 전원시가 아니라 심층에는 민족적 비애나 역사적 고뇌가 짙게 배어 있다. 즉, 우국의 고뇌와 정열을 전원적 이미지로서 표현하였다. 대표적인 작품들로는 〈파초〉 · 〈수선화〉 · 〈수선(水仙) II〉 · 〈내마음〉 · 〈나의 뜰〉 · 〈바다〉 · 〈하늘 I · II · III〉 · 〈명상〉 · 〈술노래〉들이 있다. 후기의 시세계는 광복과 더불어 바뀌었는데 시집 《삼팔선》(1947)과 《진주만》(1954)은 1945년부터 1947년까지 당시의 정치적 상황을 다룬 사회시이다. 《진주만》은 일본이 저지른 전쟁의 죄악과 그 인과응보적인 멸망을 태평양전쟁을 소재로 다루고 있으며, 《삼팔선》에서는 작자가 삼팔선을 넘기 전까지 북한에서 겪었던 참상과 북한 사람의 우울한 생활모습을 다루고 있다. 수록된 대표적인 작품으로는 〈진주만〉 · 〈미드웨이〉 · 〈새나라의 구도〉 · 〈삼팔선〉 · 〈레디오〉 · 〈이방(異邦)〉 · 〈우울〉 · 〈비에 젖은 화상〉 · 〈피난민 III〉 · 〈옥중기 III〉 등이 있다. 마지막 시집 《목격자》는 광복 전의 전원적 특질과 광복 후의 사회적 경향을 어느 정도 무리 없이 표현하고 있다. 〈서울풍물시초(風物詩抄)〉와 〈피난시첩(避難詩帖)〉의 시들이 수록되어 있는데, 〈자하문 밖〉 · 〈세종로〉 · 〈충무로〉 · 〈명동〉 · 〈북아현동〉 · 〈신촌동〉 · 〈미아리고개〉 등 유명한 곳을 주로 스케치한 풍물시가 뛰어나다." 한국정신문화연구원 편찬부, 《한국민족문화대백과사전》, 한국정신문화연구원, 1988 참조.

부분이 발견된다.[4] 정전을 구성하는 담론의 허술함을 상징하는 국면이다. 김동명에 관한 학위논문, 연구서, 평론 등이 총량에 있어서 비교적 많은 분량은 아니라는 외현 또한 열악한 연구 현황에 대한 단적인 증거일 것이다.[5] 이런 형편이 김동명 연구의 현황을 판단하는 절대적 기준은 물론 아니지만, 그 현황을 간접적으로나마 파악할 수 있는 하나의 지표에는 해당될 줄 안다. 〈파초〉나 〈내 마음은〉이라는 상징적 작품을 통해 한국 문학사에서 하나의 명망으로 자리한 김동명, 그에 반해 정치한 연구 대상으로는 적극적으로 다루어지지 못한 실정. 이 미묘한 대립 양상은 김동명 문학에 내재된, 이 글에서 '모순'이라고 부를, 문제적 지형을 형성하는 저변의 맥락이라 할 수 있겠다.

4 퇴폐적 낭만성으로 초기 시세계를 일별하는 기존 경향에 대한 반론, 즉 삶의 정서는 물론 이상적 지향과 현실 의식 등의 '다기한 시적 경향'을 강조하는 연구가 이미 제기된 바 있다.(전도현, 〈김동명 초기시 연구—첫 시집 《나의 거문고》 시기를 중심으로〉, 《한국학연구》 39, 고려대학교 한국학연구소, 2011. 12; 전도현, 〈김동명 시의 비유 구성 방법 연구—발굴작을 포함한 초기시를 중심으로〉, 《한국학연구》 43, 고려대학교 한국학연구소, 2012. 12, 157~184쪽 참조) 앞서 언급한 것처럼 《국어국문학자료사전》의 경우 작품 제목에서부터 오류가 발견된다. 한편, 미제로 남아 있던 김동명의 첫 시집 《나의 거문고》(신생사, 1930)가 2017년에 발굴되었기 때문에(〈'나의 거문고' 초판본 132편 수록, 강릉시 매입 후 김동명 문학관 전시〉, 《강원도민일보》 2017년 8월 10일) 《한국민족문화대백과사전》의 설명도 수정, 보완되어야 한다.

5 예컨대 2017년 10월 현재, 국립중앙도서관의 소장자료 검색으로 '김동명 시'를 입력하면 '단행자료' 분야에서 도서 1, 학위논문 3, 전자책 1의 결과가 제시된다. 국립중앙도서관(http://www.nl.go.kr). 검색창의 '검색구분 선택'은 초기 설정되는 '제목 or 저자'의 환경이다. '김동명 문학'으로 검색하면 단행자료 분야에서 도서 0, 학위논문 1, 전자책 1의 결과가 제시된다. 누리미디어 학술 데이터베이스(DBpia)에서 '김동명 시'로 검색한 경우 '인문학' 분야에서 48건, '김동명 문학'으로 검색한 경우 인문학 분야에서 4건이 제시된다.(http://www.dbpia.co.kr) 이러한 양상은 김동명과 같이 1920년대에 등단한 김동환, 양주동에 비해서도 적은 결과라 하겠다. 김동환(1901~?)은 1924년 5월 《금성》에 시 〈적성(赤星)을 손가락질 하며〉로 등단하였다. 2017년 10월 현재, 국립중앙도서관에서 동일한 조건으로 검색한 결과 '김동환 시'의 경우 단행자료 분야에서 도서 8, 학위논문 6, 전자책 4의 결과가 제시된다. '김동환 문학'은 도서 33, 학위논문 2, 전자책 2의 분포이다. DBpia에서는 '김동환 시'로 검색한 경우 인문학 분야에서 117건, '김동환 문학'의 경우 인문학 분야에서 23건이 제시된다. 양주동(1903~1977)은 1923년 《금성(金星)》 동인으로 문학 활동을 시작하였다. 2017년 10월 현재, 국립중앙도서관에서 동일한 조건으로 검색한 결과 '양주동 시'의 경우 단행자료 분야에서 도서 2, 학위논문 0, 전자책 3의 결과가 제시된다. '양주동 문학'은 도서 4, 학위논문 2, 전자책 0의 분포이다. DBpia에서는 '양주동 시'로 검색한 경우 인문학 분야에서 69건, '양주동 문학'의 경우 인문학 분야에서 36건이 제시된다.

그럼에도 불구하고 강릉을 위시한 강원 지역에서 김동명 시가 지닌 위상은 정전 그 이상인 듯하다. 이어서 상론하겠지만, 문학관이나 학회 등의 제도가 대변하는 것처럼 김동명은 강릉문학의 원류 격으로 상징되고 있는 것이다. 이 지역에서 문학사적으로는 물론 문화 콘텐츠로서 김동명을 적극 전유하는 가장 큰 이유이자 근거는 그의 고향이 강릉이기 때문이다. 생후 100년 이상이 훨씬 지난 시점에서, 출신 지역이라는 운명적 배경은 강릉의 근현대문학을 형성한 비조로서 그 이름을 도시에 각인하고 있다.

그런데 여기에는 묘한 역설적 구도가 내재되어 있다. 주지하는 바와 같이 김동명은 9세가 되던 1908년에 강릉을 떠났다. 그 후 다시 돌아와 정주하지 않았다. 그의 작품에도 강릉을 비롯한 강원 지역의 구체적 체험이나 장소적 요소가 두드러진다고 보기 어렵다. 이 글의 문제의식은 이러한 실정에서 파생되는 몇 가지 의문으로부터 비롯된다. 김동명 문학이 강릉을 위시한 강원권 지역문학의 원조인 이유가 그의 고향이 강릉이라는 지연에 국한되는가? 김동명은 유년 시절 개항지를 찾아 강릉을 자발적으로 떠났고, 그 이후 다시는 정주하지 않았다. 그의 작품세계에서도 강릉이라는 장소를 형상화한 양상은 보기 어렵다. 그럼에도 불구하고 김동명 문학을 '강릉문학'이라고 할 수 있을까? 물론 그렇다. 작가의 고향은 해당 지역에서 문화 콘텐츠로 전유되는 가장 강력한 근거로 기능하고 있다. 하지만 그에 더하는 이론적이고 분석적인 논거를 마다할 이유가 없다. 지연은 물론 문학 내적인 요소가 충분히 뒷받침될 때 지역의 문화 콘텐츠로서 지니는 가치가 배가될 것이기 때문이다.

강릉문학의 상징으로 실재하면서도 그에 관한 이론적이고 학술적인 근거는 부족한 현실. 이는 김동명 문학에 내재된 또 다른 모순의 층위를 형성하고 있다. 김동명 문학이 강릉을 포함한 강원권 지역문학의 소중한 자산이기 위해서는 그의 시에 대해서 지역과 장소의 관점에서 보다 면밀히 검토할 필요가 있다. 김동명 문학이 지닌 지역성 혹은 장소성을 밝히고, 지역문학적 입장에서의 텍스트를 분석함으로써 강릉문학으로서의 의미 보완이 요구되는 것이다. 이는 또한 기존 문학의 미적 공준, 혹은 지역 단위에서 통용되고 있는 정설 범주가 지닌 의미와 한계를 밝히는 작업이기도 하다.

3. 지역적 전유 양상과 과제

김동명은 문학은 강원권 문단, 특히 강릉 지역에서 절대적인 가치를 지닌다. 김동명 시는 관련 문학장의 내부에서뿐만 아니라 지역 정계와 사회적 맥락에서도 중요한 상징자본으로 기능하고 있다. 김동명은 강원 지역, 특히 강릉 지역의 대표적인 문학 콘텐츠로 전유되고 있는 것이다. 관련 논의를 보면, 김동명은 강원권 시문학의 역사를 논하는 데 있어 선구적 문인으로서 거론되고 있다. 강릉 출신으로서 1923년 《개벽》을 통해 등단한 김동명은 김유정, 이효석 등과 더불어 근대 강원권 지역문학의 원류 격으로 취급된다. 그리하여 "강원 문학사에서 최초의 시인이라고 지칭"[6]되기도 한다.

사후 50여 년이 지난 2010년대, 강릉을 중심으로 하여 김동명 문학의 전유 형태는 다양한 제도적 양상으로 나타나고 있다. 이러한 지역적 전유의 노력은 그 자체로 충분한 의미를 지닌다. 김동명 문학의 지역적 전유 양상으로 제도적 측면에서 우선 '김동명문학관'을 예시할 수 있다. 김동명문학관은 그의 문학 정신을 계승하고 작품을 보존 및 전시할 목적으로 2013년 7월, 생가 터인 강릉시 사천면에서 개관하였다.[7] 김동명의 문학 자료를 체계적으로 관리하고 있을 뿐만 아니라 '강원도 작고문인 재조명 세미나', '인문학 아카데미', '전국 백일장', '김동명 학술대회' 등의 관련 행사를 개최해 왔다. 최근에는 강릉시에서 매입한 김동명의 첫 시집 《나의 거문고》[8]의 원본을 일반 시민에게 전시하는 행사를 가져 주목을 받았다.[9]

문학관에 이어 '김동명학회'[10]가 설립되고, 그에 관한 본격적이고 집중적인 조명이 시도되고 있는 점 역시 주목할 만한 성과이다. 김동명학회의 활동은 앞서 제기한 김동명 문학에 내재된 모순, 즉 명망에 비해 실증적인

6 서준섭 · 박민수 · 송준영, 〈강원도 시단과 시를 말한다—지역성, 특이성, 보편성〉(좌담), 《현대시》 2003년 8월호, 40쪽.

7 김동명 문학관(http://cafe.daum.net/nemaum) 참조.

8 김동명, 《나의 거문고》, 신생사, 1930. 북한 흥남에 소재한 신생사에서 인쇄된 이 시집은 오랫동안 학계에 알려지지 않았었다.

9 〈'나의 거문고' 초판본 132편 수록, 강릉시 매입 후 김동명 문학관 전시〉, 《강원도민일보》 2017년 8월 10일. 기사는 "'파초 시인' 김동명의 첫번째 시집이 87년만에 처음 발견"되었다고 소개하고 있다.

10 2013년 8월 20일, 김동명 문학관에서 창립총회를 거쳐 설립되었다. 김동명학회(http://cafe.daum.net/Kim-dong-myung) 참조.

연구가 상대적으로 부족한 현실을 타개하는 중요한 계기가 될 수 있다. 그 결과물로 상재된 《김동명문학연구》[11]는 김동명 연구의 지평을 확대할 뿐만 아니라, 후속 연구를 위한 학술적 매개로 기능할 수 있으리라 본다.

생각해 볼 문제는 다음과 같다. 김동명문학관 홈페이지를 보면 관련 콘텐츠가 무엇이며 어떻게 전시되어 있는지에 대한 체계적인 정보를 파악하기 어렵다. 디지털 시대에 부응하는 소프트웨어의 부재로 인해 많은 노력이 깃든 하드웨어에의 접근과 공유가 어려운 실정인 것이다. 《김동명문학연구》의 현황도 아쉬움이 따른다. 위 학회지 1, 2집을 두고 보자면 각각 6명, 5명의 필진 중에 3명이 중복되고 있다. 그 자체가 문제인 것은 물론 아니다. 중요한 것은 연구자가 누구인가가 아니라 김동명 연구의 지평을 확장하고 다양한 분석을 학계에 제시해야 한다는 측면이다. 이때 필진의 중복은 결국 관련 연구 인력의 폭이 좁다는 점을 반증하기에 아쉬운 현상일 수 있다.

형식적인 문제 또한 적지 않다. 김동명학회는 전문 학회로의 도약을 위해 한국연구재단의 등재 시스템을 목표로 한다. 그러기 위해서는 발간 횟수의 확대와 전국 단위의 필진 확보가 필수적으로 요청된다. 그 밖에 전문 편집위원회의 구성이나 공정한 논문 심사 등의 형식적인 절차를 따지자면 연구재단 등재는 요원한 문제일 수밖에 없다. 현재 운영되고 있는 김동명문학관과 김동명학회의 홈페이지 내용 역시 방문자의 기대를 충족시키기 어려운 형편이다. 이처럼 제도적인 활황에도 불구하고 내실화를 기대하기 어려운 실정은 김동명 문학에 내재된 또 다른 모순을 구성하는 일 요소라 할 수 있다.

관련 학자의 입장에서 위와 같은 제도적 기념비의 노력에 대해 보다 정

11 《김동명문학연구》는 김동명학회에 의해 2014년 10월에 연간지 형식으로 1집을 간행하였다. 참고로 1집에 수록된 글은 엄창섭, 〈초허의 시문학과 정체성의 고찰〉; 장정룡, 〈김동명 수필의 '월남'과 '피난' 표출양상〉; 심은섭, 〈김동명 시에 나타난 기도형 발아의 원인 고찰〉; 이미림, 〈김동명 산문에 나타난 타자지향성과 디아스포라의식〉; 이성교, 〈김동명 시 연구〉; 김윤정, 〈김동명 시에 나타난 '주체의식' 연구〉 등 6편이다. 2집은 2015년 10월에 발간되었다. 수록된 글은 엄창섭, 〈시대적 상황대처와 초허의 한글인식〉; 박호영, 〈김동명 시에 나타난 낭만주의적 시의식〉; 장정룡, 〈김동명 수필집 《세대의 삽화》의 작품 특질 고찰〉; 이미림, 〈작가(시인)으로서의 삶, 지식인(정치가)으로서의 삶〉; 유희자, 〈김동명 시의 모성적 상상력 연구〉 등 5편이다. 학술지에는 논문뿐만 아니라 시집 《파초》(1집), 《삼팔선》(2집) 등의 원문을 부록으로 제공하고 있어 자료집으로서의 의미를 더하고 있다.

치한 검증 작업이 필요하다는 점을 지적할 필요가 있겠다. 기존의 통념이나 일반화가 검증 없이 유통되고 있는 양상이 없지 않기 때문이다. 한 예로 한국학중앙연구원에서 주관하여 2009년 구축된 '디지털강릉문화대전'의 '김동명' 항목에는 다음과 같이 정보가 수록되어 있다.

> [정의]
>
> 강원도 강릉 출신의 시인.
>
> [개설]
>
> 김동명의 아버지는 김제옥(金濟玉)이며, 어머니는 신석우(申錫禹)이다. 1900년 6월 4일 강원도 강릉시 사천면 하노동리 54번지에서 출생하였다. 어린 나이에 아버지를 여의고 원산으로 이주하였다가 1947년에 홀로 월남하였다. 1968년 1월 21일 세상을 떠났으며, 호는 초허(超虛)이다.[12]

"강원도 강릉시 사천면 하노동리 54번지에서 출생"한 사실은 김동명 문학을 강릉 및 강원 지역의 문학적 기념비로 제도화할 수 있는 가장 중요한 근거일 것이다. 작가의 출생지를 바탕으로 해당 지역에서 문화 콘텐츠로 활용하는 경향은 남다른 사실이 아니다. '고향'이라는 상징은 작가는 물론 문학적 정체성을 구성하는 가장 확실한 근거 중의 하나이다. 현 단계 한국 사회의 각 지역에서 운영되고 있는 문학관의 실정은 이를 반증하는 제도적 결과라 하겠다.

그런데 위 개요에서 "어린 나이에 아버지를 여의고 원산으로 이주하였다"는 내용은 사실과 다르다. 김동명은 자신의 이주 경험을 분명히 기억하고 수필을 통해 회상한 바 있다.

> 내 걸음의 이력서의 첫줄은 一九○八年 즉, 내 나이 아홉살 되든 해로부터 시작된다. 나는 이 해에 고향인 강능을 떠나, 북쪽으로 五백五십 리를 들어가는, 함경도 원산까지 아버지와 어머니를 따라서 걸어간 일이 있다.[13]

12 디지털강릉문화대전(http://gangneung.grandculture.net). 기타 학력, 경력, 활동사항, 저술 및 작품 등의 항목 설명은 앞서 예시한 사전류의 개요와 크게 다르지 않다.

13 김동명, 〈失影記〉, 김동명문집간행회 편, 《모래 위에 쓴 낙서》(김동명 수필 · 수기집),

이 글을 통해 원산으로의 이주는 부모와 함께 걸어서 간 것이라는 사실을 확인할 수 있다. 김동명의 자제인 김병우 역시 원산 이주 이후의 조부의 삶에 대해 기록하였는데, "祖父는 咸興이 고대[14]인 西湖와 강릉 사이를 몇 년씩 사이를 두고 오가는 放浪客 같은 생활을 하신 분"[15]이라는 게 그것이다. 이를 통해 이주 당시는 물론 그 이후에도 김동명의 부친은 생존했음을 알 수 있다.

김동명의 이주와 성장에 있어서 부친보다는 모친의 영향이 컸음은 사실인 듯하다. 김병우는 "선친이 어머니의 손에 이끌리어 길을 떠났을 때"[16]나 "할머니께서는 30세가 안 되었을 젊은 나이에 외아들의 손을 잡고 이러한 땅을 벗어나온 것"[17] 등으로 표현함으로써 김동명의 원산 이주에 있어 어머니의 역할이 결정적인 것이었음을 강조하고 있다. 그 외에 김동명의 문학에서 부친에 대한 기록을 발견하기는 쉽지 않다는 점도 모친의 절대적 영향을 짐작케 하는 요소이다. 김병우가 조부를 방랑객이라고 묘사한 문맥에서 그 이유를 짐작할 수 있을 듯하다.

학술적 여건이 상대적으로 취약한 이곳 지역에서 김동명 연구가 집적되고 있는 현황은 관련 학자의 헌신적 노력이 근저에 자리하고 있음을 반증한다. 《나의 거문고》 발굴을 기점으로 김동명 문학의 연구사는 새로운 전기를 맞게 되었다. 그에 관한 지역적 차원의 전략적 접근이 필요한 시점이다. 기존 연구의 현황은 무엇보다 다양한 연구 인프라의 구축을 절실히 요구하고 있다. 혹여 김동명 문학 연구에 관한 인프라 구축에 있어서 문학 외적인 관심, 예컨대 지역 강단이나 문단의 헤게모니 문제가 개입되어서는 곤란하리라 본다.

지역의 문화 콘텐츠가 진정한 의미를 지니기 위해서는 다양한 '지역적' 근거가 확보되어야 한다. 어느 작가의 문학세계가 해당 지역과의 관련에 있어서 지연 이외에 근거가 희박하다면 지역문학적 관점에서는 아쉬운 면

신아사, 1965, 457쪽.

14 "바로 가까운 곳"이라는 뜻의 북한어. 국립국어원, 《표준국어대사전》(http://stdweb2.korean.go.kr). 인용자.

15 김병우, 〈아버지 김동명에 관한 서한—평전〉, 김병우 외, 《김동명의 시세계와 삶》, 한남대학교 출판부, 1994, 265쪽.

16 위의 글, 222쪽.

17 위의 글, 223쪽.

모라 하겠다. 출신 지역이라는 지연은 어쩌면 가장 단순한, 더더욱 문학 외적인 근거일 수밖에 없다.

장소성은 문학의 발생적 조건이기도 하다. 구체적 체험을 바탕으로 한 문학적 상상력 속에 예술성과 인간적 가치가 반영된다는 명제는 증명을 필요로 하지 않는다. 한국 문학사에 기념비적인 작품으로 잘 알려져 있는 김소월, 백석, 정지용 등의 작품은 장소성과 문학성이 결합하여 탄생한 대표적 예시에 해당된다. 가장 한국적인 문학이 가장 세계적일 수 있는 이유에는 문학을 포함한 모든 예술의 생래적 운명 속에 '장소'를 기반으로 하는 구체적 체험이 전제된다는 사실이 연동되어 있다. 김동명 문학 연구에 있어서도 지역문학의 관점에서 보다 다양한 미학적이고 이론적인 모색이 뒤따라야 하리라 본다.

4. 헤테로토피아 또는 로컬리티

김동명 문학이 강릉을 포함한 강원권 지역문학의 정전으로서 의미를 지니기 위해서는 다양한 근거가 학술적으로 뒷받침되어야 한다. 현 단계 논의의 수위에서 지역적 연관의 가장 큰 근거는 김동명의 출생지가 강릉이라는 사실에 집중되고 있다. 김동명 문학이 강릉권 지역문학의 전사일 수 있는 이유는 그가 강릉 출신이라는 전기적 이유로 한정되지 않는다. 작가의 지연은 물론 지속적으로 재생산되는 현재적 의미로서의 실정성에 의한 것이라는 점을 강조할 필요가 있다.

가장 중요한 논거는 문학 내적인 것이어야 한다. 김동명 시는 '강원문학의 원류'임에도 불구하고 정작 시세계에 있어 강원 지역권 문학이라 할 내용이 특화되지 않는다. 출신 지역이라는 '문학 외적인' 지연을 제외하고는 문학적 생애라든가 작품세계의 특성에서 지역성이 부각되는 경우는 많지 않다. 이 점은 기존 연구에서도 인정하고 있는 바와 같다. "다만 향토 출신 시인이라는 점에서 논외로 할 수 없는 경우"[18]라 하겠다. 그러나 일부 향토성을 소재로 한 작품은 김동명 시의 강원권 지역문학적 성격을 드러내는 중요한 자질이 된다.

18 서준섭, 〈강원도 근대문학 연구에 대하여〉, 《강원문화연구》 11, 강원대학교 강원문화연구소, 1992, 116쪽.

고향의 중층성 : 향수, 바다, 어머니 강원도 삼척 출신으로서 지역 문단에 많은 영향을 미치고 있는 문인이자 학자인 이성교는 "超虛의 初期 시편이 비교적 田園的인 색채를 짙게 띠고 있는 것"[19]이라는 평가를 통해 간접적이나마 향토성의 면모를 밝히고 있다. 김동명의 고향 혹은 향수에 대한 기존 언급으로는 이미림을 들 수 있다.[20] 이 글은 김동명 수필 중에서 〈어머니〉와 〈국추기(掬雛記)〉에 어머니의 영향과 고향의 표상이 드러나고 있음을 강조한다. 부분적 작품을 대상으로 하고 있지만 김동명 문학에 배태된 향수의 미학에 대해서 적시한 글에 해당된다. 시 작품을 대상으로 고향을 분석한 경우는 박호영이 있다.[21] 《파초》와 《하늘》을 대상으로 하는 이 글은 이상향에 대한 그리움을 고향 범주에 포함하여 관련 작품을 소개한다. 또한 "고향 또는 이상향에 대한 그리움은 불만족스러운 현실로부터의 일탈을 꾀하는 데에서 생성되는데, 이 감정은 전형적인 낭만주의적 특성 중의 하나"[22]라고 보았다.

이들 언급을 바탕으로 김동명 시에서 발견되는 장소성의 요소를 구체적으로 살펴보기로 한다. 앞서 예시한 〈파초〉를 다시 보면, 김동명의 대표작으로 잘 알려진 이 작품은 서정적인 어조로 조국을 떠난 파초의 슬픔을 표현하고 있다. 여기서의 '조국'은 곧 서정적 자아가 지향하는 장소를 환기한다. 그것은 현실의 질곡과 상반되는 지향의 공간이며 궁극적으로 모든 존재가 귀속될 원초적 장소이기도 하다. 지역문학적 관점에서 주목해야 할 부분이 '향수'가 환기하는 장소성일 것이다.

〈파초〉와 같은 작품은 김동명 고유의 서정적이면서도 의지적 경향을 드러내면서도 이주 혹은 이산의 삶을 문학적 소재로 삼음으로써 강원 지역의 장소성을 환기하고 있다. 김동명의 개인적 삶을 비롯하여 강원 지역 자체가 이주의 공간을 상징한다. 이는 다단한 한국 근현대사가 이곳 지역에 부여한 지정학적 운명과도 같다. 이러한 고향 상실의 감정은 김동명 초기 시의 주

19 이성교, 〈한국현대시에 나타난 향토색 연구〉, 《연구논문집》 13, 성신여자대학교, 1980, 29쪽.

20 이미림, 〈김동명 산문에 나타난 타자지향성과 디아스포라의식〉, 《김동명문학연구》 1, 김동명학회, 2014.

21 박호영, 〈김동명 시에 나타난 낭만주의적 시의식—시집 《파초》《하늘》을 중심으로〉, 《김동명문학연구》 2, 김동명학회, 2015.

22 위의 글, 37쪽.

된 정조를 형성하고 있다는 사실에 주목해야 한다. 물론 이는 당대 식민지 지식인들의 공통된 정서 중 하나일 것이다. 그럼에도 불구하고 고유한 서정적 시세계 속에서 고향 상실이 성공적인 시적 형상화의 화소를 이룬다는 점은 작가의 실제 삶과 결부되면서 특수성의 층위를 형성하고 있다.

김동명의 향수가 이른바 '전원파' 류의 서정과 다른 층위는 일종의 비애적 정조에서 비롯된다. 김동명에게 고향은 낭만적이거나 근원적 향수의 장소가 아니다. 실존을 위해 자의적으로 벗어나야 했던 역설의 장소가 곧 고향인 것이다. 이와 유사한 맥락에서 이성교는 "자연을 있는 그대로 그리지 않고 어디까지나 觀照的인 태도로 자기 心情的인 사상을 호소"한다거나, 그리하여 "여기 '祖國'은 곧 芭蕉의 고향 南國이요, 또한 작자의 고향"에 해당된다고 지적한 바 있다.[23] 이러한 해석에는, 이성교 역시 일찍이 언급한 바와 같이, 김동명 스스로의 '해제(解題)'가 관계된다. 김동명은 〈〈파초〉 해제〉라는 수필을 통해 "나도 실은 그 언젠가, 祖國을 잃은 사나이. 외롭고 쓸쓸하고, 그리고 더욱 겨울이 슬프기로는 그녀로 더불어 다를 것이 없는 처지겠다. 서로 껴안고, 서로의 체온과 외로움을 나누므로, 〈季節〉의 위협을 물리칠 수만 있다면, 또한 얼마나 즐거운 일이랴."[24]고 회상한 바 있다.

향수의 모티프를 사용하여 정주의 장소와 이상적 공간을 대비하는 시상은 김동명의 초기 시로부터 발견되는 특징이기도 하다. 즉 "나는 北國의 아들/ (중략)/ 椰子나무 그늘 밋헤/ 아아 南國의 싸님"(〈北風의 노래〉, 《나의 거문고》), "외로이 모혀선 棕櫚나무의/ 그리우는 南國의 마음"(〈公園의 밤〉, 《나의 거문고》)과 같은 표현을 볼 수 있는 것이다. 이들 작품은 "남국의 싸님"이나 "남국의 마음"을 대상으로 두고 화자의 지향을 동적 이미지로 그림으로써 ("나는 가요 나는 간다", "그리우는") 향수의 정서를 환기한다.

> 꿈에
> 어머님을 뵈옵다.
>
> 깨니,

23 이성교, 〈김동명 시 연구〉, 김병우 외, 《김동명의 시세계와 삶》, 한남대학교 출판부, 1994, 24쪽.

24 김동명, 〈〈파초〉해제〉, 《세대의 삽화》, 일신사, 1959, 57쪽.

故鄕 길이 一千里.

冥途는,
더욱 멀어.

窓 밖에
가을 비 나리다.

梧桐잎,
浦口와 함께 젖다.

鄕愁,
따라 젖다.

—〈꿈에〉(《하늘》) 전문

물신화로부터 비롯되는 고향 상실의 감정은 근대인의 보편적 소외감에 해당된다. 이는 고향과 세계를 재배치하면서, 초영토적이고 문화 혼혈적인 것을 창시하는 이질적 감각으로 변주되기도 한다.[25] 많은 근대 작가들이 고향을 소재로 짙은 향수와 페이소스를 표현했던 것은 인간이 지닌 본연의 미적 감정을 표출하는 과정이었을 뿐만 아니라 근대문학의 발생 과정에 따르는 필연적 결과일 수 있다. 김동명 역시 이주의 삶을 살면서 고향에 대한 시의식을 근저에 지니게 되었던 것으로 보인다. 위 작품은 김동명이 고향 강릉을 그리워하는 마음이 구체적으로 표현된 작품에 해당된다. 여기에는 어머니에 대한 사모의 정과 고향에 대한 그리움이 긴장된 언어로 외화되고 있다.[26]

김동명 시에 나타나는 원형적 공간으로서의 장소성은 고향 혹은 향수 등과 더불어 '바다'와도 연동된다. 김동명 시의 바다 모티프는 고향 강릉과 밀접히 연관되어 있는 것이다.

25 호비 바바, 나병철 역, 《문화의 위치》, 소명출판, 2002, 41~42쪽 참조.

26 박호영, 앞의 글, 39~40쪽 참조.

바다여 네 가슴 속에는 푸른 하늘이 잠겨 있고
네 입설에선 끊일줄 모르는 노래가 永遠을 부르노나.
저게 두둥실 나뜬것은 白鷗와 함께 흰구름
그리고 밤이되면 아름다운 별들은 저들의 오랜 沈默의 배반을 들고
　네게로 모히나니
그렇게 넓고 깊고 또 맑은 네가슴 어든
거긔에 宇宙의 한쪼각이 즐겨 깃듸린다 하여 怪異타 할거냐.

—〈해양송가(海洋頌歌)〉(《파초》) 부분

이때 바다는 그것이 지닌 원형적 이미지와 더불어 김동명 문학세계의 근원지로서 공간성을 환기하는 기제가 된다. 바다는 〈해양송가〉 이후에도 김동명 시의 주된 화소로 반복해서 등장한다. 김동명에게 있어 바다라는 소재는 각별한 의미를 지닌다. 김동명은 스스로 "나는 바다만 보면, 언제나 가슴이 뭉클하다."[27]고 고백한 바 있다. 이처럼 김동명에게 바다는 근원적 세계를 상징한다. 이러한 의식의 형성 과정에는 고향 강릉에서의 구체적 체험이 각인되어 있다.

내가 처음 바다와 대면하기는 여섯살 때의 일인데, 소먹이는 아이들을 따라 뒷산에 갔다가, 또 어찌어찌해서, 산 마루턱까지 올라 갔더니, 저쪽 하늘 끝에 무엇인가, 하늘 보다도 더 파란 것이 하늘을 떠받치고 있는 것이 보였는데, 그것이 바로 바다임을 알고, 정신놓고 바라보던 기억은 시방도 잊지 않는다. 그리고 내가 직접 바다와 접촉할 기회를 최초로 가진 것은, 내 나이 일곱 살 되든 해, 장작 두 개피를 지고, 일가 형벌 되는 총각을 따라, 〈사월〉나루(우리와 주객하고 지나는 단골이 있는—)까지 갔었던 일이 있는데, 나는 거시서 비로소 처음으로 파도를 볼 수 있었고, 파도를 가로 타고 헤염처 가는 새파란 고기 떼를 볼 수 있었고, 굵다란 밧줄에 매인채, 파도를 타고 일렁거리는 배를 볼 수 있었고, 또 쏴아 하고 마당 가장자리까지, 밀려드는 바다ㅅ물에 발을 잠거 볼 수도 있었다.[28]

27 김동명, 〈바다에의 향수〉, 《모래 위에 쓴 낙서》, 앞의 책, 463쪽.
28 위의 글, 같은 쪽.

위에서 볼 수 있는 것처럼 김동명의 문학적 세계관 내부에는 고향의 체험에서 비롯된 바다의 지평이 자리하고 있다. 강릉을 위시하여 강원권 문학장 내에서 해양문학은 중요한 장르로 부각된다. 특히 영동 지역은 지리적 특성상 해양과 긴밀히 관련된다. 삶의 환경으로 바다를 접하고 있기 때문에 자연스럽게 소재화되는 빈도가 높을 수밖에 없다. 김동명의 경우에는 위와 같은 원체험 이외에도 이주와 성장의 장소가 함흥 인근의 해변가인 '서호(西湖)'라는 곳이었음은 고향과 바다와 문학의 생래적 고리를 증거하고 있다. 이처럼 김동명 시에 있어서 고향, 향수, 바다 등은 궁극적으로 지역성으로부터 비롯되는 문학적 상상력의 지평이라 할 수 있겠다.

종합해 보자면 김동명은 고향 혹은 향수의 모티프를 일종의 이상적 장소로 전유하고 있는 셈이다. 구체적인 장소성이나 지역적 체험에 기반한 형상화 양상이 두드러지지는 않지만, 강릉이라는 근원적 장소는 그의 시세계에서 문학적 '헤테로토피아'에 유비되는 것이다. 푸코는 현실 속에 존재하는 이상적 공간을 헤테로토피아 개념으로 지시한 바 있다.[29] 이는 곧 김동명 식 로컬리티의 구현 양상으로 볼 수 있다. 이는 지역문학적 관점에서 김동명 시의 향토성을 적극 전유해야 되는 이론적 거점이기도 할 것이다.

문학사회학적 입지 : 지역적 정체성의 재구 김동명 시의 로컬리티와 관련하여 문학사회학적 입지를 강조할 필요가 있다. 이는 로컬리티의 현재화 문제와 관련된다. 기존 연구가 개관한 바와 같이 김동명의 초기 작품세계는 감상적, 퇴폐적 경향으로 대변된다. "오직 서리에 잎 붉고/ 가을 하늘에 떼 기러기의 울음이 높거던/ 달 아래로 가소서/ 무너지는 잎 싸늘한 달빛 속으로/ 스며드는 내 노래를 찾으오리다"(〈懷疑者들에게〉)[30]와 같은 등단 초기의 작품은 이러한 경향을 잘 드러낸다. 그럼에도 불구하고 이 작품과 더불어 〈祈願〉 등의 작품이 발표된 《개벽》 1923년 12월호가 '강원도 특집

29 푸코는 삶의 규정하는 배치의 관계에 따라 유토피아(실제 장소를 갖지 않는 배치)와 '헤테로토피아(hététopie)'(현실화된 유토피아적 장소)를 구분한다. 헤테로피아는 나머지 공간에 대해 어떤 기능, 즉 환상적 공간을 만들어내거나 다른 공간을 보정(compensation)하는 등의 기능을 수행한다. 미셸 푸코, 이상길 역, 《헤테로토피아》, 문학과지성사, 2014, 48쪽.

30 이 작품은 등단작(〈당신이 만약 내게 門을 열어주시면〉 외 2편, 《개벽》 1923년 10월호)에 이어 《개벽》 1923년 12월호에 수록되었다.

호'였던 점은 김동명 시의 배면에 강원 지역의 문학적 입지가 데뷔 당시부터 발견되는 사례라 하겠다.

기타 다양한 문학 제도의 요소를 예시할 수 있다. 앞서 거론한 김동명 문학관이나 김동명학회를 비롯하여 강릉 경포호변의 시비 공원 역시 하나의 사례라 하겠다. 이곳에는 경포호변 산책로를 따라 지역 출신 시인들의 시비가 연속적으로 배치되어 있다.[31] 이처럼 김동명 시가 지닌 실정적 위상은 강원권 지역문학의 전사로서 기능하기에 충분하리라 본다.

김동명 문학세계에서 강릉의 지역성이 특화되지는 않는다 하더라도 그의 시는 이곳 지역문학의 효시로서 현재적 차원에서도 많은 영향을 미치고 있다. 여기서 지역문학의 정체성은 일종의 구성적 개념임에 주목해야 한다. 즉 지역적 정체성은 객관적인 사실로써 실증되어야 함과 동시에 어떠한 현재적 의미로 지역문학의 활성화와 방향성에 관계하느냐가 중요한 논점이 되어야 하는 것이다. 지역적 정체성이라는 것이 일종의 구성적 개념임을 전제할 때 지연을 매개로 한 지역문학 콘텐츠 확보와 재구의 노력은 충분한 의미를 지닌다. 이러한 맥락에서 김동명 시는 강원권 문학사의 재구에 있어 주요한 참조점을 제공한다.

김동명은 그 이름이 강릉에서 비롯되었다는 사실 자체만으로도 강원권 시문학 형성에 영향을 주었다고 평가되고 있다.[32] 이러한 사실은 이 지역에서 활동하고 있는 후배 세대 문인들의 작품세계나 학문 활동을 통해 확인되는 바이다. 대표적 사례로서 이곳 문단 및 학계에서 활발한 활동을 펼친 엄창섭은 자신의 글 곳곳에서 김동명을 기억하며 지역문학의 전거로 삼고 있음은 물론 학문적 · 문학적 도제관계를 유지하고 있다.[33]

실로 김동명은 강원 영동권의 각종 기록이나 문단 제도에 의해 이곳 지역문학의 전범으로 재생산되고 있다. 김동명 시는 지역문학의 정체성을 구성하는 주요한 계기로서 실재하고 있는 것이다. 이러한 실정적 층위로부

31 해당 시인과 작품은 김동명(〈수선화〉), 박기원(〈진실〉), 박인환(〈세월이 가면〉), 최인희(〈비개인 저녁〉), 최도규(〈교실 꽉찬 나비〉), 김유진(〈아침에〉), 이영섭(〈고향 얘기〉), 김원기(〈산위에서〉), 엄성기(〈꽃이 웃는 소리〉), 정순응(〈강문어화(江門漁火)〉) 등과 같다.

32 서준섭 · 박민수 · 송준영, 앞의 글, 40쪽.

33 엄창섭, 《김동명 연구》, 학문사, 1987. 그리고 이어지는 일련의 글들(〈김동명의 문학과 삶의 巨跡〉 · 〈김동명의 시의식과 미적 주권〉 · 〈김동명의 시 "파초" 해제〉, 《현대시의 현상과 존재론적 해석》, 영하, 2001) 참조.

터 강원권 지역문학으로서 김동명의 입지는 확보될 수 있다. 문제는 이러한 지역문학적 정체성의 구성 노력이 당위론에 그쳐서는 곤란하다는 점이다. 보다 실증적인 분석과 이론적 모색을 통해 학술적 근거를 확보해야 하는 이유가 이로부터 비롯된다.

기타 문학사회학적 연관을 살펴보자면, 김동명 시는 강원 지역 리리시즘의 기원을 구성하고 있다는 점에서도 주목할 수 있다. 김동명 시의 특징으로 거론되는 전형적인 서정의 심미화 방식은 이후 강원 지역 시문학의 주류 경향으로 정착하게 된다. 현 단계 강원권 지역 문학장의 중심 양상은 전통 서정에 기반한 리리시즘의 경향이라 할 수 있다. 이는 곧 김동명 서정시의 기조이기도 하다. 이러한 맥락 속에서 김동명 시의 로컬리티는 그 입지가 확보될 수 있다.

김동명 시는 민족문학의 계보학적 매개 역할로도 기능한다. 그의 작품세계는 독자적인 자연관의 성취와 더불어 "일제하에서도 상징적 서정시를 발표한 저항시인으로서 민족적 비애를 절창"[34]하였다고 평가된다. 김동명 시세계를 민족문학적인 것으로 일반화하기에는 무리가 따른다. 그럼에도 불구하고 그의 작품 중에는 민족의 아픔을 모티프로 한 작품이 존재한다. 이러한 사실은 강원권 지역문학의 민족문학적 흐름을 잇는 면모라 하겠다.

이와 같은 맥락에서 김동명 시는 강릉 지역의 문학적 정체성을 구성하는 주요 자원으로 적극 전유되어야 한다. 이때 '정체성'에만 집중되는 자의적 판단을 경계할 필요가 있다. 현 단계 지역문학 연구의 당위성 및 궁극적 목적으로 전제되는 개념 중 하나로 이른바 정체성 개념을 들 수 있다. 지역문학의 정체성은 그 개념이 성립하기 위한 근거이자 미적 지향의 대상이기도 하다. 문학이 삶을 반영하는 이상 구체적인 삶과 문학 행위가 이루어지는 장으로서의 지역이라는 단위는 이론적으로나 예술적으로나 분명 유의미한 범주에 해당된다. 문제는 이에 근거하는 구체적 문학 행위들이 동반하는 일종의 단선적 성격에 있다. 비근한 예로서 대부분의 지역 문단은 한국 문학장의 오랜 관성이기도 한 개별 동인 및 문학회 구조에 근거하고 있다. 이러한 현상은 그 자체로 한국 문학장의 성격을 구성하는 것이요 나름의 충분한 의미를 지닌다. 그럼에도 불구하고 문학의 진성성과 관련하여

34 엄창섭, 《김동명 연구》, 앞의 책, 179쪽.

여러 문제점을 파생하는 것도 사실이다.

김동명 시의 향토적 서정을 강조하는 입장에 있어서도 보다 신중한 판단이 필요하다. 김동명 시에서 고향이나 바다가 환기하는 지역성의 요소는 다층적이기 때문이다. 유년기 함남 이주가 지닌 역사전기적 배경을 살펴봐야 할 필요성이 이로부터 제기된다.

> (중략) 만일 할머니께서 아들의 학교 교육을 위해 開港地를 찾는 일이 없었더라면 어떻게 되었을까 하는 것입니다. 아마도 시인, 교수 김동명도 정치평론가, 정치인 김동명도 이 세상에 있을 리가 없습니다. 이유는 강릉지방의 개화의 後進性이니 선친이 받을 수 있는 교육도 서당과 鄕校에서 받는 것에 그쳤을 것이기 때문입니다.[35]

이 글에서는 김동명의 함남 원산으로의 이주가 '개항지'를 찾기 위한 의지적 결단이었음을 강조한다. 이어 이 글은 "더욱이 元山에서 소학교를 다니던 연고 때문에 그곳에서 교편을 잡는 것도, 첫 詩集의 많은 부분을 얻는 일도"[36] 가능했으리라 봄으로써 초기 시세계의 근원까지도 유추하고 있다. 이러한 언급이 문학이론적 분석은 아닐지라도 아들에 의한 아버지의 평전이라는 점에서 간과할 수 없는 사료라 하겠다. 이에 의하자면 김동명 시에서 빈번히 등장하는 고향 관련 소재는 출신지 강릉보다도 이주 이후 소학교를 다닌 함남 원산, 중학교를 다닌 함흥이나 서호 등을 가리키는 것으로 보는 것이 타당할 것이다.

그럼에도 불구하고 앞서 확인한 것처럼 김동명의 문학적 세계관 속에는 고향 강릉이 분명히 각인되어 있다. "내 外家로 말하면 五臺山 줄기의 한 갈래가 칡순처럼 東 쪽으로 뻗어 나리고, 여기에 沿하여 이 멧줄기의 기슭을 씻으며 東海로 흘러가고 있는, 어떤 시냇가 언덕 위"[37]라고 하는 생생한 기억도 김동명 문학의 심상지리 내에 고향 강릉의 장소성이 각인되어 있음을 유추케 한다.

네그리와 하트에 따르면 "정체성과 통일성으로 인해 부패된 사랑"은

35 김병우, 앞의 글, 224쪽.

36 위의 글, 같은 쪽.

37 김동명, 〈국추기〉, 《세대의 삽화》, 앞의 책, 13쪽.

"창조를 포함하지 않으며 차이 없는 반복"에 그친다. 진정한 사랑은 "공통적인 것 안에서 이루어지는 특이성들의 마주침과 실험"이라는 것이다.[38] 이들을 빌어 말하자면 지역문학의 정체성에만 함몰되는 것은 '부패한 사랑'의 방식이다. 트랜스로컬은 이처럼 지역 경계와 정체성을 넘어 특이성들과의 조우를 실천하려는 장소적 관심을 통해 가능하리라 본다. 이는 근공간 중심의 장소애 혹은 정체성의 선험적 가치론에 집중되는 공간론을 극복하려는 실천적 태도이기도 하다. 김동명은 이주의 생애를 운명적으로 살았으며, 그 결과 궁극적 향수를 문학세계의 저변에 지니고 있다. 이는 동시에 트랜스로컬의 감각과 정서를 체득하는 과정이기도 했다. 이에 근거하여 김동명 문학을 통한 장소성의 재구, 지역문학의 현재적 가치를 논구하는 장위에서도 다양성의 입장을 견지해야 할 것이다. 김동명 시에 관한 미적 공준, 또한 김동명 문학에 대한 지역적 정설이 취해야 할 현재적 관점 역시 이와 다를 수 없다.

5. 공준의 운명

김동명 시는 한국 문학사에서 정전의 하나로 기록되고 있다. 그럼에도 불구하고 그에 관한 기존 연구가 충분한 수준은 아니다. 이러한 양상은 김동명 문학에 내재된 일종의 모순적 지형과도 같다. 김동명의 고향인 강릉을 중심으로 진행되고 있는 지역적 전유의 관점에서도 문제는 없지 않다. 김동명 문학은 강릉을 위시한 강원 지역에서 원류 격으로 강조되고 있다. 그러나 김동명 시에는 강릉은 물론 강원 지역의 장소적 요소가 특별히 부각되지 않는다. 지역문학적 관점에서의 분석 역시 부족한 실정이다.

이 글에서는 김동명 문학이 한국문학의 대표 사례 중 하나이자 강릉권 지역문학의 전범이라는 전제 아래, 장소성과 지역성에 주목하여 시세계를 논구하였다. 우선 김동명 시에 고향이라는 원형적 모티프가 사용되고 있다는 점을 강조하였다. 여기에는 고향 혹은 향수, 바다 등의 형상화가 포함될 수 있다. 이러한 소재를 통해 시적 헤테로토피아를 추구하는 양상은 곧 김동명 시의 로컬리티 구현 방식이기도 하다. 또한 다양한 문학사회학적 입

38 안토니오 네그리 · 마이클 하트, 정남영 · 윤영광 역, 《공통체》, 사월의책, 2014, 267쪽.

지를 통해 김동명 시의 지역성을 거론하였다. 강릉 지역을 중심으로 하나의 문화 콘텐츠로 김동명 시를 전유하고 있는 제도적 경향은 그의 문학에 내재된 로컬리티를 현재화하는 실천적 노력이라 하겠다. 그 밖에 김동명 시의 로컬리티 양상으로 강원권 시문학의 주류 경향인 리리시즘의 기원이 되고 있다는 점, 민족문학적 특수성을 환기하는 주요 계기로 기능하고 있다는 점 등을 들었다.

하나의 반문이 남아 있다. 이러한 제반 노력에도 불구하고 여전히 잔존하는 중요한 의문. 지금까지 김동명 시가 학계의 주목을 받지 못했던 까닭이 그가 지닌 문학적 한계 때문일 수 있다는 입장이 그것이다. 기존 미학의 공준으로 볼 때 김동명 시는 심각한 논쟁의 대상이 되기 어렵다. 단순한 시형이나 감상적 어조와 같이 별다른 분석을 요구하지 않는 범작의 세계가 그의 것이기도 하다는 판단이 가능하다. 이러한 의문에 대한 답변은 어떠해야 하는가.

김동명 시가 문학적 수월성의 차원에서 상대적으로 범작 수준이라는 판단은 하나의 객관적 사실일 수 있다. 그럼에도 불구하고 문학의 가치를 일반화하는 단일한 공준 역시 존재할 수 없다는 점 또한 분명하다. 19세기 시조를 판단하는 입장과 20세기 근대시를 이해하는 정서는 질적으로 다르다. 21세기 시의 형식을 설명하는 이론은 늘 새로운 논거를 부연하고 있다. 그렇게 볼 때 기존의 김동명 시가 지닌 위상이나 한계에 대한 지적은 양자 모두 만들어진 하나의 정설에 불과하다. 무릇 문학 자체가 기존의 정전을 벗어나려는 욕망으로부터 태동한다. 언어의 선험적 운명을 딛고 사물의 본성을 체현하려는 요구로부터 오늘날의 시는 존재한다. 그런 까닭에 정설은, 적어도 문학 담론에 있어서는, 언제나 위태로운 공준일 수 밖에 없다.

4

지역학으로서의 삼척문학

1. 지역과 문학

'지역학'의 축자적 의미는 "일정한 지역의 지리나 역사, 문화 따위를 종합적으로 연구하는 학문"으로 정의된다. 한편 '지역'이란 "일정하게 구획된 어느 범위의 토지" 혹은 "전체 사회를 어떤 특징으로 나눈 일정한 공간 영역"을 가리킨다.[1] 이처럼 단순하고도 명확한 사전적 의미와는 달리, 지역학 연구의 실제에 있어서는 그 범위와 방법론이 다양하게 분절되고 있다. 2000년대 초반까지의 지역학 연구 현황을 취합한 정리에 따르면, 기존 지역학 연구는 일정한 공간을 대상으로 종합적 또는 학제적 작업을 수행함으로써 구성원들의 삶의 질을 고양하는 학문으로 수렴된다.[2] 지역 단위의 실정적 의미가 강조되고, 그와 관련된 개별 연구의 역사가 축적된 성과를 보이는 시점임에도 불구하고 지역학의 방법론에 관한 합의는 아직까지는 요원한 현황이다.

지역학이 학문적 영역으로 구축된 것은 대략 1990년대에 들어서이다. 지방자치제가 상징하는 것처럼 정치경제적 토대 변화는 지역성 탐색을 근

1 국립국어원, 〈표준국어대사전〉(https://stdict.korean.go.kr).

2 정정숙, 《지역문화 진흥을 위한 지역학 활성화 방안 연구》, 한국문화관광연구원, 2014, 13쪽.

간에 두고 지역학 범주를 발전시키기 위한 결정적 계기였다.[3] 개별 지역학 각론의 입장에서도 이러한 전제는 두루 통용된다.[4] '삼척학'이라는 문제적 범주 역시 위와 같은 원론적 질문으로부터 자유로울 수 없다. 삼척학의 본격적 전개를 위해서는 상위 범주인 지역학의 개념 정립을 위시하여 구체적인 방법론 확립을 위한 학제적 협의틀이 우선 설정되어야 하리라 본다. 이 글은 삼척학 연구를 위한 개별 분과의 기초 작업을 목적으로 둔다. 따라서 삼척학의 한 분야로서 문학을 설정하고, 그에 관한 입론을 밝히는 수준에서 논의를 진행코자 한다.

주지하는 바와 같이 삼척의 문학은 오랜 연원을 지니고 있다. 신라 향가 〈헌화가〉와 〈해가〉의 배경이나 고려조 이승휴의 저작으로부터 그 관련성을 찾을 수 있으니 여타 지역에 비교해도 뒤지지 않은 오랜 역사적 근거를 짐작할 수 있다. 수로부인을 둘러싼 일화가 비롯된 장소가 삼척 인근이라는 지적이 있고, 이승휴의 《제왕운기》가 집필된 장소가 두타산 구동임도 잘 알려져 있다.[5] 이후 죽서루를 비롯한 명소가 여러 한시에 인용되었던 흔적은 이 지역의 문학적 전통으로 전유되고 있다. 한편 현대적 관점의 문학 활동이 본격적으로 전개된 것은 1960년대에 이르러서이다. 이때부터 정립된 삼척 지역의 현대 문단은 오늘날까지 견고한 조직 구조 속에서 활발한 문학 활동을 펼치고 있다.

삼척권의 문학사나 관련 텍스트가 학계에서 심층적 연구 대상이 되는 경우는 지극히 드물다. 이는 해당 지역의 문학 사료가 존재하지 않는다거나 미학적 수월성이 떨어져서라기보다는 관련 전공의 에콜이나 전문 평단이 절대적으로 부족한 이유가 크다. 이는 문학장이나 학계 내부의 문제가 아니라 사회적 실정의 구조적 결과일 수 있다.[6] 지역문학의 온전한 복원과

3 많은 연구들이 이를 지적하고 있는데, 이 글에서는 김영일, 〈지역학으로서 부산학과 시민의식(《오토피아》 27(1), 경희대 인류사회재건연구원, 2012); 김정은, 〈시민교육으로서의 지역학 강좌 내용요소 연구〉(《교육문화연구》 23(6), 인하대 교육연구소, 2017. 12), 정정숙, 앞의 글 등을 주로 참조.

4 예컨대 삼척을 포함하는 상위 범주로서 강원학을 다루는 현황에서도 이러한 입장이 주요하게 전제되고 있다. 김정현, 〈강원학에서의 지역사 연구 위상과 과제〉, 《강원사학》 29, 강원사학회, 2017. 11, 158쪽.

5 정연휘 편, 《삼척문학통사》, 삼척문인협회, 2011 참조.

6 문학장의 문학사회학적 의미에 대해서는 피에르 부르디외, 하태환 역, 《예술의 규칙》, 동문선, 1999, 285~307쪽 참조.

심도 있는 탐구는 관련 지역의 로컬 히스토리와 한국 문학사의 총량을 완성하는 차원에서 지속적인 관심이 필요한 영역이다.

2. 삼척권 문학의 전사

필자는 2017년에 진행된 〈디지털삼척문화대전〉[7] 제작 과정에서 문학 분야의 일부 집필을 맡았다. 그 중 '문학' 항목의 내용을 중심으로 삼척권 문학의 전사를 재구해 보면 다음과 같다.[8] 선사시대의 경우, 삼척 지역에는 구석기시대 유적이 발견되는 것으로 보아 해당 시대부터 사람이 살기 시작했음을 알 수 있다. 원시 종합예술의 흔적은 주변 국가와의 교류를 근거로 추론된다. 삼척 지역은 진한, 변한과 교류했으므로 비슷한 형태의 가무가 탄생했으리라는 것이다. 후에 실직국과 관련된 서사문학은 진한과 관련된 것이고, 수로부인에서 연유하는 〈헌화가〉와 〈해가〉는 변한과의 교류 및 영향 관계를 보여준다고 한다.

삼국시대의 경우, 삼척 지역에는 고대국가 실직국(悉直國)이 존재했다. 실직국은 삼척 지역 역사의 정체성과 문화적 고유성을 상징하는 시원이 되고 있다. 실직국은 102년(파사왕 23)에 신라에 합병되었는데, 실직국 흥망의 역사는 곧 실직국 서사문학의 뿌리가 되고 있다. 우산국(于山國)은 삼국시대에 울릉도에 있던 나라로서 512년(지증왕 13)에 신라 실직주 군주 이사부에 의해 복속되었다. 이와 관련하여 전해지는 나무 사자(木獅子) 이야기에는 중요한 문학적 요소가 담겨 있다. 목사자로 위협하여 우산국 사람들을 복속시켰다는 것인데, 여기에 함축된 전투 및 복속 현황, 회군 관련 이야기 등은 독도와 관련된 상상력의 원천이 되고 있다.

이는 또한 삼척 지역의 문학적 특징인 해양문학의 배경이라 할 수 있다. 향가 〈헌화가〉와 〈해가〉 역시 삼척 지역에 근거한 것으로 전유되는 대표적 작품이다. 신라 성덕왕 때 순정공이 수로부인을 대동하고 경주를 떠나 강릉 태수로 부임하는 길에 발생한 사건을 배경으로 하는 두 작품은

7 한국학중앙연구원, 〈디지털삼척문화대전〉(http://samcheok.grandculture.net).

8 〈디지털삼척문화대전〉의 '문학' 항목은 남기택, 《강원영동지역문학의 정체와 전망》(청운, 2013); 정연휘 편, 앞의 책; 차장섭, 《고요한 아침의 땅 삼척》(역사공간, 2006) 등을 참조 및 재인용하면서 작성되었다.

《삼국유사》를 통해 전해지고 있다. 《삼국유사》의 기술 내용을 근거로 〈헌화가〉와 〈해가〉의 창작 배경이 삼척 지역이요 창작 주체가 지역 주민일 수 있다는 것이다.

통일신라 시대에는 신라 산신이 거처하는 신령스러운 산으로 태백산이 숭배되었다고 한다. 태백산 숭배 사상은 조선 전기 성현의 시문집인 《허백당집(虛白堂集)》에 전하는 '신당퇴우설(神堂退牛設)'을 통해 확인할 수 있다. 태백산 숭배 사상은 국토와 자연 예찬의 배경인 동시에 자연주의 문학의 중요한 모티프라 하겠다. 또한 삼척 지역의 문학적 특징 중 하나인 산간 문학의 배경이라고도 할 수 있다.

고려에 이르러, 충렬왕 때 이승휴는 삼척에서 《제왕운기》를 저술하였다. 《제왕운기》는 우리나라와 중국의 역대 사적을 칠언시로 기술한 사서로서 흔히 역사 서사시라고 일컬어진다. 《제왕운기》의 산실이 삼척이라는 사실은 이곳의 문학을 설명하는 중요한 지표이자 문화적 상징이다. 이승휴의 고향 역시 삼척이라고 전해진다. 오늘날 가리 이씨(加利李氏) 시조로 등재되어 있는 이승휴의 출신지가 삼척이라는 근거는 없다. 하지만 현재 가리 이씨 본관인 성주에서는 이승휴의 연고를 찾아보기 어렵고, 실제 이승휴는 인생의 많은 시간을 외가인 삼척의 두타산 기슭 구동(龜洞)에서 보냈다. 이처럼 이승휴의 고향이 삼척이라는 사실은 《제왕운기》의 정신을 삼척문학의 지표로 삼는 중요한 근거가 된다. 삼척의 자연과 명승지는 다양한 한시로도 표현되었다. 한글 창제 이전인 고려 시대부터 삼척의 자연이나 명승지에 대한 묘사는 한시에 빈번히 등장해 왔던 것이다. 이처럼 한시는 삼척 지역 고전문학의 대표적 양식이라 할 만큼 뿌리가 깊고, 그리하여 한시는 삼척 시문학의 초석이라고 평가되고 있다. 대표적으로 이승휴를 비롯하여 김극기, 이곡, 안축, 정추, 이달충 등의 작품에서 삼척을 소재로 삼은 한시를 찾아볼 수 있다.

조선의 경우, 훈민정음으로 쓴 최초의 작품이자 송영가인 〈용비어천가〉는 그 역사적 배경이 삼척과 관련된다. 삼척 활기리에 있는 목조 유허지, 준경묘와 영경묘에 얽힌 이성계 왕위 전설 등이 〈용비어천가〉의 문학적 배경이 되고 있는 것이다. 조선 중기에 신광한이 지은 한문 소설인 〈최생우진기〉도 삼척과 밀접한 관련이 있다. 《기재기이》에 실려 있는 이 작품은 두타동천(頭陀洞天)인 무릉계곡(현 강원도 동해시 삼화동에 있는 계곡)을 배경으

로 주인공 최생의 신선 체험을 허구화한 것이다.[9]

조선 중기의 문신 정철이 지은 기행가사인 〈관동별곡〉 중에는 삼척의 죽서루가 묘사되어 있다. 이 작품은 1580년 1월 강원도 관찰사로 원주에 부임한 송강 정철이 3월에 죽서루를 비롯한 관동팔경과 내금강, 외금강, 해금강을 유람하고 지은 작품이다. 가사 구절에 명승지로서의 죽서루를 비롯하여 삼척의 자연, 역사, 민속을 그려 놓았다. 여류 시인 이옥봉은 삼척 지역 여류 시단 형성의 초석을 쌓은 인물로 평가된다. 이옥봉은 선조 때 옥천 군수를 역임한 이봉의 서녀로서, 삼척 도호부 부사를 지낸 조원의 소실이 되었다. 이옥봉은 한시 32편이 수록된 《옥봉집(玉峰集)》을 《가림세고(嘉林世稿)》의 부록으로 남겼으며, 여기에 삼척 지역과 관련된 한시가 포함되어 있다.

〈홍길동전〉의 저자 허균은 1607년(선조 40)에 삼척 도호부사로 잠시 재직할 때 한시 13편을 지어 〈진주고(眞珠藁)〉라고 묶었다. '진주'는 삼척의 옛 이름이다. 부친과 장인 역시 삼척 도호부사를 역임했기 때문에 허균 문학에 있어 삼척은 각별한 곳이라 하겠다. 허목은 삼척 부사 시절인 1662년(현종 3)에 삼척부 읍지인 《척주지(陟州誌)》를 편찬하였다. 《척주지》는 삼척의 역사와 문화적 정체성을 표현하는 기초 자료로 평가되고 있으며, 시문과 문장으로 삼척을 알렸다는 점에서 문학적 의미를 지닌다. 그 밖에 단오의 제사인 〈오금잠제(烏金簪祭)〉에서 불렀던 〈오금잠가〉, 1704년(숙종 30)에 권섭이 지은 기행가사인 〈영삼별곡(寧三別曲)〉, 작가 미상의 기행가사인 〈척주가〉 등도 삼척 지역과 관련된 문학 양상으로 기록되고 있다.

근현대적 관점의 문학 활동이 본격적으로 전개된 것은 1960년대에 이르러서이다. 이는 한국 근현대문학의 형성 시점과 비교해 볼 때 비교적 늦은 경향이다. 근현대문학 초기의 다단한 현상으로부터 삼척 지역이 배제되었던 원인은 무엇보다도 '근대'라는 제도의 성격과 연관될 것이다. 식민지 근대와 전후 혼란 등 근대사의 특수성 속에서 삼척은 미적 근대의 실현이라는 '근대문학적 사건'이 발생될 만한 계기를 오래도록 맞지 못했다. 서울을 중심으로 형성된 한국 사회의 기형적 구조 속에서 문학장으로부터의 소외는 비단 이 지역만의 문제에 국한되지 않는다. 그럼에도 불구하고 1960

9 〈최생우진기〉와 관련 지역의 장소성에 관한 상세한 설명은 남기택 · 권석순, 〈〈최생우진기〉의 장소성 고찰—두타산 무릉계곡의 전유 양상을 중심으로〉, 《영주어문》 41, 영주어문학회, 2019. 2 참조.

년대부터 본격적으로 정립된 삼척 지역의 현대 문단은 오늘날까지 견고한 조직 구조 속에서 활발한 문학 활동을 펼치고 있다.

삼척 지역의 현대적 문학장이 형성되고 전개되는 과정에서 주목할 만한 사건은 동예(東藝)문학회(1961)와 불모지문학회(1964)의 결성, 이들을 잇는 두타문학회(1969)와 삼척문인협회(1991)의 창립 등이라고 할 수 있다. 물론 그 이전에도 출향 문인의 개별적 활동 속에 지역적 체험은 전거되고 있었다. 그럼에도 불구하고 오늘날까지 지속되고 있는 현대적 문학장의 흐름은 두타문학회와 문인협회가 대표한다고 볼 수 있다. 삼척과 동해의 일부 문인 중심으로 2000년대 초반부터 활동하고 있는 작가동인동안은 종합 계간지를 발행하는 등 문학장의 다양성을 증거하고 있다.[10]

3. 쟁점, 《두타문학》의 경우

문학사적 특수성 지역학의 실정적 의미 중 하나는 현재의 삶을 재구성하는 주요 계기라는 점에 놓인다. 그렇게 볼 때 삼척권 문학의 지역학적 정립을 위한 문제적 대상으로서 근현대 문학장의 구조와 성격에 초점이 놓일 수밖에 없다. 그렇다면 무엇보다 두타문학회의 활동이 주요 텍스트로 설정되어야 한다.[11] 삼척 지역을 거점으로 활동하고 있는 두타문학회는 2019년으로 창립 50주년을 맞았다. 지역에 기반하고 있는 문학 단체로서 50년의 활동 역사는 한국 문단 전체를 두고 보더라도 접하기 드문 사례이다. 물론 이것이 미적 수월성의 제고와 문학사적 의의에 그대로 등치되는 조건은 아니다. 한국 문학장 내에서 두타문학회의 활동이 보여 준 성과 및 시사점에 대해서는 다각도의 면밀한 검토가 수반되어야 할 것이다. 그럼에도 불구하고 한국 문학장의 변방, 특히 강원 영동권 지역의 문학사적 실정에 비추어 볼 때, 두타문학회의 과거와 현재는 그 자체로 의미심장한 사건이요 하나의 특수성임이 분명하다.

10 이상 〈디지털삼척문화대전〉의 '문학' 항목 외에 국어국문학편찬위원회 편, 《국어국문학자료사전》(한국사전연구사, 1998); 김영기, 〈고대부터 근대까지 동해 · 삼척 문단사 개관〉(정연휘 편, 앞의 책); 한국학중앙연구원, 〈한국민족문화대백과사전〉(http://encykorea.aks.ac.kr) 등 참조, 재인용.

11 본 장의 논의는 남기택, 〈문학장과 로컬 히스토리—밖에서 본 《두타문학》 50년〉(《두타문학》 42, 두타문학회, 2019)을 논문 형식으로 재구성.

문학사적 특수성이라는 언표 속에는 여러 겹의 층위가 포함될 수 있다. 우선 한국 문학사의 통시적 맥락 속에서 지닌 의미를 주목해야 한다. 한때 문학사를 이끌던 동인지 문단의 시대가 존재했음은 잘 알려진 사실이다. 1919년을 전후한 시기가 대표적 예시인데, 이때는 제국주의 문화 정책이라는 정치사회적 배경 위에서 다양한 동인지 문화가 한국 문단을 점유한 시기였다. 최초의 순수한 문학 동인지라 평가되는 《창조》(1919)를 위시하여 군소 동인지들의 활동은 한국 현대문학의 정립에 큰 기여를 했다. 종합 문예지를 표방한 《시문학》(1930)이나 《조선문학》(1933) 등이 태동하게 된 맥락에도 앞선 동인지들의 전사가 깊게 관련되어 있다.

동인지와 같은 잡지 메커니즘은 사실 근대적 문학의 태동 단계로부터 작동했던 주요 동력이었다. 예컨대 《소년》(1908)을 통한 최남선의 출판문화 운동이 근대문학 형성에 지대한 영향을 미쳤다는 점은 주지하는 바와 같다. 그것을 순수한 문학지 활동으로 보기는 어렵다. 《소년》에 이은 《붉은 저고리》(1913), 《아이들 보이》(1913), 《청춘》(1914) 등의 발간 목적이 젊은 독자를 대상으로 한 계몽의식 설파에 있는 동시에, 그러한 의도로 인하여 주요 논조가 낭만적 이상과 동경의 정서에 기초하게 된다는 점은 문학 저변의 이데올로기적 함의를 추론케 하는 소이라 하겠다. 그렇지만 주요 작가와 인맥을 통한 동인지 메커니즘과 출판문화가 근대적 문학장이라는 시스템을 형성하는 물리적 기제였다는 점을 부정하기 어렵다. 《두타문학》은 이와 같은 동인지 문단의 역사적 궤적을 잇는 흔적이라 하겠다.

한편 강원권 지역 문단의 역사적 길항 속에 자리하는 《두타문학》의 특수성 역시 따져보아야 한다. 1950년대 이전까지만 해도 강원권 지역에는 본격적인 문학 매체가 존재하기 어려웠다. 이는 한국 사회의 변방이라는 지정학적 특수성과 비주류 행정 단위에 대한 정치적 배제 등이 종합적으로 작동한 데에 따른 자연스러운 결과였을 것이다. 그리하여 한국전쟁 이전에 강원권 지역에서 활동한 대표적 문화 매체는 1945년에 창간된 《강원일보》나 《동방신문》 정도의 언론 매체에 불과하게 된다.

전후에는 이 같은 언론 매체가 활황을 맞는 동시에 본격적인 동인 단체가 태동하였다. 오늘날 역시 동인지를 중심으로 하는 문학 활동은 강원권 지역 문단의 전형적 특성을 구성하고 있는데, 그 대표적 전거로서 전쟁기에 성립된 청포도시동인회를 꼽아야 한다. 황금찬, 최인희, 김유진, 이인

수, 함혜련 등이 1951년 강릉에서 조직한 이 모임은 1952년 동인지 《청포도》를 창간하고 2집(1953)까지 발간한다. 《청포도》는 등단 문인들의 전문적인 활동이 아니었다. 단명에 그치고 만 역사 역시 아마추어적인 성격을 반증한다. 하지만 《청포도》의 존재는 관련 지역의 문학장에 많은 영향을 미치게 된다.

뒤이어 1959년 강릉을 거점으로 조직된 관동문학회의 기관지 《관동문학》은 범지역적인 문학 매체를 자임하며 오늘날까지 강원권 문단을 이끌고 있다. 대부분 단명한 1950~1960년대의 기타 동인 활동에 비해 그 명맥이 60여 년 이상 지속되고 있다는 점은 특기할 만하다. 하지만 동인 단체로서의 실질적인 활동이 전개되는 것은 1980년대에 이르러서인 까닭에 초기 관동문학회는 일부 문인을 중심으로 한 개인적 활동이 중심인 것으로 볼 수 있다. 영동권 남부 지역에서 두타문학회가 조직적 동인 활동을 꾸준히 펼친 점은 강원권 문학장을 성숙시킨 남다른 기제로 기록되어야 한다.[12]

이처럼 다양한 제반 양상 위에서 두타문학회의 전신 삼척문학회는 1969년에 결성되었다. 두타문학회는 삼척 지역에서 자생한 문학 동아리로서 창립 당대부터 지금에 이르기까지 연간 동인지 발간을 중심으로 활동하고 있다. 매월 개최되는 시 낭송회와 지역 주민을 대상으로 한 문학 행사 역시 꾸준히 진행 중이다. 위에 언급한 바와 같이 동인 활동과 그로부터 파생되는 출판문화운동은 한국 문학장을 이끌어 온 주된 동력이었다. 오늘날과 같은 형태의 문학 제도를 정립하고 발전시켜 온 과정에서 동인지 매체가 중요한 역할을 담당한 것이다. 이러한 한국 문학사의 메커니즘은 강원 영동권 지역에서 《두타문학》을 통해 체현된 셈이다. 더불어 지역 문학장의 실체를 구성했던 하나의 문학사적 사건은 왕성한 생명력을 지닌 채 여전히 현전하고 있다.

동인지의 아비투스 《두타문학》은 두타문학회에서 연간지 형식으로 발간하는 문학잡지로서 당해 문학회 회원들의 작품을 중심으로 구성되는 까닭에 기관지이자 동인지 성격이 강하다. 두타문학회의 전신인 삼척문학회

12 청포도시동인회, 관동문학회 등의 문학사적 의미에 대해서는 강릉시 · 강릉문인협회 편, 《강릉문학사》, 성원인쇄문화사, 2017 참조.

는 동인지 1집을 1970년 4월에 《삼척시단》이라는 제하로 발행하였다. 이는 타자로 식자하여 프린트한 수작업 동인지 형태를 지닌다.

두타문학회 결성은 그 이전 산발적 문학 활동의 전사와 연동된다. 1960년대 이전에는 이 지역 출신으로 이성교 · 최인희(시), 홍영의(수필), 김영기(평론) 등이 중앙 문단에서 활동하고 있었다. 지역 내에서는 동인지 《동예》를 수기하여 프린트 제작한 동예문학회의 출현(1961)이 최초의 동인 활동으로 기록되고 있다. 《불모지》(1965)는 《동예》에 이어 등장하였다. 그 밖에도 《죽서루》(죽서루아동문학회), 《수적(水滴)》(수적동인회), 《불사조》(불사조동인회), 《0시문학》(0시문학회) 등이 1960년대 동인 활동의 흔적을 보인다.[13] 이들 초기 동인지의 면면을 보면 대개 등단 이전 문청들의 열의가 두드러지는 동시에 단명에 그치고 만다. 작품 역시 대개 아마추어리즘을 벗어나지 못하는 것이 사실인 바 이를 넘어서기 위해서는 문학적 성숙의 시간을 필요로 했다. 따라서 본격적인 지역 문단의 모양새는 두타문학회의 활동에 이르러 비로소 갖추어진다고 할 수 있겠다. 그럼에도 불구하고 《동예》와 《불모지》는 척박했던 삼척 지역에서 자생적으로 발생한 최초의 조직적 문학 활동이었으며, 이어 두타문학회를 태동시킨 원동력이 되었다는 점에서 분명한 의미를 지닌다.

《삼척시단》 창간호의 면모를 살펴보자면, 가장 먼저 이곳 지역 출신이자 문학평론가로 활동하고 있던 김영기가 축사를 작성하였다. 이 글은 "삼척 지방문학이면 당연히 강원도 지방문학인 것이고 한국문학인 것"이요 "그때 지방문학은 한국적이길 원하는 것이고 세계적 보편성을 띠우기를 원하는 것"임을 강조한다.[14] 그 밖에 정일남(〈어부사〉, 〈산울림〉), 김영준(〈개나리 피다〉, 〈무제 · 3〉), 김익하(〈학은 전형(典刑)에 날다〉), 정연휘(〈기억 · 4〉, 〈무궁화 동산〉), 함영범(〈애틋한 가슴〉, 〈이대로 간다해도〉), 고성범(〈흑애〉, 〈해당화〉), 김경희(〈파문〉, 〈이삭〉), 이종한(〈거리의 푸라타나스〉), 김광용(〈이사〉, 〈다리〉), 박자운(〈하늘〉), 최홍걸(〈우기〉, 〈어항속 언어〉), 이희돈(〈그 우연의 날을〉, 〈이슬 찾는 아침〉) 등이 수록된다. 이 책자는 동인 시화전을 계획하고 자료집 겸 제작된 것임을 편집후기를 통해 알 수 있다.

13 이상 정립기 삼척 지역 문학장의 양상에 대해서는 정연휘 편, 앞의 책에 비교적 상세히 기록되어 있다.

14 삼척문학회, 《삼척시단》 1, 1970. 4.(타자 식자 프린트본)

밤 불빛은 잠겼네
밤 바다의 불빛은
우리 형들 서러운 불빛.

우리가 이 어촌에서
길들은 설움이사
억대를 이어온 저 붉은 불빛 아닌가.

배 만들어
거기 한 생활 실어 담고
어두운 밤 불빛도 실어 담고
배 멀미 다앓고 난 질긴 목숨들

고기잡이에 길든 형들
출입하는 길은 하늘 닿은 물길.

(중략)

우리 어촌은
뜬 눈으로 밤을 새우고.
해송 허리에 열리는 아침이
해당화 꽃 한송이로
온 바다를 붉히네.

—정일남, 〈어부사〉 부분

《삼척시단》의 작품들은 표제로부터도 드러나는 것처럼 다소 과잉된 감정을 절제된 수사 없이 장황하게 표출하는 경우가 상당하여 습작기의 전형적 형태를 지닌다. 소재나 주제 역시 구체적 체험에 바탕한 것보다는 추상적이고 보편 서정에 기댄 감상주의 경향이 지배적이다. 한편 위 작품은 지역적 환경과 삶의 역사가 농축된 시적 묘사로서 일정한 수준을 구가한다. "이 어촌"의 생활에 담긴 애환을 담화 주체의 변화를 통해 시적으로 이끌어가고 있으며, 감정을 진술하는 것에 그치지 않고 적절한 대상에 이입하여 전이시키고자 했다. 전문적인 문학 수업이 어려웠던 지역의 문화적 토양 속에서 이처럼 의식적인 문학적 지향을 펼쳐 나갔던 것은 두타문학회는 물론 강원권 지역 문학사의 질적 제고를 위한 계기였으리라 본다.

삼척문학회의 동인지 2집은 동년 10월《삼척문학》이라 제호를 변경, 자필 프린트판으로 발행되었다. '제3회 광공제'라는 행사의 일환으로 제작되긴 하였으나, 같은 해에 두 권의 동인지를 발간하기 위해서는 당시로서 남다른 노력과 열정이 필요했을 것이다. 여기에는 1집에 수록된 동인들 외에 박운(〈진실〉, 〈사랑이 싹터오는 계절에서〉), 윤성우(〈무지개〉, 〈낙엽〉), 이종희(〈여행의 노래〉, 〈고독한 신앙〉), 홍말순(〈빛바랜 사랑〉, 〈외로움의 시간에〉), 윤경희(〈가을의 창을 열자〉, 〈구름〉), 박종철(〈불꽃〉) 등의 작품이 추가된다. 또한 이란희(〈벗에게 띄우는 글〉), 정연휘(〈어떤 분노와 슬픔의 충격〉) 등의 수필과 김익하(〈화문성(花紋城)〉)의 소설이 새로운 장르로 포함되고 있다. 편집후기에도 기록되어 있는 것처럼 "시 위주에서 종합지로 상승한 셈"인데, 이런 면모는 남다른 성과가 아닐 수 없다.《삼척문학》3집은 1971년 2월, 역시 자필 프린트판으로 제작되었다. 여기에는 정일남이 쓴 〈동인 서약서〉와 평론가 김영기의 특별 기고문 〈두타산의 인상〉을 비롯하여 시(김영준, 김형화, 정일남, 이희돈, 함영범, 고성범, 윤경희, 박자운, 윤성우), 수필(박종철), 단편소설(김익하) 등이 수록된다. 그 밖에 '시 특집 · 정연휘 편'이 마련되어 신작시 9편이 실리는 등 동인지의 체재를 규모 있게 갖추려 한 흔적이 엿보인다. 1971년 10월에 간행되는《삼척문학》4집은 비로소 활자본의 형태를 지닌다. 5집은 공백기를 거쳐 1977년에야 발행되는데, 여기에는 평론가 김영기와의 대담을 전재한 〈삼척문학 · 기타〉가 주목된다. 이 글은 동인지가 지역 문단에서 지닌 위상, 문제점, 그리고 지역문학의 방향성과 기존 동인들의 전반적 작품세계에 대한 촌평을 포함하고 있다.

《두타문학》은 1979년에 속간된 6집부터 지금의 동인명과 제호로 변경되었다. 지면도 훨씬 풍요로워져서 시, 수필, 단편소설 이외에 꽁트, 동화 장르를 볼 수 있다. 무엇보다도 김익하의 중편 〈삼백 예순 한 개의 못〉이 수록되고 있음이 주목된다. 특별기고 형식으로 실린 김영기의 〈두타문학론〉은 이승휴 문학사상을 중심으로 강원 영동권 지역의 문학적 역사를 기술하였고, 그에 대한 상징으로 '두타문학'이라는 표제를 내세웠다. 이를 통해 두타문학회로의 개명 의도와 지향을 엿볼 수 있다. 기존 '삼척문학'이 환기하는 국지적 의미를 벗어나 지역색을 드러내면서도 보편성을 상징하는 표제로서 두타문학은 선택된 것이다. 머리말 역시 "두타문학으로 改題하면서 오늘을 바탕으로 내일을 설계하는 정신적 자세를 확립하여 지역 사회에 기여하는 문학인으로서의 긍지와 보람을 자랑으로 알며 진취적이고 행동적인 정신을 다짐"함으로써 개명 의도를 설명하고 있다. 이후 휴지기를 거친 《두타문학》은 시화전 자료집 형태로 약식 발행한 7집(1983) 이후 8집(1985)부터 제대로 된 연간지 형식을 갖춘다. 이때부터는 완전한 자생력을 지니어 현재까지 꾸준히 발간되어 왔다.

종합하자면 《두타문학》은 전체적으로 시 장르의 우위를 보이는 가운데 소설, 산문, 아동문학 등 다양한 장르의 창작이 지속적으로 이어지고 있다. 내용적으로는 전통적 리리시즘 경향을 위시하여 지역적 경험이나 이른바 향토문학의 양상이 주종을 이룬다. 이는 그대로 강원권 지역문학의 특성에 해당될 것이다. 한편 지역문학의 정체성이란 고정된 실체가 아니라 유동적이고 구성적 개념이라는 점을 염두에 둘 필요가 있다. 창작 방법에 있어서도 기존의 미적 판단 기준이 지닌 폭을 넓히고, 지역적 삶의 형상화라는 큰 틀에서 다양한 창작 실천을 위한 노력이 필요하다.

이런 관점에서 볼 때 두타문학회가 지닌 아비투스, 즉 동인지 활동의 개성과 메커니즘은 역으로 관성이요 한계일 수 있다. 익히 아는 바와 같이 한국 문학사에서 동인지 문단은 이미 1930년대 후반에 막을 내렸다. 이어서 필진 섭외와 수월성을 담보하는 편집위원회를 위시하여 잡지 시스템을 갖추고 동인과 지역과 기타 경계를 넘나드는 전문 저널리즘의 시대가 형성, 지금까지 지속되고 있는 것이다. 두타문학회가 특정 지역을 거점으로 동인 경계를 구축하고 50여 년의 세월을 연간 기관지 발간에 주력하는 모습은 그 자체로 충분한 지역 문학사적 의미를 지닌다. 비판적으로 보자면 그것은 일종의 매너리즘일 수 있다. 지역 문단이라는 경계를 확장하고, 트랜스 로컬리티의 지향을 통해 미적 수월성을 담보 및 강제하려는 노력은 문학인의 권리이자 의무이기도 하다. 내용적으로는 장소성의 미적 전유에 보다 주목해야 하리라 본다. 여기서 장소성(placeness)은 공간(space)을 넘어 장소(place)가 지닌 특성을 폭넓게 지시한다.[15] 또한 공간과 장소 개념이 지

15 이러한 장소성은 공간의 추상성과 장소의 구체성이라는 일반적 맥락과 더불어, 무차별적이고 개방적인 공간이 경험과 인간관계에 의해 장소성을 획득한다는 푸안의 입론에 의한 것이다. 이-푸 투안, 구동회 · 심승희 역, 《공간과 장소》(대윤, 2007) 중 10장 '친밀한 장소 경험' 참조.

닌 문화지리학적 관점을 따르기로 한다. 장소성의 형상화는 문학의 지역학적 위상을 내용적으로 담보하는 주요 기제일 수 있다.

4. 지역학 범주로서 문학의 전망

이 글은 삼척문학의 전반적 양상에 주목하며 지역학으로서의 가능성을 진단해 보았다. 지역학으로서의 삼척권 문학을 정치하게 구명하기 위해서는 고전문학을 포함하는 전반적 상황이 다각도로 검토되어야 할 것이다. 또한 중요한 문제는 지역학 담론이 지닌 실천적 성격에 놓임을 간과해서는 안 된다. 현 단계 지역학 연구는 결과론적인 학술적 담론일 뿐만 아니라 해당 지역의 문화 발전을 선도하는 실천적 계기이어야 한다.[16]

그런 점에서 삼척권 문학장에서 두타문학회의 아비투스가 내재하고 있는 경직성은 어쩌면 그 내부의 문제로 한정되지 않는다. 문학적 다양성을 향한 외부의 노력이 병행되어야 한다. 두타문학회를 포함한 지역 문단의 활성화를 강제할 필요가 있다. 상대적으로 열악한 문학 인구의 양성과 제도적 저변 확대를 위한 다각도의 노력이 요구되는 시점이다. 한편《두타문학》이 동인지 메커니즘을 견고하게 유지하고 있는 데에는 현 단계 문학 제도의 행정적 성격이 관계된다. 이는 이른바 파트롱(patron), 즉 후원 제도의 결과이기도 하다. 재정이 열악한 지역의 문학 단체는 기관지 발간 예산을 지자체 보조금으로 충당한다. 지역 문예 단체들 간의 문예진흥기금 분배가 매체 생산에 결정적으로 기능하고 있는 것이다. 시장 경제가 공고한 토대로 구조화된 이상 출판문화의 성립에는 자본 논리가 필연적으로 매개될 수밖에 없다. 이를 극복하는 시스템으로 보조금이라는 제도가 정착되었고, 오늘날 제도적 파트롱의 골자를 이루고 있다.

문학장의 파트롱 제도는 오랜 역사를 지니고 있다. 서양에서 문화예술을 지원하고 육성하는 문화는 이미 2천 년 이상의 전통을 지닌 것이었다. 중세에 이르러 파트롱의 사인화 경향은 여러 폐단을 낳았다. 급기야 이를 극복하는 것이 미적 모더니티의 핵심 과제 중 하나가 되었다. 도구화된 파트롱 제도로부터 벗어나 자율성을 쟁취하는 과정이 근대적 예술의 성립 과

16 김정은, 앞의 글, 584쪽.

정이기도 하였던 것이다. 하지만 다양한 후원 제도는 오늘날까지 문학장을 비롯한 예술 전반을 추동하는 근본적 동력으로 여전히 작동하고 있다. 제도적 후원에 근거하고 있는 지역의 동인 매체는 묘한 역설의 구도 위에 놓여 있는 셈이다. 결국 문제는 자본이요, 자본의 강제를 넘어서는 방법은 주체의 자유이자 혜안일 수밖에 없다는 자의식이 필요하다.

창립 50주년을 앞두고 발간된 《두타문학》 41집[17]에는 놀라운 풍경이 연출된다. 김익하, 박종철, 정일남과 같은 창립 당시의 회원들이 여전히 준수한 작품을 선보이고 있는 것이다. 이곳 출신의 문단 원로 이성교 역시 "停車場마다/ 仁情을 먼지처럼/ 뿌려놓고 가는/ 蔚珍行 버스"(〈겨울 바다〉)와 같이 관련 지역에서의 농축된 정동을 드러낸다. 이 작품은 겨울 바다를 배경으로 두고 오랜 문우를 향한 정담이라는 외형을 지니지만, 그 근저에는 인간의 실존적 환경에 관한 오랜 천착이 무의식적으로 배태되어 있다.

시인 정일남은 만해론을 선보인다. 한용운에 관한 일대기를 짧고 정연한 문장으로 정리한 글이다. 문학론의 정치함을 찾아보기는 어렵지만 시의 진정성과 관련된 확고한 신념과 탐구 자세를 엿보기에 충분한 논지이다. 중견 정도에 이르러 책을 멀리하는 행태는 개인의 물리적 한계라기보다 한국 문단의 병폐적 관습에 가깝다. 스스로의 자각과 실천 없이는 극복하기 어려운 문제일 것이다. 정일남의 텍스트는 진정한 문학의 길을 은연중 웅변하고 있는 듯하다.

김익하의 소설 〈탱자나무집 현자〉는 어머니의 부고를 접한 현자 씨의 이야기이다. 이 짧은 이야기 속에는 "일생 탱자나무울 속에 갇혀 살았"던 어머니의 삶, "사십 안팎에 남편을 잃은" 모녀의 운명이 주요 화소로 배치된다. "아버지를 향했던 그리움으로 맺혔던 눈물"은 주검이 된 어머니의 것이었지만, 유년에 아버지와 이별한 화자의 회한이기도 하다. 김익하는 근년에 《소설 이승휴》[18]를 통해 탁월한 역사소설의 감각을 입증한 바 있다. 이승휴의 재현은 삼척이라는 장소의 역사적 정당성을 부여하고, 그 물화된 대상으로 죽서루를 복원하였다. 이 장편은 역사와 장소, 인물과 사건이 하나의 총체성 아래 길항하는 우리 시대의 서사시에 비견되었다. 〈탱자나무

17 《두타문학》 41, 두타문학회, 2018. 이하 작품은 이 동인지에서 인용한 것이다.

18 김익하, 《소설 이승휴》, 문학세계사, 2016.

집 현자〉는 혈육을 향한 인간의 내밀한 감정과 존재론적 욕망을 긴장된 문장을 통해 재현하고 있다. 이 일련의 작업 역시 스스로의 창작 행위를 통해 문학의 길을 체현한 결과가 아닐 수 없다.

이들 작품은 《두타문학》의 현재성을 상징하는 대표적 예시이리라 본다. 이들이 보여 준 작가로서의 자세는 《두타문학》 50년의 문학사적 의미와 연동된다. 《두타문학》은 삶과 창작이 유리되지 않는 에크리튀르의 실존이요, 지역과 예술 공간이 하나의 장에서 길항하며 텍스트를 구성하는 문학적 경계에 해당된다. 이러한 진정성은 지역에서 활동하는 문단의 활동 방향을 시사한다. 지역학으로서의 문학 연구는 이러한 실정성의 학술적 근거를 확보하는 작업일 것이며, 그 결과를 통해 현재의 문학장을 구성해 나가는 실천 활동 속에서 완성될 수 있다.

지역학으로서의 문학

_강원권 문학장 재구

5

부재 너머의 장소

—강릉권 문학장의 경우

1. 부재의 장소

예향의 도시로 익히 알려진 강릉은 유구한 문학적 역사를 지니고 있다. 천혜의 자연환경이라는 지리적 배경, 율곡 사상과 허균 문학의 기원이라는 상징자본 등이 인문학적 저력의 근간으로 작동해 왔음은 주지의 사실이다. 또한 강릉은 한국사에 있어서 이른바 중앙과의 대타적 거리와 긴장을 유지해 왔던 전략적 장소였다는 로컬 히스토리를 지닌다. 이 역시 특유의 문학적 전통을 형성할 수 있었던 지정학적 조건이었을 것이다. 포용과 조화는 강릉문학의 전통 속에 자연스럽게 배태된 보편적 사상이자 감정일 수 있다.

한편 한국 근현대사의 격동은 고전문학 전통으로 이어져 왔던 포용과 조화의 정언명령적 문학사상을 다양하게 산파하는 사건일 수 있다. 근대적 문학 범주의 정착 과정에서 재도지기로서의 추상적 문학 개념이 해체되는 것은 필연의 귀결이었다. 그렇게 볼 때 율곡 시조와 허균 소설에 조화의 모티프가 발견된다고 해서 그것을 오늘날 '강릉문학'의 논거로 강조할 수 있을지 의문이다. 작가의 지연을 넘어서는 텍스트의 구조 분석이 작품 해석에 있어서 논리적 설득력을 더한다는 것은 오늘날의 문학 패러다임에서는 당연한 상식이기 때문이다. 요컨대 미적 근대성의 내면화가 문학의 보편적 조건으로 공고화된 이상, 강릉문학의 포용과 조화를 논구하는 데에 있어서도 정치한 미학적 접근은 필연의 조건이 되었다. 이때 장소성을 매개로 한

이론적 분석이 주목된다. 이는 강릉문학의 예술적 가치와 방향성을 논증하기 위한 유용한 방법론으로 기능할 수 있으리라 본다.

이러한 입론 위에서 접근하자면, 정립기의 강릉권 현대문학 양상에 나타나는 특징적 요소 중 하나로서 이른바 부재의 장소성을 거론할 수 있다. 이는 역사전기적 차원에서 볼 때 고향이 정주의 거처가 아닌, 이주의 기원이 된 장소라는 전도된 현상을 가리킨다. 강릉 현대문학의 시원 격에 해당되는 인물인 시인 김동명의 경우를 보면, 그의 문학은 강원권 문단에서 절대적인 의미를 지닌다. 김동명 시는 관련 문학장의 내부에서뿐만 아니라 지역 정계와 사회적 맥락에서도 중요한 상징자본으로 기능하고 있다.[1] 그런 만큼 김동명은 오늘날 강릉을 위시하여 강원 지역의 대표적인 문학 콘텐츠로 전유되고 있는 실정이다. 1923년 《개벽》을 통해 등단한 김동명은 김유정, 이효석 등과 더불어 근대 강원권 지역문학의 상징이자, "강원 문학사에서 최초의 시인이라고 지칭"[2]되기도 한다.

김동명이 강릉문학의 선구 격으로 거론되는 가장 큰 이유는 그의 고향이 강릉이라는 지연 때문이다. 그러나 아이러니컬하게도 김동명은 유년 시절에 강릉을 떠난다. 생존을 위해 부모가 선택한 개항지로의 이주 때문이다. 그 이후 다시는 고향으로 돌아와 정주하지 않았다. 자발적으로 고향을 떠난 이가 사후적으로 강릉문학의 상징으로 기능하고 있는 현실은 보기에 따라 모순일 수 있다. 강릉 지역 문단이 지닌 일종의 결여라고도 할 수 있을 것이다.

현대적 관점의 강릉 문학장이 지닌 결여 혹은 부재의 의미망은 또 다른 대표 작가 심연수에게서도 발견된다. 심연수 역시 생존을 위한 이주의 생애를 살았다. 더더욱 심연수 문학은 해방을 불과 일주일 앞둔 시점에서 비극적으로 마감되었다는 점에서 극적인 성격을 더한다. 이러한 부재의 장소성을 야기한 원인은 한국 현대사의 질곡과 긴밀히 연동된다. 또한 강릉이라는 지역을 넘어서는 근대적 현상이기도 할 것이다.

그럼에도 불구하고 김동명과 심연수의 문학에는 고향을 소재로 한 근

1 이 글에서 사용하는 '문학장', '상징자본' 등의 개념은 부르디외의 문학사회학적 관점을 따른 것이다. 피에르 부르디외, 《예술의 규칙》, 동문선, 1999 참조.

2 서준섭 · 박민수 · 송준영, 〈강원도 시단과 시를 말한다—지역성, 특이성, 보편성〉(좌담), 《현대시》 2003년 8월호, 40쪽.

원적 장소성이 자리하고 있다. 구체적 체험의 부재로 인해 장소 전유의 계기가 상대적으로 열악한 실정임에도 강릉의 장소성은 이들 작품세계 속에 오롯이 존재하고 있는 것이다. 이러한 구도가 단순한 소재주의를 넘어설 수 있을까? 그에 대한 판단은 고향을 위시한 장소 묘사가 이들 문학세계에 관계하는 미학적 지점을 정치하게 분석한 이후에 귀납될 수 있을 것이다. 또한 이 같은 입론은 강릉권 문학의 지평에 내재된 포용과 조화의 정신을 추론하는 데에 있어서 흥미로운 기제이리라 본다.

2. 희망의 거점

한국 근대화의 과정이 식민화 과정과 다르지 않았다는 사실은 여러 문제점을 낳았다. 현대문학 정립기의 강릉이라는 장소가 부재의 공간이라는 맥락으로 일부 드러나는 것은 이러한 역사적 전개와 무관하지 않다. 김동명이든 심연수든, 그들의 이주 배경에는 생존이 자리한다. 그럼에도 불구하고 고향이라는 보편적 감정은 이들 문학세계의 주요 정동으로 여전히 자리하고 있다. 관계로서 성립하는 인간 존재의 본성을 이들의 문학적 운명을 통해서도 확인하는 셈이다. 역사전기적 사실과는 달리 그들의 시세계에 고향 강릉은 부재와 결여의 공간으로 한정되지 않는다.

먼저 김동명(1900~1968)의 경우를 보기로 한다. 김동명의 처녀시집 《나의 거문고》가 강릉시에 의해 2017년에 복원된 것은 강릉 문학장은 물론 한국 문학사적 관점에서 중요한 의미를 지닌다. 여기에는 130여 편에 이르는 김동명의 초기 작품이 수록되어 있다. 이 시집에 대해서는 이른바 습작기의 산물로서 과잉된 관념의 허무적 소산이라고 거론되어 왔다. 하지만 이러한 평가는 신중한 재고가 필요하다. 시집이 출판된 1930년은 시인이 31세가 되던 해이다. 일본 유학을 다녀온 이후로서 충분한 이론적, 실천적 모색이 전제되어 있는 시기임을 짐작할 수 있다. 아마추어리즘의 소산이라 평가되는 등단작을 포함한 《개벽》의 작품들은 수록되지도 않았다. 이러한 정황만을 두고 보더라도 과연 《나의 거문고》를 '습작기의 산물'이라고 규정할 수 있을지는 의문이다.

《나의 거문고》는 9장으로 분절되어 있으며, 각 장에는 소제목이 달려 있다. '즐거운아츰', '잔치', '옛노래', '외로울때', '麗島風景', '異域風情', '故

鄕', '冥想의노래' 등이 그것이다. 이 중에서 일곱 번째 장인 '고향'에 수록된 20편의 시는 김동명의 원형적 장소 상징에 관한 예시가 된다. 이들 작품을 통해 김동명 초기 시세계에 각인되어 있는 고향의 상상력과 근원적 장소성을 파악할 수 있다. 김동명은 비록 유년기에 타향으로 이주하였으나, 원형적 장소로서 고향에 대한 신심을 시적 세계관의 근저에 지니고 있었다.

그 중에서 〈개〉는 이야기시의 전형적인 형식을 보여주고 있다. 여기서 김동명은 유년기에 고향 강릉에서 경험했던 일화를 아주 구체적으로 시화한다. 우연히 만나 정들게 된 '개'와의 인연은 "어쩐 여름날 호박꽃이 시들엇다가 다시피어난 저녁"의 비극적 이별로 끝날 수밖에 없었다. 화자는 개와의 "유달으게도 깁허젓"던 정분을 잊지 못한다. 이처럼 이 작품의 화소는 김동명이 실제 경험했던 사실로서 유년기의 추억이 생생하게 재현되고 있다. 일종의 시적 자서전인 것이다. 이러한 시 형식은 〈부흥새〉를 통해서도 발견된다. "아, 심술 궂고 작란 조하하든/ 내 故鄕의 각시들"을 추억하는 이 작품 역시 일종의 이야기시 형태로 전개되고 있다.

> 마을 압헤는 百餘里 山ㅅ골물을
> 모하 흘으는 시내가 잇고
> 시내ㅅ가에는 때때로 이상한소리를 내이며
> 도라가는 물레방아가 잇습니다.
>
> 마을 뒤에는
> 數百年 두고 자란 落落長松
> 바람이 지낼때면 우수수 소리내고
> 밤저녁 어쩐때면 부흥새 와서웁니다.
>
> 南으로 十里는 鏡浦인데
> 東으로 十里는 시내ㅅ물을 따라가면 바다나지고
> 그리고 서울은 西으로 五百五十里
> 大關嶺을 넘어서 간담니다.

—김동명, 〈故鄕〉 전문

이 작품은 고향 시편의 대표작이라 할 정도로 고향 강릉의 장소성과 구체적 경험에 기반하고 있으며, 높은 미학적 수준을 보여주고 있다. 여기서 묘사된 장소는 화자의 주관적 개입이 배재된 채 객관적 서정으로 즉물적 풍경을 현현한다. 대상이 언어가 되고 풍경이 서정이 되는 사물시의 전형적인 국면인 것이다. 이러한 감각의 표출은 해당 장소에 관한 구체적 체험이 전제되지 않고서는 불가능하다. 한 편의 시를 통해 고향 강릉은 김동명의 문학적 세계관을 형성하는 원체험적 요소임이 증명되는 셈이다.

나는 지금 詩樓峰꼭닥이에 섯다.
마치 第三期를지난 肺病쟁이와 가치
그러케 피폐하고 쇠약한 한 적은거리를
발압헤 나려다보며 여기에 서서
東海를 스쳐오는 막은바람을 쏘이며 생각한다.
게딱지 업허노흔듯한 집들 사이로 쑬린길우에
펄넉이는 힌옷자락 느리게 움즉이는 적은그림자
아아 장차 엇니나 될것인고
世紀를 거듭하여 지나는 동안에.
생각하면 내몸에 이峰으로더부러 오래오래 여기에서서
저 힌옷거리의 運命을 직히고 십흐다만은—
아아 내마음을 괴롭히는 속절업는 생각이어 살아지라
그래도 四千年동안이나 이짱썹질우에 부쳐두엇거늘,
하고 또 세상은 비록 조금식이남아 밝아 오지안는가.

—김동명, 〈詩樓峰에올라서〉 전문

이 작품 역시 김동명의 고향의식과 문학적 심상지리의 본령을 적시하는 대표작이라 할 만하다. 강릉 지역의 로컬리티와 관련해서 문제적인 작품으로 심층적 조명이 필요한 텍스트라 하겠다. 가장 먼저 주목되는 점은 전유된 명명이다. 이는 '시루봉'을 '詩樓峰'으로 표기하는 방식을 가리킨다. 시루봉(-峰)은 강릉시 저동에 있는 산의 봉우리로서, 유래를 보면 그 생김새가 떡을 찌는 시루를 엎어 놓은 것처럼 생겨 붙여진 이름이라고 한다. 따라서 한자에 해당하는 표기는 없다. 직역하면 '시루峰'이요 의역하면 '甑峰' 정도가 되어야 한다. 그럼에도 김동명은 이를 '詩樓峰'이라 명명하였다. 고향의 대표적 장소 상징을 문학의 다락, 곧 '詩樓'로 의역하여 전유하고 있는 것이다. 이는 장소의 문학적 전유 의식이 상징적으로 담겨 있는 국면이 아닐 수 없다.

다음으로 장소성을 소재로 한 수준 높은 형상화의 측면이 부각된다. 시루봉은 경포 지역에서 제일 높은 봉으로서 서쪽으로는 태장봉이 있고, 능선 끝에는 경포대가 있다. 그 밖에도 시루봉은 경포의 4주산, 강릉의 4주산 가운데 하나이고, 경포팔경 가운데 하나인 증봉낙조(甑峰落照)에 해당된다는 점이 특징적이다.[3] 이를 통해 시루봉은 강릉권 지역에서 대표적 장소 상징의 자연물임을 알 수 있다. 위 작품은 김동명이 초기 시세계로부터 고향의 장소성을 시화하려는 문학적 세계관을 의식적 혹은 무의식적으로 지니고 있었음을 증거한다. 구체적 장소와 경험의 전유는 근대적 시작법의 원리이자 미학적 가치를 체현하는 주요 기제이다. 그런 점에서 〈시루봉에올라서〉와 같은 작품은 김동명 시의 모더니티를 입증하는 문제작이기도 하다.

나아가 이 작품은 개별 지역의 단위를 넘어 민족 공동체의 운명을 유비하는 데로 나아간다. 시루봉 꼭대기에서 화자가 응시하는 대상은 "펄넉이는 힌옷자락 느리게 움즉이는 적은그림자"이다. 이는 고향 강릉의 민초들인 동시에 민족적 형상이기도 하다. 화자가 애달프게 고백하는 "저 힌옷거리의 運命"은 민족 공동체의 운명과 등치된다. 사적인 언어를 통해 공동체 보편의 가치를 내면화하는 방식은 한국 근현대 문학사의 주요 동력이었던 민족문학의 입론과 미학을 지시한다. 위와 같은 시적 진술은 일제강점기라는 엄혹한 시절에 대항하는 김동명 식의 문학적 파레시아(parrhèsia)라고 볼 수 있을 듯하다.[4] 장소를 통한 역사적 현실의 재현은 진실을 말하는 용기 혹은 비판적 태도의 실천과 다르지 않은 것이다. 이러한 국면 역시 김동명 시의 장소 경험이 아우르는 폭넓은 경계를 환기하고 있다.[5]

3 이상 시루봉에 대한 설명은 한국학중앙연구원, 《디지털강릉문화대전》(http://gangneung.grandculture.net); 김기설, 《강릉지역지명유래》, 인애사, 1992 참조.

4 '파레시아'는 푸코의 후기 사상에서 핵심이 되는 개념으로서 '진실을 말하는 용기', '위험을 감수하는 말하기' 등을 뜻하며, 고대 그리스어에서 차용한 것이다. 미셸 푸코, 이상길 역, 《헤테로토피아》, 문학과지성사, 2014, 365~368쪽; 나카야마 겐, 전혜리 역, 《현자와 목자: 푸코와 파레시아》, 그린비, 2016, 4쪽 참조.

5 이상 남기택, 〈김동명 시, 강릉, 로컬리티 · II〉, 《김동명문학연구》 5, 김동명학회,

강릉이라는 장소의 경이로운 역설은 심연수(1918~1945)에게서도 발견된다. 심연수 시의 근저에는 고향에 대한 그리움과 이주의 삶에 대한 회한이 자리하고 있다. 이러한 구도를 통해서 고향에 대한 애착은 지역에서의 경험이나 물리적 시간과는 무관한, 인간 본연의 감정이자 문학과 지역의 필연적 연관을 증거하는 요인임을 알 수 있다. 예컨대 시조 양식을 취하는 〈東海〉와 같은 작품은 "푸른물 뛰고치는 東海岸 모래불"로 명시되는 것처럼 고향의 해변가 풍경을 소재로 하고 있다. 〈동해〉를 비롯하여 9편의 기행시는 고향을 방문할 때의 소회를 표현한 작품들이다. 이들 기행시편은 공통적으로 조국과 고향의 풍경에 대한 심정을 정제된 언어로 표현하고 있다. 그 밖에도 심연수 시에서 고향을 생각하는 마음은 "눈익은山川/ 넷날의그모양/ 변하긴하엿으나/ 그래도어덴가익어보여요"(〈舊友를차저서(鄕土를밟으며)〉)에서와 같이 근원적인 그리움으로 충만되어 있다. 이처럼 심연수 시에서 지역성을 발견하는 기제로서 주목되는 것은 고향의식과 관련된 원형적 심상의 차원이다.

고향은 현대인의 주체성을 형성하는 일 계기로서의 의미를 지닌다. 이는 심연수 시에서 뿐만 아니라 근대문학의 주요한 화소이기도 하다. 고향의식의 심미화는 근대문학이 지닌 공통된 경향 중 하나인 것이다. 물신화로부터 비롯되는 고향 상실의 감정은 근대인의 보편적 소외감에 해당된다. 이는 고향과 세계를 재배치하면서, 초영토적이고 문화혼혈적인 것을 창시하는 이질적인 감각으로 변주되기도 한다.[6] 많은 근대 작가들이 고향을 소재로 짙은 향수와 페이소스를 표현했던 것은 인간이 지닌 본연의 미적 감정을 표출하는 과정이었을 뿐만 아니라 근대문학의 발생 과정에 따르는 필연적 결과일 수 있다. 심연수 역시 이주의 삶을 살면서 고향에 대한 시의식을 근저에 지니게 되었던 것으로 보인다.

> 짛은지 몇몇해요 찾은이 몇萬인고
> 해돗는 아참마다 달뜨는 저녁마다
> 遊子의 가삼과눈에 얼마나 들엇더냐.

2018 참조, 재인용.

6 호비 바바, 나병철 역, 《문화의 위치》, 소명출판, 2002, 41~42쪽 참조.

(중략)

台옆에 묵은솔아 鶴이간지 오래엿지
그러나 네푸름은 그때와 똑같으리라
鶴은야 갇더란대도 遊士야 찾어오소서.

—심연수, 〈鏡浦臺〉 부분

나의 故鄕 앞내에
외쪽 널다리
혼자서 건너기는
너무 외로워
님 하고 달밤이면
건너려 하오
나의 故鄕 뒤ㅅ山에
묵은 솔밭 길
단 혼자서 오르기는
너무 힘들어
님 앞선 발자국
따라 예려오

—심연수, 〈고향〉 부분

〈경포대〉 역시 기행시편의 하나로서 고향의 명물 경포대에 관한 심정을 4연의 연시조 형식으로 표현하고 있다. 종연 종장의 "鶴은야 갇더란대도 遊士야 찾어오소서"라는 영탄은 경포대에 관한 화자의 심경을 집약하는데, 이는 곧 실향민으로서 심연수 자신을 향한 기원과도 같다. 스스로의 삶을 대상화하여 경포대라는 소재에 감정이입하는 과정은 시적 표현에 대한 일정한 수준을 보여준다.

〈고향〉에서는 표제를 '고향'으로 내세워 전형적인 향수를 표현하고 있다. 전통 시조의 변주된 형식을 취하고 있는 점이 특징적이다. 심연수 작품 중에는 시조의 양식으로 정형화된 감각을 드러내는 경우가 많다. 그 과정은 〈고향〉이 보여주는 것처럼 고답적인 내용과 형식으로 특화되기도 한다. 이는 미적 근대의 관점으로 보자면 심연수 시가 지닌 한계일 수 있다. 그 자신 대개의 시작 기간이 습작 단계에 해당된다는 현실적 조건과 시조 장르에 대한 개인적 관심이 전기적 사실로 발견되는 점 등으로 볼 때 고향에 대한 정형화된 서정은 심연수 시세계에서 부정할 수 없는 요소라 하겠다. 그럼에도 불구하고 〈고향〉의 경우, 감각의 정형성을 2음보 대구가 연속되는 형식을 통해 변주함으로써 나름의 파격을 시도하고 있다는 점 역시 간과할 수 없는 부분이다.[7]

이상 김동명과 심연수 시에 형상화된 고향 강릉의 양상을 예시해 보았다. 이들의 시세계에 있어서 강릉은 단지 부재의 공간이라는 회한으로 한정되지 않는다. 전제한 바와 같이 고향이라는 보편적 정서는 이들 문학세계의 주요 정동으로 자리하고 있었다. 부재의 장소였던 고향 강릉이 시간과 공간을 거슬러 희망의 거점으로 현재화되는 맥락은 지역문학적 관점에서 특별한 의미를 지닌다. 강릉문학이 전통적으로 함의하고 있는 포용과 조화의 정신이 굴곡진 현대사의 운명을 온몸으로 체현하면서 변주되는 또 다른 양상이었던 것이다.

3. 트랜스로컬리티의 지평

포용과 조화의 관점으로 지역권 문화를 접근할 때 경계해야 할 요소 중 하나는 지역 정체성에의 맹목적 집착 경향이다. 정체성에의 매몰은 현 단계 지역문학 연구가 지닌 딜레마 중 하나이기도 하다. 강릉문학이 지닌 포용과 조화의 정신은 '강릉'이라는 공간에 한정되지 않는다. 이는 지역을 초월하는 가치이자 장소 사이를 관류하는 문화적 지향이어야 한다. 이와 관련된 사례로 신봉승(1933~2016) 시를 주목할 수 있다.

강릉을 중심으로 하는 장소성의 상징은 강릉 현대문학을 대표하는 신봉승에 있어서도 특징적인 요소로 부각된다. 장소성은 신봉승 시의 핵심적 자질 중 하나라 할 수 있는 것이다. 신봉승 스스로가 고향에 대한 애정과 고유한 가치를 수시로 강조하였다. 두 권의 시집[8] 모두에 '초당동'이라는 표제가 각인되어 있는 구도는 신봉승의 고향에 대한 애정을 보여주는 상징적 징후라 하겠다.

7 이상 남기택, 〈심연수 시 연구〉, 《어문연구》 62, 어문연구학회, 2009. 12 참조, 재인용.

8 신봉승, 《草堂洞 소나무떼》, 도서출판 나남, 1990; 신봉승, 《草堂洞 아라리》, 갑인출판사, 1993.

초당의 소나무는 江門을
넘나드는 파도소리를 듣는다.
초당을 스치는 솔바람은
松江의 발길을 멈추게 한
그날의 속삭임이다.

초당의 저녁 연기는 안개며
구름인데 향기가 있다.
초당을 지나는 솔바람은
蘭雪軒의 옷자락을 날리던
훈훈한 영혼이다.

—신봉승, 〈草堂洞〉 전문

이 작품은 '초당동'을 표제로 내세워 해당 장소의 물성을 표현하고 있다. 5행 2연의 구조를 취한 정제된 형식이다. 각 연은 동일한 의미 구조를 반복한다. 앞의 두 행은 초당동의 물적 지표로서 "소나무"와 "연기"가 등장한다. 소나무는 "파도소리"를 듣는 감각의 주체가 되고, 저녁연기는 "안개"이자 "구름"이며 "향기"를 지닌 객체가 된다. 사물들이 기연의 관계로 이어지며 초당동이라는 장소의 배경을 형성하고 있다. 뒤의 세 행은 장소의 물성이 인간의 역사에 조응하는 국면을 묘사한다. 초당동의 "솔바람"은 송강 정철을 머물게 한 "속삭임"이고, 허난설헌의 삶에 닿았던 "영혼"이라는 것이다. 정철과 허난설헌은 강릉 지역의 대표적 위인이자 그 자체로 역사라 할 수 있다. 이들이 초당동의 풍경에 투사되어 있는 형국이다. 이런 시상은 자연과 장소, 인간과 역사를 하나의 장 위에 현시하는 역사적 공감각의 지평이라 할 만하다. 신봉승의 역사적 상상력과 장소애가 결합된 시화의 전형적인 양태가 이런 것이다.

어쩌면 초당동으로 상징되는 고향 공간은 일종의 문학적 헤테로토피아에 유비될 수 있겠다.[9] 이는 신봉승 시가 장소성을 전유하는 문학적 기제이기도 하다. 강릉권 지역문학의 작품들 속에서는 이러한 맥락이 유사하게

9 푸코는 현실 속에 존재하는 이상적 공간을 헤테로토피아 개념으로 지시한 바 있다. 미셸 푸코, 《헤테로토피아》, 앞의 책, 48쪽.

반복된다. 이러한 문학사적 맥락은 천혜의 자연 환경과 관련된 장소 지표가 부여한 심상지리적 전통일 수 있다. 강릉권 지역문학의 관점에서는 이 점을 보다 적극적으로 분석하고 이론화할 필요가 있으리라 본다.

〈초당동 소나무떼〉는 첫 번째 시집의 표제가 된 작품이다. 〈초당동〉과 유사하게 해당 장소와 사물의 고유한 특성 및 지역적 역사를 기록하고 있다. 여기서는 화자의 설명적 진술이 "소나무떼"의 물성에 집중된다. 매 연마다 반복되는 영탄형 어조는 설명 투의 진술이 지닐게 될 서정적 감성의 결여를 극복하는 장치가 되고 있다. 작품의 주된 정조는 애상적이다. 소나무떼의 운명이 "아픔도 서러움도" 지닌 존재인 동시에(1연), "피멍든 가슴앓이/ 눈물로 젖은 옷자락"이 의지하는 대상이고(2연), "꽃가루"와 "비바람"과 "무서리"와 "눈자락"을 견뎌야 하는가 하면(3연), "억센 톱날 도끼날"마저 맞아야 하는 존재로 시종일관 그려지고 있기 때문이다. 이는 초당동이라는 장소의 역사가 대면해야 했던 비극적 운명을 유비할 것이다.

초당동의 상징이 지닌 애상의 정조는 중세는 물론 근현대 한국 사회의 폭력적 전개와 무관하지 않다. 그럼에도 불구하고 이 작품은 애도의 정서로 점철되지 않는다. 소나무는 어떤 서러움도 내색하지 않고, 의연하며 푸른 자태로 사랑을 실천하는 존재이기 때문이다. 그렇듯 초당동의 소나무떼는 "세월을 지키는 파수꾼"으로 여전히 실재하면서 해당 지역의 장소 지표를 구성하고 있다. 이처럼 신봉승은 '초당'이라는 상징을 통해 지극한 장소애, 이와 불가분한 역사성 등을 시세계의 메인 모티프로 변주해 나갔다. 장소를 전유하는 고유한 상상력의 지평은 개별 작품의 수월성은 물론 문학사적 의미로까지 확대될 수 있는 미학적 근거라 하겠다. 신봉승의 장소 전유는 고향 지역에만 국한되지 않는다.

> 식료품 가게의 김씨 아저씨는
> 하루에도 열두 번씩
> 서랍을 열어본다.
> 싸늘한 전율
> 권총의 방아쇠를 살핀다.
>
> 코리언은 흑인들이 무섭고
> 흑인들은 멕시칸이 무섭고

멕시칸은 코리언이 무섭고

무서움은 서로 꼬리를 물었지만
심심찮게 총소리가 울리고
김씨 아저씨는 실탄이 든 권총으로
살아 있는 가슴팍을 겨누는
연습을 한다.

—신봉승, 〈그래도 사는 재미—LA에서 · 3〉 부분

이 작품은 미주 지역에서 대표적인 한인 디아스포라의 장소인 LA를 소재로 하고 있다. 여기서는 재미 한인 사회의 위험 요소를 식료품 가게를 운영하는 "김씨 아저씨"의 행위를 빌어 묘사한다. 즉 "코리언은 흑인들이 무섭고/ 흑인들은 멕시칸이 무섭고/ 멕시칸은 코리언이 무섭고"와 같이 단적으로 표현되는 것처럼 인종 갈등은 심각한 사회 문제로 재미 한인 사회에 상존해 있다. 미주 지역 이민의 역사는 20세기 초 노동자 수출 형태의 최초 이주와 더불어 그 맹아가 형성된다. 오늘날과 같은 재미 한인 사회의 형성은 1965년 미국 이민법 개정과 더불어 본격적인 계기가 마련되었다. 그 과정에서 캘리포니아주 LA 지역은 현 단계 최대 이민 도시로서 정립되었다. 그럼에도 불구하고 미주 지역 내에서 한인 사회는 여러 문제점을 안고 있는데, 위 작품은 그 문제를 시화하고 있다.

재미 한인 사회와 직결된 문학사적 사건이라 한다면 1992년의 LA 폭동을 들 수 있을 것이다. LA 폭동의 원인은 로드니 킹 사건으로 알려져 있다. 이 폭동의 본질은 미국 내 오랜 흑백 갈등이 빚어낸 사건, 즉 흑인 피의자에 대한 백인 경찰의 무리한 진압과 특혜이다. 그러나 폭동의 원인은 다양하고 중층적이다. 당시 로스앤젤레스의 시장과 상권을 둘러싸고 대립되었던 인종 사이의 갈등 역시 폭동의 배경으로 간과할 수 없는 요소이다. 그 밖에도 상업주의나 포퓰리즘에 근거한 언론의 태도에서도 그 원인을 발견할 수 있다. 백인 기득권층의 폭력성에 초점을 두어 사건을 담론화한 언론의 선정주의 방식도 하나의 문제였던 것이다.[10] LA 폭동은 미주 이민의 역사가 90여

10 이상의 기술 및 이와 관련된 재미 한인 문학의 양상에 대해서는 남기택, 《미주지역 디아스포라 시문학의 사건과 심상지리》, 심지, 2017 참조.

년을 지나는 과정에서 축적되어 온 민족적 갈등과 구조적 병폐가 미주 지역 특유의 인종 갈등을 계기로 촉발된 사건이었다. 이 사건은 정치, 경제, 사회, 문화를 위시한 제반 분야의 축적된 내적 갈등으로 인해 발생됨으로써 미주 지역 한인 사회에 직간접적인 영향을 미치게 된다. 또 한편 이 사건은 '재미 한인 사회의 전환점'[11]일 뿐만 아니라 재미 한인 사회에 내재된 분파주의를 근본에서 재고해야 하는 반성적 기제라고도 할 수 있다.[12]

이 글에서 주목하고자 하는 점은 이들 작품을 포함하여 신봉승 시 속에는 다양한 장소 전유의 양상이 나타나고 있다는 사실이다. 초당동으로 상징되는 고향의 장소성은 물론 서울을 포함한 다양한 국내 지역, 나아가 미국을 위시한 국제적 장소 경험이 시적 형상화를 통해 전유되고 있다. 이는 국내외 트랜스로컬의 감각을 환기하는 신봉승 시세계의 지표이다. 요컨대 신봉승 시의 장소 지향은 고향 인근의 것으로만 특화되지 않는다. 이는 근공간주의를 넘어서는 생래적 자질일 수 있다. 타향이나 이국의 장소를 경험적으로 시화하는 사례는 남다른 것이 아니다. 하지만 신봉승 시를 통해서는 소재주의를 넘어 장소와 장소를 잇는 트랜스로컬의 가능성을 엿볼 수 있다는 점이 주목된다. 고향에 대한 오랜 천착이 스스로를 지양하고 선취한 포용과 조화의 정신일 것이다. 신봉승은 스스로의 운명을 개척하며 고향을 떠났고, 역사적 상상력을 통해 전국적인 장소 단위를 사유할 수 있었다. 또한 국제적 감각으로 장소의 경계를 넘나드는 시적 수위를 보여주었다. 강릉이라는 장소를 사유하는 신봉승 시는 이처럼 고유하면서도 보편적인 로컬리티의 미학을 시화한 특별한 성과라 하겠다. 이는 강릉 현대문학에 내재된 포용과 조화의 정신이 이른 통섭의 지평이기도 하다.

4. 궁극의 자연, 대지의 상상력

강릉을 위시한 강원 지역을 규정하는 지정학적 조건으로서 천혜의 자연을 드는 것은 보편적 상식이 되어 있다. 강릉을 거점으로 하는 수많은 문학작품에서 친자연적 상상력이 발견되는 것은 결코 우연이 아니다. 비운의 시

11 장태한, 〈로스앤젤레스 폭동과 동포 사회의 미래〉, 《한국학연구》 12, 고려대학교 한국학연구소, 2000. 7, 22쪽.

12 이상 남기택, 〈신봉승 시 연구〉, 《비평문학》 67, 한국비평문학회, 2018. 3 참조, 재인용.

인 심연수 시의 고향의식에서는 대지모신적 상상력이 발견된다. 이러한 사실은 다양한 의미를 파생한다. 우선 구체적 고향이 지닌 개별적 지역성을 보편적 시공간으로 확장시키고 있다는 점이 주목된다.

예컨대 〈大地의겨을〉과 같은 작품은 대지모신적 자연관을 드러내는 예에 해당되는데, "大地는 살엇다 소리도살엇다"는 표현이 생명의 근원으로서 대지에 대한 믿음을 함의하고 있다. 또한 작품 전반적인 내용이 "추위에 자라는 이땅의아들"을 향한 청원의 형식으로 구성되고 있다는 사실에서 개별 지역의 풍경과 경험을 벗어나 보편적 시공성으로 확장되는 인식의 측면을 발견하게 된다. 종연의 "일홈 진기한마을에 새손이들제/ 마중나온 늙은이는 이땅의주인"이라는 시적 진술에서도 대지에 대한 궁극적 신뢰와 그 주체로서의 민초에 대한 믿음이 발견된다. 심연수 시에서 고향에 대한 그리움 혹은 지향은 개별 지역을 넘어 이처럼 궁극적 신뢰의 공간으로서 대지, 그에 투사된 주체로서의 인간 등으로 확장되고 있다.

또한 심연수 시에서 발견되는 대지모신적 자연관은 공간 인식에 있어서도 '타자화된 지역'을 벗어나고 있다. 타자화된 지역이란 '중앙'에 대한 대타적 개념으로써 구성된 '지방'의 개념과 일맥상통한다. 주지하는 바와 같이 한국문학에 있어서 지방은 서울에 의해 타자화된 공간이라는 사회역사적 공간 개념을 그대로 반영하고 있다. 하여 근대문학 작품 속에서 타자화된 지역은 배타적 공간의 의미로 배치되는 경우를 종종 볼 수 있다. 예컨대 이인직의 《치악산》과 《귀의 성》에서 지리적 배경으로 제시된 원주, 춘천 등 강원 영서권 지역은 문명과는 거리가 먼, 전근대적 갈등이 온존하는 공간으로 등장한다. 이는 "중심을 닮기 위해 지역을 배타적으로 고립시키고 열등성의 자질을 덧씌운 경우"[13]라 할 수 있다.

유년시절부터 고향을 등져야 했던 심연수에게 타자화된 지역이라는 공간 인식은 존재할 수 없었을지도 모른다. 그는 서울과 지방이라는 공간 구획의 제도로부터 원천적으로 배제된 이주의 삶을 살아야 했다. 그러나 심연수 시의 지역성은 현실적 삶의 조건으로부터 자연스럽게 형성되었다기보다는 미학적 인식 속에서 구조화된 것으로 보는 것이 타당할 듯하다. 심

13 김양선, 〈탈식민의 관점에서 본 지역문학〉, 《근대문학의 탈식민성과 젠더정치학》, 역락, 2009, 134쪽.

연수 시의 상당수 작품들이 고향에 대한 인식과 더불어 장소애적 의미를 체현하는 방식으로 반복적으로 구성되고 있기 때문이다.

> 봄은가처웠다.
> 말렀던풀에 새움이돗으리니
> 너의조상은 농부였다
> 너의아버지도 農夫다.
> 田地는남의것이되였으나
> 씨앗은너의집에있을게다
> 家山은팔렸으나 나무는그대로자라더라
> 재밑에대장깐집 멀리떠나갔지만
> 끌풍구는 그대로놓였더구나
> 화덕에숱놓고불씨붗어
> 옛소리를 다시내여봐라
> 너의집이가난해도 그만불은있을게니.
> 서투른대장의땀방울이
> 무딘연장을 들게한다더라
> 너는農夫의아들
> 대장의아들은 아니래도……
> 겨울은가고야만다
> 季節은順次를 銘心한다
> 봄이오면해마다生命의歡喜가
> 生氣로운神秘의씨앗을받더라.
>
> —심연수, 〈少年아 봄은오려니〉 전문

이 작품은 원형적 공간으로서의 고향의 의미가 타자화된 공간으로서의 지역과 어울려 이상적 공간성을 창출하는 대표적 작품에 해당된다. 앞서 언급한 바와 같이 심연수 시에 있어서 '대지'는 궁극적 신뢰의 대상이다. '농부'는 대지를 일구는 자이다. "너의조상은 농부였다/ 너의아버지도 農夫"라는 표현은 농부의 삶을 민족적 정체성으로 강조하려는 언명과 같다. 화자는 "田地는남의것"임에도 불구하고 "씨앗은너의집에있"다는 신념을 통해 대지의 삶을 이어가고자 한다. "季節은順次를 銘心한다"는 진술에서도 대지모신적 본성이 역사를 주관하는 동력이라는 믿음을 확인하고 있다.

이로부터 이육사의 '초인'이나 이상화의 '빼앗긴 봄'을 환기하는 것은 어렵지 않은 일이다. 이러한 대지모신적 상상력은 지역과 장소에 대한 사유 혹은 공간애(topophilia)가 심연수 시의식의 근간을 이루고 있음을 확인하는 주요한 기제라 하겠다. 모든 존재를 함의하는 궁극적 포용의 물성이 이와 다르지 않을 것이다.

대자연의 물성을 전유하며 포용과 조화의 정신을 보여 준 강릉권 문학사적 사료로서 '청포도동인회'의 존재를 빠트릴 수 없을 것이다. 《청포도》 창간호는 강릉을 중심으로 자생한 청포도동인회가 한국전쟁기인 1952년에 발행한 시 동인지이다. 《청포도》는 이듬해인 1953년 2집까지 발행되었다. 동인으로는 수록순으로 황금찬, 함혜련, 이인수, 김유진, 최인희 등이 참여한다. 강릉사범 교사로서 동인회를 이끈 황금찬, 최인희를 비롯하여 이들 동인은 강릉은 물론이고 강원 영동권 지역 문학장을 형성하였다는 상징적 의미를 지니고 있으며, 현재에도 관련 문단 및 문인에게 지속적으로 영향을 미치고 있다. 이미 사제의 인연을 맺고 있었던 동인들은 나이와 관계없이 지역의 문학 활동을 위해 협의하는 진정한 문학 공동체의 모습을 보여 주었다.

황금찬(1918~2017)은 《청포도》를 제작하는 데 있어서 주도적인 역할을 한 인물로서 창간호에 권두언을 쓴다. 작가 스스로의 문학세계가 지닌 친자연적 성격은 권두언에도 그대로 드러난다. 황금찬은 친자연적 작품세계를 지니고 있는데, 이는 동인들의 전반적인 시세계의 특징과도 유사하다. 뿐만 아니라 이러한 성격은 향후 강원 영동권 지역 문단의 전반적인 경향과도 연동된다는 점에서 주목을 요한다.

> 나는 못을 보고 있다
>
> 지금은 七月
> 어쩌면 하늘빛 蓮잎이 솟아나고
> 거기에 하이얀 蓮꽃이 필것만 같다
>
> 雨水節부터
> 못을 보면서 살아온다

물빛을 잃은 못에는
靑山도 구름도 오지않고
별을 보며 살아오던 잉어랑 눈이 멀었다

'어쩌면 蓮잎이 솟으리라고'
'이제는 蓮꽃이 피리라고'

—황금찬, 〈한 송이 蓮꽃이 피기를〉 부분

이 작품은 연꽃을 소재로 화자의 소망을 표현하는 전형적인 자연 서정의 내용과 형식을 지닌다. "연꽃 한포기"를 위한 "끝 없는 눈물"이나 "설음이 마구 넘치는/ 눈들"을 적시함으로써 개화에 따르는 희생과 인고를 전제하고 있다는 점에서는 화자가 지닌 생의 깊이를 엿볼 수 있다. 다만 정제된 감정 속에서도 장황한 진술 투의 시형이 반복되는 경향은 서정시가 지녀야 할 미적 긴장의 효과를 상쇄하는 요인이라 하겠다.

이처럼 황금찬의 작품들은 자연을 소재로 한 전통적인 서정시의 양상을 보여주고 있다. 자연을 매개로 하여 화자의 내면을 투사하는 방식은 서정시가 지니는 익숙한 표현 방식에 해당된다. 또한 대자연을 바탕으로 한 문학적 상상력은 강원권 지역 문단과 관련하여 밀접한 화소이자 상상력의 지평에 해당된다. 강릉 문단의 형성에 결정적 역할을 한 황금찬은 지역의 정서를 대표하는 상상력과 형식적 기법으로 《청포도》를 제작하는 데에 주도적으로 참여하였던 것이다.

陽地바른 언덕 위에
겹겹이 싸인 나무 잎들이 포다하게
말으는 한낮

눈은 아직 먼 山에 슬리어 있고
바위 틈에 다시 흐르는 물 소리!

땅속에는 제각기 그리움에 커가는 生命이
이 한낮 따스한 잠에 속잎이 생긴다.

—최인희, 〈待春賦〉 부분

최인희의 〈대춘부〉는 청포도동인회 시인들의 작품세계를 상징적으로 전조한다. 자연적인 소재를 통해 사물의 원리와 생을 노래하는 방식이 그것이다. 최인희의 경우에는 자연의 서경을 넘어 존재론적 사유로 확장되고 있다는 점에서 남다른 주목을 요한다. 다른 작품으로 〈春風에부치는〉의 경우《청포도》 창간호 전체 작품 중에서 가장 긴 장시의 형태를 취한다. 당대 전형적이었던 단형 서정시의 틀을 벗어나 장시를 시도하고 있다는 점 자체만으로 고유한 의미를 지니리라 본다. 내용적으로는 애상의 분위기가 지배적인 가운데 "덧 없이/ 오고 가는 나그네"의 삶을 간결한 어조로 묘사해 나간다. 나그네의 운명은 비극적이기만 하지 않다. "百劫의 먼 날 因緣"을 전제하는 것이기 때문이다. "梅花 香氣 떠가는/ 窓 가"에서의 삶이란 인간의 부박한 운명이 곧 자연의 부유하는 속성과도 일치한다는 진리를 암시한다. 또한 이 작품은 최인희 특유의 불교적 세계관을 적실히 드러내고 있다. 첫 연에서 인연을 소재로 하는 국면이나, 나그네의 삶과 자연의 생리를 유비하는 소재로서 "千尺絲輪이 드리운/ 蓮塘 푸른 물 속"이 전유되는 맥락은 불교적 상상력을 증거하는 대표적 기제이다. 이 작품은 시인의 불교철학에 대한 사유와 경험적 성찰을 '춘풍'에 기대어 산파하는 수작이라 하겠다. 강릉문학에 내재된 포용과 조화의 정신이 아우르는 철학적 사유의 깊이를 반증하는 문제적 텍스트일 것이다.

청포도동인회의 포용의 정신은 개별 작품에 한정되지 않는다. 1950년대를 전후하여 전쟁의 참화, 빈곤한 재정 등의 문제로 청포도동인회는 동인지 발행에 어려움을 겪었으리라 짐작된다. 기존의 문학사에 따르면 당대 강원 영동권 지역의 문학장이 본격적으로 가동되고 있었다는 기록을 발견하기 어렵다. 이처럼 문화의 불모지와 같았던 강원 영동권 지역에서 청포도동인회와 같은 자생적 문인 단체가 성립되고 전문적 매체 활동을 실천하였다는 점은 한국 문학사적 관점에서도 주목해야 할 성과라고 할 수 있다. 청포도동인회의 역사는 이듬해 동인지 2호 발간으로 중단되는 등 단명에 그치고 말았으나, 이들 활동이 우발적인 것은 아니었다. 이는 황금찬이 쓴 발간사에서부터 확인된다.

> 한 포기 葡萄 나무를 심어놓고 여기에 葡萄송이가 열리기를 期待린 것은 퍽으나 오랜 일인가 싶다. 그러나 원체 肉土가 엷고 田園師들이

게으른데다 봄날씨가 몇번 방맹이를 들어서 좀처럼 빨리 커나지를 않았다.

이제 이렇게 흐린 하늘 아래에서 비로소 파란 葡萄송이가 열리기 시작하였다. 하두 바라던 끝에 한 송이를 땄더니 즐거 딴 셈인지 맛이 아직 덜 든 감을 어찌할 수 없다. 기왕 딴 것이라 여러 先輩님들과 같이 신맛이라도 보았으면—하는 것이 또 원이다.

이 靑葡萄 한 송이를 손에 드시거든 或 멀리서 또는 가까이 오시어서 葡萄맛 이야기며 좋은 포도를 열게하는 비결을 가르켜 주셨으면 한다. (황금찬, 〈권두언〉)

위 권두언에는 동인지를 발간하는 당대의 심정과 소회가 잘 나타나 있다. 동인들의 겸손한 입장과 향후 소통의 계기를 기대하는 바람 등은 잡지 창간호가 대개 지닐 법한 통상적인 내용과 다르지 않다. 주목할 것은 “여기에 葡萄송이가 열리기를 期待린것은 퍽으나 오랜 일인가 싶다”는 구절을 통해 이 동인회를 포함하여 관련 지역의 문학 활동이 단기간에 이루어진 것은 아니라는 점을 유추할 수 있다는 점이다. 이러한 맥락은 동인지 편집 후기에서도 발견할 수 있다.

편집후기는 동인 중 편집을 책임진 최인희에 의해서 작성되었다. 후기에 따르면 한국전쟁기 이전부터 동인 활동 및 잡지 제작의 의도를 지니고 있었다. 또한 이를 통해 알 수 있는 것은 지역문학적 범주 의식이 분명하다는 점과 문단 간 소통을 지향하고 있다는 사실이다. 판권란에 따르면 《청포도》 창간호의 인쇄소는 부산이 등록지인 고려인쇄소이지만 발행소는 강원도 강릉을 주소지로 한 청포도동인회임이 명시되고 있다. 편집후기 밑의 단 판권란에 ‘發行所 江原道江陵邑洪濟洞四九 靑葡萄同人會’라는 기록이 있는 것이다. 후기에서 “비록 지역은 다를지나 선배들의 뒤를 계승하려는 간절한 마음”을 강조하는 맥락도 주목해야 한다. 이는 ‘지역’의 차이를 전제하고, 지역 문단 간의 교류를 지향하려는 의지의 표명으로 해석할 수 있다. 강릉문학이 지닌 포용과 조화의 관점에서 볼 때 문학장의 생성과 소통을

전제한 동인 활동의 흔적은 중요한 조직적 성과일 것이다.[14]

궁극의 자연과 관련된 강릉권 문학의 양상 중 하나로서 바다의 전유 경향을 빠트릴 수 없겠다. 바다는 생명이라는 원형적 의미를 지닌다. 포용과 조화라는 주제와 연관된 대표적인 자연물일 것이다. 현 단계 해양시의 대표적 사례로도 언급되고 있는 상징적 사례를 짧게 언급해 보면, 이윤길의 《더 블루》[15]는 바다와 관련된 상상력이 텍스트 전편을 가로지른다. 《대왕고래를 만나다》(2009), 《파도공화국》(2012), 《바다, 짐승이 우글우글하다》(2013) 등의 기존 시세계가 상징하는 바와 같이 이윤길에게 특화된 해양시의 경향에 대해서는 재론의 여지가 없다. 그는 시라는 장르 자체가 "뱃사람의 생을 받아 적은 것"이요, 바다는 "뱃사람 삶의 시작과 끝"이며 "결국 뱃사람이 바다"(〈시인의 말〉)라 하였다.

실습항해사와 초보선원 겁먹지 마라
뱃전 곁 출렁출렁 뱃구레 문지르는
가리비양식장 부이같이 고요하다
흰고래 뿔을 닮아가는 삶의 유희
노틸러스 잠항처럼 부유하다
분기공 가득한 무지개처럼
고래는 포세이돈을 친구 삼고
그대는 고래를 해신으로 섬긴다
등댓불 가뭇한 먼 바다 심해에서
남극에서 북극으로 경계를 넘는 고래

굵어진 눈주름의 당신 그대가 고래다

—이윤길, 〈당신이 고래다〉 전문

이윤길은 문학과 삶이 일치하는 시인 중 한 사람이다. 뱃일에 바친 일생과 그 결과물로서 해양시 장르의 일관된 추구는 해양 문학사의 관점에서 중요하게 기록되어야 할 이력임이 분명하다. 위 작품은 한국 문단에서 고

14 이상 강릉시 · 강릉문인협회 편, 《강릉문학사》, 성원인쇄문화사, 2017 참조.

15 이윤길, 《더 블루》, 신생, 2017.

래의 계보학을 잇는 이윤길 식 서정의 사례이다. 화자는 "실습항해사와 초보선원"에게 그들 스스로가 "고래"임을 적시한다. 핍진한 경험과 관련 노동에 대한 자긍심이 없고서는 드러내기 힘든 표현일 것이다. 나아가 이윤길 시는 "침몰도 어쩔 수 없는 바다의 부분"(〈파도〉, 《작가와 사회》 2017년 겨울호)이라고 단언하기도 한다. 이는 바다가 된 화자가 세상에 던지는 경구일 것이다. 이어서 "산그늘 만겹 붉은 꽃은 피어도/ 부서지거나 무너지거나 솟구쳐도 그건 벽/ 지상을 벗어나 물방울로 돌아갑니다// 나는 파도입니다"라고 쓸 때, 그것이 파도에 투사된 자아의 정동임을 의심하지 않는 이유는 바로 이윤길 시에 전제되어 있는 진정성 때문이라 하겠다. 수부(水夫)들의 해양 체험을 구체적으로 형상화한 것이 해양문학의 장르적 조건이라면 이윤길 시는 한국 해양시의 적자일 수밖에 없다. 이처럼 바다는 궁극의 자연에 속하는 대표적인 소재이자 강릉문학의 원형적 지평으로 전유되고 있다. "경계를 넘는 고래"가 바다의 상징이듯이, 이윤길 텍스트는 강릉문학이라는 경계를 넘어 한국 해양문학을 견인하는 기제로 변주된다. 이 역시 강릉이라는 장소와 자연을 배경으로 둔 삶의 에크리튀르(écriture)가 이룬 또 다른 포용의 지평일 것이다.

5. 생성을 향하여

강릉문학이 지닌 포용과 조화의 전통은 오늘날 현대 문화를 재구하는 차원에서 시사하는 바가 크다. 하지만 이는 하나의 가능성일 뿐이다. 잠재태일 뿐인 가능성을 구체태로 실현하기 위해서는 지속적인 관심과 정치한 연구라는 계기가 수반되어야 한다. 결코 쉬운 문제는 아닐 것이다. 강릉문학의 가능성을 생성으로 향하게 하는 기제란 어떤 것인가. 이에 대한 필자의 입장을 심연수의 경우에 대입해보고자 한다.

강릉 경포호 주변에는 심연수 시비가 건립(2003. 5. 20)되어 있다. 여기에 새긴 작품은 〈눈보라〉이다. 시비의 작품이라 하여 해당 시인의 대표작으로 단정할 객관적 근거는 없다. 하지만 그 제도가 지닌 상징적 의미를 고려할 때 〈눈보라〉는 심연수 문학을 특징하는 맥락을 사후적으로 지니게 된 작품이라 하겠다. 시비의 표기를 그대로 옮기면 다음과 같다.

바람은 서북풍
해질 무렵 넓은 벌판에
싸르륵 몰려가는 눈가루
칼날보다 날카로운 이빨로
눈 덮친 땅바닥을 몰아 뜯는다

막막한 설평선(雪平線)
눈물 어는 새파란 공기
추위를 뿜는 매서운 하늘에
조그마한 해덩이가
얼어 넘는다

—심연수, 〈눈보라〉(경포호 시비) 전문

여기에는 심연수 문학과 삶의 정한이 집약되어 있다. "칼날보다 날카로운 이빨"은 '눈보라'의 비유이지만, 곧 시인이 처한 현실의 고통에 비견될 수 있다. "추위를 뿜는 매서운 하늘" 역시 조국을 떠나 이주의 삶을 살아야 했던 한 개인의 비극적 운명을 전조한다. "조그만 해덩이가/ 얼어 넘는다"는 종결구의 표현은 다소 중의적이다. 이 표현은 혹한의 계절이 생명을 상징하는 해마저 얼어붙게 만든다는 표면적 의미를 지닌다. 한편 그러한 어려움 속에서도 생명으로서의 해가 존재하며, "얼어 넘는" 행위를 통해 항상적인 운동성을 구현하고 있다는 이면적 해석 역시 가능하다. 표제 '눈보라'가 환기하듯이 이 작품의 시적 배경은 전반적으로 어둡지만, 화자의 정제되어 있는 어조는 작품 전체적 의미를 신파조의 상념으로만 볼 수 없게 만드는 형식적 요소로 기능하고 있다. 그럼에도 불구하고 정형화된 어구와 표현은 그대로 이 작품이 지닌 한계에 해당된다. 심연수 시는 대개 위와 같은 직정적 어조로 구성된다. 이는 시어의 밀도와 긴장을 떨어뜨리고, 대상과의 적절한 거리를 유지하지 못하는 원인이 된다. 전문적인 창작 단계에 들어서기 전 습작기 시작 형태가 지니는 전형적 특징이기도 하다.

그동안 강릉권 지역문학에 대한 평단이나 학계의 관심은 미비한 편이었다. 1990년대 이후 각 지역별 거점 대학이나 관련 연구자를 중심으로 지역문학에 대한 본격적 접근이 시도되고 있다. 그럼에도 불구하고 강릉 지역은 지역문학 논의틀에서 상대적으로 낙후되어 있는 것이다. 심연수 시의 존재는 이러한 측면에서도 의미 있는 계기를 이룰 것으로 보인다. 그에 대한 논의가 이어지는 과정에서 지역문학적 관점이 제기되는가 하면 기타 문화적 활성화를 위한 공론장이 마련되고 있는 실정이다.

물론 문학 텍스트가 지역주의의 관점에서 아전인수격으로 전용되어서는 곤란할 것이다. 따라서 더더욱 엄밀한 비평적 학술적 접근이 필요하다. 현 단계 강릉 지역문학이 심연수 시를 전유하는 과정에서 나타나는 문제점 일부가 여기서 발견된다. 심연수 시에 대한 강릉권 문단과 학계의 관심은 분명 남다른 의미를 지닌다. 그럼에도 불구하고 학문적 엄밀성이나 비평적 정치함을 결여한 결과 "의욕의 과잉에서 오는 수식의 콤플렉스"[16]를 벗어나지 못하고 이른바 '감정적 동요'의 수준에 머무른다면 문제가 아닐 수 없다. 이에 대한 반성적 성찰과 대안 모색이 필요한 시점이라 하겠다. 이러한 지적은 심연수 시의 경우 텍스트에 대한 엄밀한 태도가 필요하다는 점을 상기시키는 기제이기도 하다. 위에 인용한 것처럼 시비에 기록된 형태는 심연수가 남긴 육필 원고의 형태와 다르다. 육필 원고를 그대로 인용하면 다음과 같다.

바람은 西北風
해질무렵의 넓은벌판에
싸르륵 몰려가는 눈가루
칼날보다 날카로운 이빨로
눈덮인 땅바닥을 갈거간다

漠漠한 雪平線
눈물 어는 샛파란雪氣
추위를뿜는 매서운하늘에
조그만 해ㅅ떵이가
얼어 넘는다

—심연수, 〈눈보라〉(《심연수 육필 시고집》)[17] 전문

16 문덕수, 〈심연수론을 위한 각서〉, 《민족시인 심연수 학술세미나 논문총서》, 강원도민일보출판국, 2007, 343~344쪽.

17 심연수, 《심연수 육필 시고집》, 강릉문화원, 2018, 366쪽.

현대문으로 교열한 부분은 논외로 하더라도, 1연 마지막 행의 "몰아 뜯는다"(시비)와 "갈거간다"(육필 시고), 2연 2행의 "공기"(시비)와 "설기(雪氣)"(육필 시고)는 전혀 다른 시어임을 볼 수 있다. 육필 원고로만 현전하는 심연수 시는 유사한 이본이 다수 존재하기에 원전을 확정하는 작업이 중요한 문제로 남아 있다. 하지만 〈눈보라〉는 이본이 존재하지 않는 유일한 작품임에도 원문 텍스트조차 다르게 전유되고 있는 현실은 문제적이라 하겠다. 연구자의 자의식과 정치한 방법론의 구상, 이를 강제할 수 있는 전문적 시스템의 구축을 요구하는 장면이 아닐 수 없다.

네그리와 하트에 따르면 "정체성과 통일성으로 인해 부패된 사랑"은 "창조를 포함하지 않으며 차이 없는 반복"에 그친다. 진정한 사랑은 "공통적인 것 안에서 이루어지는 특이성들의 마주침과 실험"이라는 것이다.[18] 이들을 빌어 말하자면 특정 지역이나 장소에만 함몰되는 것은 '부패한 사랑'의 방식이다. 트랜스로컬은 이처럼 지역 경계와 정체성을 넘어 특이성들과의 조우를 실천하려는 장소적 관심을 통해 가능하리라 본다. 이는 근 공간 중심의 장소애 혹은 정체성의 선험적 가치론에 집중되는 공간론을 극복하려는 자세를 환기한다. 강릉문학의 포용과 전통을 현재화하기 위해 지녀야 할 실천적 태도가 이와 다르지 않다. 강릉문학의 포용의 전통은 경계와 정체성을 넘어서는 지평을 이미 선취하고 있다. 오래된 생성의 역사를 현재화하는 의무는 오늘을 살아가는 후대의 몫일 것이다.

18 안토니오 네그리 · 마이클 하트, 정남영 · 윤영광 역, 《공통체》, 사월의책, 2014, 267쪽.

6

〈최생우진기〉의 장소성 전유

1. 〈최생우진기〉에 관한 입장

〈최생우진기(崔生遇眞記)〉[1]는 기재 신광한(企齋 申光漢, 1484~1555)의 작품집 《기재기이(企齋記異)》에 수록된 네 편의 고소설 가운데 하나이다.[2] 신광한이 강원도 두타산(頭陀山)의 신비한 경관에 도취되었던 경험을 토대로 창작된 것으로 추론된다. 임영(臨瀛)[3] 출신 최생(崔生)[4]이라는 주인공의 신선 체험이

1 현전하는 〈최생우진기〉의 이본은 세 가지가 있다. 고려대 만송문고(晩松文庫) 소장의 목판본, 규장각 소장의 필사본, 일본 덴리대(天理大) 이마니시문고(今西文庫) 소장의 필사본 등이 그것이다. 이 글에서는 고려대 소장의 《기재기이》 영인본을 텍스트로 삼고자 한다. 이하 '《기재기이》(만송문고본)'로 표기. 《기재기이》는 신광한이 작고하기 전에 간행되었으며(1553. 7. 18), 떠돌아다니는 사본을 교정한 것이라는 언급이 있다. 학계에서는 주로 만송문고본을 대상으로 연구가 이루어지고 있는 실정이다. 장효현 외, 《전기소설 : 교감본 한국한문소설》, 고려대 민족문화연구원, 2007, 125~126쪽 참조. 현대역본으로는 박헌순 역, 《기재기이》(범우사, 1990)를 참조하였다. 이하 '《기재기이》(범우사)'로 표기.

2 《기재기이》는 저자 자신의 신변을 소재로 한 창작집이다. 수록된 네 편은 몽유록계 소설 양식과 의인화 기법을 계승한 〈안빙몽유록(安憑夢遊錄)〉, 가전체 문학의 우의적 기법을 수용한 〈서재야회록(書齋夜會錄)〉, 액자 구성의 창조적 변용을 보여준 〈최생우진기(崔生遇眞記)〉, 전기문학의 흥미성과 부활 모티프 차용이 드러나는 〈하생기우전(何生奇遇傳)〉 등이다.

3 강릉의 옛 이름.

4 최생을 지시하는 원문은 "臨瀛有崔生者", "臨瀛崔某" 등과 같다. 《기재기이》(만송문고본), 51쪽 · 60쪽.

두타산 무릉계곡를 무대로 전개된다. 최생이 신선 체험을 한 장소가 무릉계곡의 명소인 학소대(鶴巢臺), 용추폭포(龍湫瀑布), 신선봉 등이라는 점은 해당 지역의 문학장[5]에 있어서 시사하는 바가 크다. 이러한 소재의 형상화 사실 자체가 지역 문학사적 전통에 해당될 것이며, 나아가 장소의 전유(appropriation)[6] 양상은 미학적 근거와 함께 현재적 가치를 함의하기 때문이다.

〈최생우진기〉가 수록된 《기재기이》는 한국 문학사에서도 중요한 위치를 차지하고 있다. 《기재기이》 작품들은 전대 서사문학의 양식들을 다채롭게 변용하고 있으면서도 다음 시기 전기소설의 변화를 예고하는 특성들이 나타난다는 점에서 소설사적으로 중요한 의의를 지닌다.[7] 그런 만큼 《기재기이》는 학계에 소개된 1980년대 중반 이래 지금까지 상당 수준의 연구

5 '문학장'은 피에르 부르디외의 용법을 차용한 것이다. 그에 따르면 문학의 장은 권력의 장과 피지배적인 위치에 놓여 있으며, 하나의 문화적 생산장의 자율성의 정도는 내외적 위계화의 종속성 여부에 따라 달라진다. 결국 문학장은 그 안에 들어오는 모든 사람들에게 작용하는 힘들의 장이요, 이 힘들의 장을 보존하거나 변형하려고 하는 경쟁적 투쟁들의 장이다. 피에르 부르디외, 하태환 역, 《예술의 규칙》, 동문선, 1999, 285~307쪽 참조.

6 이 글에서 사용하는 '전유' 개념은 'appropriation'의 역어로서 '전유(專有), 차용' 등의 사전적 의미와 다르지 않다. 문학 연구에서는 '내면적 수용'의 의미로 통상 사용되고 있다. 전유를 "돌려쓰다, 자기 것으로 만들다"는 의미로 전제하고, 동조와 비판을 동시에 창출한다는 점을 주목하기도 한다.(오항녕, 〈그을린 민족주의 : 전유, 내면화 그리고 근대주의〉, 《역사와 현실》 96, 한국역사연구회, 2015. 6, 112쪽) 전유 개념은 1990년대 이후의 연구 방법론 지평에 있어서 '연대'와 함께 주요 범주로 강조된 바 있다.(권명아, 〈연대(solidarity)와 전유(appropriation)의 갈등적 역학—포스트 콜러니얼리즘, 탈민족주의, 젠더 이론의 관계를 중심으로〉, 《상허학보》 19, 2007. 2, 168~171쪽 참조) 통상적 어법에서의 전유는 전용을 위해 무언가를 차지하는 일을 가리킨다. 문화연구에 있어서 전유의 용법은 어떤 형태의 문화자본을 인수하여 식민주의 문화를 비판하는 목적에서 사용되는 경우를 강조한다. 한편 오늘날 문화시장에서 전유가 전복적이기만 한 것은 아니다.(조셉 칠더즈 · 게리 헨치 편, 황종연 역, 《현대 문학 · 문화 비평 용어사전》, 문학동네, 1999, 76쪽 참조) 전유 개념은 고전문학 연구에 있어서도 주목된 바 있다. 예컨대 김소정, 〈명대 백화단편소설의 번역과 전유—18C~20C 전반기 영역본(英譯本)을 중심으로〉(《중국학》 62, 대한중국학회, 2018. 3)에서는 명대 백화단편소설이 18세기에 영어로 번역된 이후 20세기 전반기까지 영어권 독자들에게 수용되어 간 상황에 대해 전유 개념으로 고찰하였다. 이 글에서의 전유는 통상적 의미 맥락에서 목적의식적인 수용의 수준을 가리키며, 지역문학적 관점에서의 이론적 · 미학적 태도 및 적극적인 재전유(reappropriation)의 지평을 함의하려는 의도를 지닌다.

7 〈최생우진기〉는 전기소설의 전통을 이어받고 있다. 또한 흥미 자체를 추구하려는 성향이 있는데, 이것은 다음 시기에 나타난 특성이다. 장효현 외, 앞의 책, 124~125쪽; 정용수, 〈조선조 한문소설〉, 반교어문학회 편, 《고소설의 사적 전개와 문학적 지향》, 보고사, 2000, 36쪽 참조.

가 진척되어 왔다.[8]

〈최생우진기〉에 대한 기존의 연구들은 주로 작품의 내용과 구조적인 측면을 조명하고 있다. 상대적으로 이 글에서 주목하고자 하는 작품의 배경이 지닌 의미에 대한 집중적 분석은 여전히 미흡한 실정이다. 이 글의 장소 전유와 유사한 맥락에서 〈최생우진기〉의 공간 체험을 강조하는 분석의 일부 선례를 들면 다음과 같다. 먼저, 〈〈최생우진기〉의 서사 기법과 의미〉는 용궁 체험의 형상화 방식과 의미를 살폈다.[9] 〈최생우진기〉는 진가(眞假)의 혼재로서 용궁 세계를 신비화하는 한편, 그것이 믿을 수 없는 세계임을 드러낸 이중적 의미 지향의 서사 구성이라는 점을 주목하였다. 다음으로, 〈〈최생우진기〉의 배경 묘사 양상과 기능〉[10]은 이 작품의 배경 묘사를 저자의 의도와 관련지어 분석한다. 배경 공간은 결국 주인공 최생의 모험적인 성격을 드러내기 위해 설정되었다는 것이다. 본격 학술논문의 경우, 〈고소설에 나타난 용궁 · 동굴 공간의 양상과 의미 연구〉[11]는 고소설 속에 나타난 동굴 공간의 맥락을 심층적으로 접근하였다. 그 중 〈최생우진기〉는 용궁 공간 표현에 있어서 하나의 표본이며, 용궁 공간을 선계 공간과 동일시

8 《기재기이》의 발굴 소개와 초기 연구에 대해서는 소재영, 〈신광한의 〈최생우진기〉 고〉, 《숭실어문》 5, 숭실어문학회, 1988. 6 참조. 이 글을 포함하여 〈최생우진기〉에 대한 초기 연구로서 이 글에서 주목한 성과는 소재영, 《기재기이연구》, 고대민족문화연구소 출판부, 1990; 문범두, 〈〈최생우진기〉의 구조와 의미〉, 《어문학》 72, 한국어문학회, 2001. 2; 유정일, 〈〈최생우진기〉 연구—전기적 인물의 특징과 작가의식을 중심으로〉, 《어문학》 83, 한국어문학회, 2004. 3; 권석순, 〈기재 신광한의 최생우진기에 관한 일고〉, 《강원도민속학》 20, 강원도민속학회, 2006; 김현화, 〈〈최생우진기〉의 선소설적 미학〉, 《어문연구》 57, 어문연구학회, 2008. 8 등이 있다. 2010년대 이후에도 심층적 학술연구가 이어졌다. 김현화, 〈〈최생우진기〉의 배경 묘사 양상과 기능〉, 《한국언어문학》 87, 한국언어문학회, 2013; 엄태식, 〈〈최생우진기〉의 서사적 의미와 신광한의 현실 인식〉, 《민족문화》 42, 한국고전번역원, 2013. 12; 전성운, 〈〈최생우진기〉의 서사 기법과 의미〉, 《어문논집》 71, 민족어문학회, 2014 등이 대표적이다. 〈최생우진기〉를 포함하여 《기재기이》를 다룬 학위논문 및 단행본 역시 상당수 제출되었다. 유기옥, 〈신광한의 기재기이 연구〉, 전북대 박사학위논문, 1990; 유기옥, 《신광한의 기재기이 연구》, 한국문화사, 1999; 유정일, 〈《기재기이》의 전기소설적 특성에 관한 연구〉, 동국대 박사학위논문, 2003; 유정일, 《기재기이 연구》, 경인문화사, 2005; 원대연, 〈고소설에 나타난 용궁 · 동굴 공간의 양상과 의미 연구〉, 건국대 박사학위논문, 2006; 엄기영, 〈《기재기이》의 창작방법 연구〉, 고려대 박사학위논문, 2007; 김현화, 《기재기이의 창작 미학》, 보고사, 2014 등을 주목할 수 있다.

9 전성운, 앞의 글.

10 김현화, 〈〈최생우진기〉의 배경 묘사 양상과 기능〉, 앞의 글.

11 원대연, 앞의 글.

하고 있음을 밝혔다.[12] 이 글은 〈최생우진기〉에 대한 기존의 연구 성과를 바탕으로 텍스트에 구조화된 장소 전유의 양상에 주목하고자 한다.

레이먼드 윌리엄스는 사회적 관점에서의 문화 개념을 강조한 바 있다. 그에 따르면 문화는 예술과 학문을 포함하여 "제도와 보통의 행위 속에서도 특수한 의미와 가치를 표현"하는 것이다. 이때 문화는 "삶의 방식의 요소들"이 포함된다.[13] 〈최생우진기〉를 현재적 관점에서 강원 영동권 로컬리티의 기제로서 강조하려는 입장은 이러한 사회적 문화론에 근거하고 있다. 사회적이고 구성주의적 관점에서 문화를 인식하는 입장은 고소설에 대한 일반적 효용에도 부합하는 것이다. 주지하는 바와 같이 고소설은 선조들의 지혜가 담긴 서사문학이요, 그로 인해 정체성을 확인케 하는 계기이자 현재는 물론 미래를 구상하는 매개물이기도 하다.[14]

〈최생우진기〉는 두타산 무릉계곡을 배경으로 창작한 고소설로서, 현재적 관점으로 볼 때 강원 영동권 지역의 문학사적 전통은 물론 문화적 유산으로 수용되어야 할 문제적 텍스트에 해당된다. 이 글의 입론은 고전문학과 현대문학의 회통을 도모하고, 문화 콘텐츠로서 고소설의 지평을 확장하려는 시각과 연동된다. 문화적 전통은 특정 시대의 가치에 한정되지 않는다. 그것은 시간과 경계를 넘어 현실적 삶의 지표이자 방식으로 기능할 때 진정한 의미를 확보할 있다.

이 글은 위와 같은 문제의식 아래 장소성의 전유 양상에 주목하여 〈최생우진기〉의 특징을 밝히고, 그것이 지닌 지역 문학장에서의 실정적 의미를 논구하고자 한다.[15] 이는 기존의 배경이나 공간 연구와는 차별적 의미

12 위의 글, 217~220쪽.

13 주디 자일스 · 팀 미들턴, 정성희 역, 《문화학습 : 실천적 입문》, 동문선, 2003, 35쪽 재인용.

14 고소설의 효용에 대해서는 우쾌재의 다음 언급, 즉 "고전문학 중에서도 고소설은 우리 선조들의 생활 모습과 삶의 지혜가 담긴 서사문학이다. 누구나 재미있게 이야기하는 가운데 자신도 모르는 사이에 자기의 정체성을 깨닫게 되고, 새로운 삶의 방향을 잡아가게 되며, 새로운 미래의 생활을 설계할 수 있기 때문이다"를 참조하였다. 우쾌제, 《고소설의 탐구》, 국학자료원, 2007, 17~19쪽.

15 고전문학 연구에 있어서도 공간 개념은 빈번히 원용되어 왔다. 예컨대 김미정, 〈〈포쇄일기〉에 나타난 공간의 양상과 의미〉(《영주어문》 37, 영주어문학회, 2017. 10)는 창작자의 여정에 따른 공적, 사적 공간을 일별하며 그 구성적 의미에 주목하였다. 이 글에서 '장소성(placeness)'은 공간(space)을 넘어 장소(place)가 지닌 특성을 폭넓게 지시한다. 또한 공간과 장소 개념이 지닌 문화지리학적 관점을 따르기로 한다. 이는 공간의 추상성

를 지닌다. 텍스트에 대한 구조주의적 접근을 넘어서 그 현재적 의미를 조명하려는 의도를 지니기 때문이다. 또한 이 글은 현대문학 이론의 관점에서 고전 텍스트 〈최생우진기〉를 재전유하기 위한 시도이기도 하다. 다양한 입장에서의 접근은 〈최생우진기〉의 중층적 의미와 문학사적 가치, 나아가 현재적 의미를 증거하는 논거로 기능할 수 있으리라 본다.

2. 발생론적 전제와 구조적 특질

창작 배경과 상호텍스트성　고소설 〈최생우진기〉의 공간적 배경이 두타산 무릉계곡이라는 데에는 신광한의 삶이 깊숙이 관련된다. 이는 역사전기적 관점에서의 배경 검토가 필연적인 이유이기도 하다. 익히 알려진 사실이지만 창작 배경과 관련된 점만을 간략히 정리해보기로 한다. 신광한은 기묘사화(중종 14) 이듬해 모친을 봉양하기 위해서라는 핑계로 삼척부사로 부임되어 두타산과 인연을 맺게 된다.[16] 그는 삼척부사 시절 관청에 바쁜 일이 없을 때는 거문고를 뜯고 시문을 읊는 데 게을리 하지 않았다고 한다.[17] 그 이듬해 신광한은 기묘사림(己卯士林)이라는 이유로 삼척부사에서 체직되었고, 39세에는 모친상을 당하고 만다.[18] 시묘살이 3년을 끝내고, 41세부터는 여주 원형리에 살면서 15년 간 한거한다. 이를 보아 〈최생우진기〉도 이 기간에 제작된 것으로 추정된다. 〈최생우진기〉가 수록된 《기재기이》는 1553년(명종 8) 7월 18일, 신호와 조완벽에 의해서 목판으로 출간되었다.

요컨대 〈최생우진기〉는 신광한이 삼척부사 시절의 경험을 바탕으로 창작하였던 것으로 추론된다. 정치 현실에서 벗어나기 위해 삼척부사라는 외직을 원했던 만큼, 자연경관이 수려한 두타산 무릉계곡은 신광한에게 정신적 영향은 물론 문학적 영감을 제공했을 것이다. 정치적 갈등과 현실에 대한

과 장소의 구체성이라는 일반적 맥락과 더불어, 무차별적이고 개방적인 공간이 경험과 인간관계에 의해 장소성을 획득한다는 푸안의 입론에 의한 것이다. 그렇게 볼 때 〈최생우진기〉의 공간 표상은 오늘날 해당 문학장의 장소 지표로서 적극적인 의미를 부여받을 수 있다. 이-푸 투안, 구동회 · 심승희 역, 《공간과 장소》, 대윤, 2007 중 10장 '친밀한 장소 경험' 참조.

16 동해문화원, 《동해시 사료집》, 도서출판 학연문화사, 2001(이하 《동해시 사료집》으로 표기), 322~323쪽 참조.

17 소재영, 앞의 책, 11쪽.

18 《동해시 사료집》, 329쪽 참조.

혐오는 '두타(頭陀)'라는 표제의 상징적 의미를 환기한다. 두타는 범어에서 유래한 불교 용어로서 '버린다, 닦는다, 떨어버린다, 씻는다' 등의 뜻을 담고 있다.[19] 두타산 용추동굴을 통해 동해의 용왕과 신선들을 만나고 다시 현실로 돌아오는 최생으로부터 작가 신광한의 삶과 이상을 엿볼 수 있을 듯하다.

〈최생우진기〉의 발생론적 배경 차원에서 주목되는 또 하나의 특징은 상호텍스트성의 측면이다. 주지하는 바와 같이 〈최생우진기〉는 주인공이 용궁 체험을 한다는 점에서 김시습의 《금오신화》에 수록된 〈용궁부연록(龍宮赴宴錄)〉과 유사한 구조를 지닌다.[20] 김시습이 금오산에서 《금오신화》를 창작한 연대(1465~1470)와 신광한이 《기이기재》를 창작한 연대(1553) 사이에는 약 80년의 간극이 놓인다. 문학적 전파와 수용이 충분했던 시간이다. 또한 신광한의 조부인 신숙주는 김시습과 동시대를 활약한 인물일 뿐만 아니라, 두 가문은 내왕하는 사이였다.[21] 양가의 사적인 친분은 문학적 교류의 가능성을 짐작케 하는 요인일 수 있다. 한편 김시습이 신광한에 앞서 강원지역을 편력했던 이력도 두 작가의 전기적 공통점에 해당된다.[22]

이어서 〈최생우진기〉와 〈용궁부연록〉에서 공통되는 주인공의 용궁 체험에 대해 주요 화소를 중심으로 비교해 보면 공통점이 발견된다.[23] 〈최생우진기〉는 〈용궁부연록〉과 화소 및 구조상에서 친연성이 드러나는 것이다.

19 동해문화원, 《동해시 지명지》, 도서출판 학연문화사, 2000(이하 《동해시 지명지》로 표기), 225쪽 참조.

20 최운식, 《한국 고소설 연구》, 보고사, 1997, 168쪽. 그 밖에도 양자의 친밀성에 대해서는 유기옥, 〈최생우진기의 구조와 의미—용궁부연록과의 비교를 중심으로〉(《한국언어문학》 27, 한국언어문학회, 1989. 5) 이래 충분한 설명이 제기된 바 있다.

21 소재영, 앞의 책, 62쪽.

22 장정룡, 〈매월당 김시습의 설화적 형상화〉, 《강원도 민속연구》, 국학자료원, 2002, 42쪽 참조.

23 이를 도식화하면 다음과 같다.

화소	최생우진기	용궁부연록
주인공	최생(崔生)	한생(韓生)
배경	진주부 두타산	송도 천마산
용왕과의 면담	자청하여 용왕을 만남	초대 받아 용왕을 만남
용궁을 찾은 동기	진경의 소문을 확인하려는 목적	상량문을 지어주기 위한 목적
지은 시(詩)	용궁회진시(龍宮會眞詩)	가회각의 상량문(上樑文)
용궁에서 만난 신선	동선(洞仙), 도선(島仙), 산선(山仙)	조강신(祖江神), 낙하신(洛河神), 벽란신(碧瀾神)
용왕에게 받은 선물	없음	명주(明珠), 빙초(氷綃)
선계에서 돌아오 는 방법	현학(玄鶴)을 타고 돌아옴	사자(使者)에게 업혀 돌아옴

두 작품의 종결 부분에서도 유사한 맥락을 볼 수 있다. 〈최생우진기〉의 경우 "其後 生入山採藥 不知所終", 〈용궁부연록〉의 경우 "生不以名利爲懷 入名山不知所終"과 같이 표현한다. 이러한 언표 구조나 내용, 즉 주인공이 선계에서 돌아왔지만 현실에 관심을 두지 못한 부분을 유사점이라고 할 수 있다.[24] 한편 〈최생우진기〉의 경우 구체적 체험을 바탕으로 하고 있다는 점, 다양한 등장인물과 신선사상의 비전이 제시되고 있다는 점 등이 독창성이자 남다른 표현 기법으로 지적되기도 한다.[25]

또한 〈용궁부연록〉은 중국의 전기체 소설집인 《전등신화(剪燈新話)》에 수록된 〈수궁경회록(水宮慶會錄)〉과 〈용당영회록(龍堂靈會錄)〉 등에서 많은 영향을 받은 작품이다. 이들 작품은 배경 지역의 전설이 서사 전개와 맺는 관련성, 위와 같은 종결 구조 등에서 유사성을 보인다.[26] 따라서 〈수궁경회록〉과 〈용당영회록〉 등은 〈최생우진기〉와도 상호텍스트성을 지니는 작품으로 언급되어야 한다. 이러한 구도는 그 자체로 동아시아 문학장의 친연성과 역사적 길항을 함의하는 흥미로운 맥락일 것이다.

이들 작품은 주인공이 용궁 체험을 한다는 점에서 도선사상과도 관련된다. 그런데 〈용궁부연록〉의 한생이 용왕의 초대에 의하여 신선 체험을 하는 반면, 〈최생우진기〉에서는 최생이 신선 체험을 하기 위해 직접 용궁을 찾아간다. 이를 통해 작가 신광한의 도선사상에 대한 이해와 깊이가 남다르다는 것을 엿볼 수 있다. 한편으로는 이것이 〈최생우진기〉의 중층적 의미망일 수 있음에 유의해야 한다. 최생의 여정은 도선적 탐색담의 전형적 틀 위에 유가적 이상국가의 형상을 설정함으로써 중층적 의미구조를 파생하고 있기 때문이다.[27]

24 설중환, 《금오신화연구》, 고대민족문화연구소출판부, 1983, 188~189쪽 참조. 덧붙여 설중환은 〈용궁부연록〉의 결미에 대하여 "자신을 알아주지 않는 의식세계를 버리고, 자신의 능력을 인정해 주는 무의식세계로 영원히 돌아간 것이다"라고 밝혔다.

25 〈최생우진기〉에 대해 "작품의 공간적 배경 그리고 용궁에서의 환대에 이르는 구조적 유사성 외에, 작자가 한때 진주부에 부임했던 경험적 사건과 배경이 상관성을 갖고 있고 증공선사라는 제3자가 개입하고 있다는 점, 귀환시 연명의 단약을 받아 봉래재회를 약속하는 신선사상이 곁들어 있다는 점 등의 독창성도 〈용궁부연록〉보다 발전된 표현 기법을 보여주고 있다"는 지적이 그것이다. 김광순, 《한국고소설사》, 국학자료원, 2001, 158쪽.

26 이들 작품의 구조적 유사점과 차이점, 또한 〈용궁부연록〉에 고유한 정치적 함의 등에 대해서는 엄태식, 〈〈용궁부연록〉의 《전등신화》 수용 의미와 금기의 소설적 형상화〉, 《어문논집》 59, 중앙어문학회, 2014. 9 참조.

27 문범두, 앞의 글, 135쪽.

이 글에서는 위와 같은 배경 속에서 〈최생우진기〉의 장소성이 부각된다는 점에 주목하고자 한다. 신광한의 역사전기적 배경과 당대 소설미학의 지평이 결합하여 탄생한 이 작품은 두타산 무릉계곡이라는 장소성을 전유한 고소설의 전범적 사례이다. 〈최생우진기〉의 화소는 오늘날 해당 장소가 신선 체험의 매개이자 문화적 스토리텔링의 기제로 재전유될 수 있는 중요한 근거일 것이다.

현실과 판타지의 대비 〈최생우진기〉의 이야기가 펼쳐지는 장소는 현실 세계와 비현실 세계로 대비된다. 주인공 최생의 주된 이야기는 용궁에서의 연회 속에 있지만, 용궁과는 직접 관련되지 않는 도입부가 작품 전체의 1/3 정도를 차지한다.[28] 도입부는 두타산 무릉계곡의 산세와 풍광을 묘사하고 있는데, 이는 작가가 관련 장소의 수려한 자연을 독자들에게 제시하기 위한 의도라고 볼 수 있다. 그 밖의 장소성 양상을 논구하기 위해 〈최생우진기〉의 플롯을 현실 세계와 비현실 세계로 나누어 도식화하면 다음과 같다.

구분	번호	내용
현실 (두타산)	①	최생은 두타산 무주암(無住庵)에서 지낸다.
	②	증공(證空) 스님의 인도로 두타동굴의 용추에 갔던 최생은 벼랑 아래로 떨어지고 만다.
	③	혼자 무주암으로 돌아온 증공은 최생이 세상 풍정을 억제하지 못하고 마을로 내려갔다고 노스님에게 거짓말을 한다.
비현실 (용궁)	④	벼랑에서 떨어져 동굴을 따라 들어간 최생은 용궁에 이르게 되어 용왕을 만난다.
	⑤	최생은 연회에 초대되어 온 동선(洞仙) · 도선(島仙) · 산선(山仙)과 함께 어울려 용궁회진시 30운을 써서 화답한다.
	⑥	최생은 동선에게서 목숨을 연장하는 선약(仙藥)을 받고 10년 후에 봉래도(蓬萊島)에서 만날 약속을 하고 작별한다.
	⑦	여러 달 후 최생은 현학(玄鶴)을 타고 무주암으로 돌아온다.
현실 (두타산)	⑧	용궁에서 돌아온 최생은 자신의 신선 체험을 들려준다.
	⑨	최생은 입산하여 약초를 캐며 살았는데 어떻게 생을 마쳤는지 알지 못하고, 증공은 무주암에 살면서 최생의 신선 체험을 자주 말했다고 한다.

28 신상필, 〈《기재기이》의 성격과 위상〉, 민족문학사연구소 고전소설사연구반, 《묻혀진 문학사의 복원 : 16세기 소설사》, 소명출판, 2007, 242쪽.

작품 속에서 현실계는 ①~③, ⑧~⑨에 나타난다. 최생은 강릉 사람으로, 산수 유람을 좋아하는 성격의 소유자다. 그는 증공선사와 함께 두타산의 무주암에 우거한다. 하루는 청낭비결(靑囊秘訣)[29]을 읽던 최생이 증공에게 "내가 이곳에서 태어나고 이곳에서 자라면서 이 산을 아주 익숙히 알 정도로 구경 다녔는데, 꼭 한 군데 가보지 못한 곳이 용추동입니다"[30]라며, 지금껏 못 가본 용추에 함께 가자고 청한다. 그러자 증공은 두타산에 들어온 지 21년이 지난 지금까지 자신도 못 보았으며, 용추골짜기를 보려면 벼랑 끝머리의 흔들거리는 반석 하나를 디뎌야 하기 때문에 위태로워서 엄두를 낼 수 없었다고 말린다. 아무리 만류해도 최생이 간곡히 부탁하자 결국 증공은 벼랑으로 인도한다.

이와 같은 최생의 여정에서 부각되는 것은 인물의 대범함이다. 예컨대 용추동에 이른 최생은 증공이 알려 준 반석 위를 평탄한 길인 듯 쉽게 올라선다. 반면 증공은 땅에 얼굴을 묻고 식은땀을 흘리며 벌벌 떨고 있는 등 최생과는 대조적인 모습을 보인다. 이러한 구도는 주인공 최생이 비범한 면모를 지닌 인물임을 암시한다. 또한 이 과정에서 구체적인 공간 묘사가 두드러진다. 반석 위에 오른 최생은 손가락을 가리켜 어느 곳에 학소가 있고, 어느 곳에 용추가 있다고 말한다. 구체적인 장소 지표가 생생한 묘사로 형상화되고 있는 국면이다.

현실의 이야기는 최생의 실종으로 이어진다. 그 과정에서 소설의 장르적 본성이라 할 긴장감과 흥미성이 부각된다. 예컨대 증공은 최생을 부르며 통곡하다가 홀로 무주암에 돌아와서 노승에게 거짓말을 한다. 최생이 세상의 풍정을 이기지 못하고 산 아래 마을을 오르내렸는데, 창기에게 이끌려 산 아래로 내려갔을 것이라고 속이는 것이다. 증공의 거짓말은 그가 최생을 죽였을 것이라는 의혹과 함께 작품의 긴장감을 증폭시킨다. 이러한 흥미 추구의 서사적 전개는 이전의 전기소설에서는 보기 드문 요소라 할 수 있다.

한편 신선계는 ④~⑦에서 드러난다. 신선계의 이야기는 최생이 용궁

29 청낭비결은 중국 후한 말기의 화타(華陀)가 저술한 의서로서 오늘날은 전해지지 않는다. 오행(五行), 천문(天文), 복서(卜筮) 등에 대한 비법이 적혀 있다고 한다. 《기재기이》(범우사), 109쪽.

30 "吾生長此地 有此山勢 所不討者 獨龍湫洞", 《기재기이》(만송문고본), 51쪽.

을 찾아가 겪은 경험이 펼쳐진다. 벼랑 아래로 떨어진 최생은 용추동굴을 발견하게 되고, 그 길을 통해 신선계에 이른다. 길을 따라서 발견한 성문을 지키는 두 인물은 이무기 머리에 움푹 들어간 눈을 가졌으며, 등짝은 자라와 같고 몸은 상어와 같은 형상으로 묘사되어 있다. 이는 최생이 용추동굴을 통과하여 용궁에 들어갔음을 암시하는 부분이다. 최생은 용기를 내어, "임영에 사는 최아무가 너희 왕을 만나러 왔으니, 너희는 급히 보고해 아뢰어라"[31]고 말한다. 그리하여 조종전(朝宗殿)의 청령각(淸那閣)으로 안내되는데, 그곳에는 이미 동선(洞仙)·도선(島仙)·산선(山仙)의 삼선이 초대되어 있었다. 또한 최생은 "신선 땅을 우연히 엿보다가, 천 길 낭떠러지에 떨어져 (중략) 여러 신선이 신령하게"[32] 모인 자리에 자신도 함께 하고 있다는 것을 노래하였다. 이윽고 동선으로부터 목숨을 연장하는 선약을 받은 후, 10년 후에 봉래도(蓬萊島)에서 만나자고 약속을 하고는 작별한다. 학을 타고 현실계로 돌아와 증공을 만난 최생은 "나는 이것이 단지 하루 사이의 일인 줄 알았는데, 벌써 몇 달이나 지났단 말입니까?"[33]라고 반문한다.

이상의 줄거리를 통해서 판타지의 세계에서도 최생은 비범한 인물로 묘사되고 있음을 알 수 있다. 현실계와 비현실계에 일관적으로 드러나는 인물의 성격이라 하겠다. 또한 최생이 접한 신선계는 다름 아닌 용궁 체험의 장이었음이 몇 가지 화소를 통해 강조된다. 용궁의 배경으로 초월적 시간이나 선학의 활동 등 비의성이 가미되었다. 인물의 거친 성격, 장소지표로서 학의 존재, 산과 바다의 인접성 등은 두타산이 소재한 강원 영동권의 지역적 특성이기도 하다.

이와 같이 〈최생우진기〉의 플롯은 현실과 판타지의 이야기로 대비된다. 이러한 액자 구조 자체는 고소설의 일반적 외형일 것이다. 작품 속에서 구체적 장소성은 현실계의 이야기에 집중된다. 한편 용궁과의 연결이 용추골이라는 실제 장소에 의해 매개되고 있다는 점에서 신선계 속에서도 장소성은 발견된다. 산과 바다의 공존은 두타산 인근의 지리적 속성이다. 〈최생우진기〉는 당대 서사 장르의 전형적 패턴을 따르면서 구체적 체험의 핍진성을 반영하고 있다. 이때 장소성은 이야기의 흥미를 더하고 삶의 경험을

31 "臨瀛崔某 欲謁爾王 爾輩急宣報達", 《기재기이》(만송문고본), 60쪽.

32 "眞源偶一窺 飛下千仞岡 (중략) 群仙作靈會", 《기재기이》(만송문고본), 66쪽.

33 "吾謂比只一日之內也 今已數月乎", 《기재기이》(만송문고본), 76~77쪽.

재현하는 기제로 기능한다. 〈최생우진기〉의 장소 형상화는 이와 같은 배경과 구조 위에서 전개되고 있다.

3. 장소 전유의 양상

〈최생우진기〉는 실제 지명을 지시할 뿐만 아니라 두타산 무릉계곡의 각종 명소를 구체적으로 묘사한다. 실질적인 체험이 없고서는 불가능한 양상이다. 이를 통해 신광한이 삼척부사로 재임하던 시절 두타산 무릉계곡 인근의 자연을 직접 경험하였고, 상상력을 통해 문학적으로 형상화하였음을 알 수 있다. 본 장에서는 이러한 장소 전유의 대표적 양상을 보다 자세히 살펴보기로 한다.

첫째, 두타산의 문화지리학적 층위를 주목할 수 있다. 〈최생우진기〉는 도입부에서 두타산의 지리적 양태를 상세히 설명한다.

> 진주부(眞珠府) 서쪽에 두타산이 있는데, 산의 형세가 북쪽으로는 금강산을 당기고 남쪽으로는 태백산으로 이어져 있다. 하늘과 맞닿아 하늘을 가로질러 나누는데, 그 동쪽이 영동(嶺東)이 된다. 서산(西山)의 높이는 얼마나 높은지 알 수가 없다. 그 사이에 골짜기가 있고 그 골짜기에 못이 있는데, 그 깊이는 알 수가 없었다. 못 위에는 현학(玄鶴)의 둥지가 있는데, 언제부터 있었는지 알 수가 없었다. 이곳을 학소동(鶴巢洞)이라고 부르기도 하고 용추동(龍湫洞)이라고 부르기도 한다. 이 세상에서는 이곳을 가리켜 진경(眞境)이라고 하는데, 그 근원을 찾아 본 사람은 아무도 없었다.[34]

위에 따르면 진주부[35] 서쪽에 자리한 두타산은 북쪽으로 금강산, 남쪽으로 태백산으로 이어져 있다. 두타산의 동쪽 지역은 영동으로 불린다. 〈최

34 "眞珠府之西 有山曰頭陀 山之勢 北控金剛 南挹太白 其磅礴穹窿中豁天衢者 界爲嶺東 西山之高 不知其幾仞也 其間有洞 洞有湫焉 不知其深幾丈也 湫之上 有玄鶴巢焉 不知其來幾年也 或名鶴巢洞 或名龍湫洞 或名龍湫洞 世指以爲眞境 莫有尋其源者", 《기재기이》(만송문고본), 50쪽.

35 삼척의 옛 이름. 두타산 무릉계곡은 현재 동해시에 위치하고 있다. 동해시는 1980년에 삼척군 북평읍과 명주군 묵호읍이 합쳐진 도시다.

생우진기〉의 배경 제시에 드러난 지정학적 설명은 오늘날에도 그대로 적용된다. 이처럼 작품의 도입부는 두타산이라는 실제 명칭을 거론할 뿐만 아니라 방위에 대한 묘사 역시 매우 사실적으로 제시하고 있다.

또한 도입부의 배경 묘사에는 학소동, 용추동 등의 장소가 등장한다. 이 역시 두타산의 실정적 의미와 일치한다. 오늘날 두타산 무릉계곡은 학소대를 거쳐서 용추폭포를 오르는 계곡으로 이어진다. 〈최생우진기〉의 공간은 지금까지 현전하는 장소 그대로인 것이다. "그 깊이는 알 수가 없었다"고 묘사한 못 역시 작금의 용추폭포임이 자명하다. 이처럼 〈최생우진기〉는 두타산 무릉계곡을 배경으로 창작된 최초의 고소설로서 강원 영동권의 지역 문학사적 관점에서는 그 자체로 중요하다. 이는 〈최생우진기〉가 지닌 일종의 문화지리학적 의미라 하겠다.

둘째, 선학의 존재가 장소성 지표로 활용된다는 점을 들 수 있다. 위의 장면은 두타산 무릉계곡이라는 장소에 일종의 비의성을 투영한다. 인간으로서는 감히 범접할 수 없는, 마치 신선이 노닐 듯한 진경으로 묘사되고 있는 것이다. 이러한 장소의 비의성은 선학의 개입에 의해 보다 강화된다. 이러한 사실은 해당 장소의 지명과도 연동된다. 오늘날 용추폭포 상탕의 신선봉과 마주하고 있는 고개가 학등(鶴嶝)[36]이다. 또한 학소대[37]에서 용추폭포로 이어지는 골짜기를 용추동 또는 학소동이라고 한다. 이러한 명명 속에는 선학의 존재와 밀접히 관련되어 왔던 두타산 무릉계곡의 역사가 각인되어 있다. 같은 장소를 소재로 한 김효원(1532~1590)의 〈두타산일기〉와 허목(1595~1682)의 〈두타산기〉를 통해서도 이를 확인할 수 있다.

> ① 동석(動石)이라고 부르는 것은 바위가 만장(萬丈)이나 되는 높은 낭떠러지에 걸려 있기 때문인데, 두드리니 '등등' '갱갱' 하는 소리가 났으며 학이 그 가운데에 둥지를 틀고 있었다. 우뚝 선 절벽의 틈새가 동석과 서로 마주보고 있는 형상이 마치 권자(圈子) 같았다.
>
> 멀리 바라보니 아득하여 내가 적수(笛手)에게 바위에 기대어 한 곡조 불게 하였더니 갑자기 학이 구름과 푸른 소나무 숲 사이를 배회하다가 우뚝 멈추는 것을 보았는데, 이를 보고 곧 학이 봉호(蓬壺)와 낭원(閬

36 《동해시 지명지》, 245쪽.

37 학소대는 학이 둥지를 틀고 살았다고 하여 붙여진 이름이다. 위의 책, 238쪽.

苑)에서 거문고 가락을 듣는데 익숙하여 우리들이 오늘 퉁소를 불자 암암리에 이곳에 와 어울린다는 것을 알았다.[38]

② 학소대(鶴巢臺)에서 쉬었다. 이곳에 이르니 산의 기세가 더욱더 우뚝하게 높고 험하여 해가 높이 떠올랐는데도 아직 안개가 걷히지 않고 있었다. 이끼 낀 바위에 앉아 폭포를 구경하였는데 그것을 천주암(濺珠巖)이라고 하였다. 앞 산봉우리에는 옛날에 학의 둥지가 있었으나, 지금 학이 날아오지 않는 지가 60년이 되었다고 하였다.[39]

①은 김효원이 삼척부사로 재직하던 때인 1577년(선조 10)에 작성되었다. 당해 3월 20일부터 26일까지의 일주일 동안, 여러 유생들과 함께 두타산 무릉계곡을 유람하고 쓴 〈두타산일기〉의 일부분이다. ②는 삼척부사로 부임했던 허목이 작성하였다. 인용 부분은 부임 이듬해인 1661년(현종 2) 6월 3일에 쓴 〈두타산기〉이다. 이들은 두타산 인근의 장소성을 묘사하는 데 있어서 공통적으로 학을 매개로 삼고 있다. 장소 지표가 전유되는 일관된 맥락이라 하겠다.

흥미로운 사실은 허목의 기행문에는 학의 존재가 사라진 데 대한 아쉬움이 피력되어 있다는 점이다. 전기적 사실로 볼 때 신광한이 〈최생우진기〉에 묘사된 두타산을 직접 경험했던 것은 1521년경으로 추측된다. 〈두타산일기〉의 김효원은 1577년이므로 56년 정도의 시차가 있다. 이들은 용추폭포와 학소대 등의 수려한 산세를 형상화하는 과정에서 공히 선학의 존재를 드러내고 있다. 반면 〈두타산기〉의 허목은 1661년의 유람을 적고 있는바 〈두타산일기〉와는 84년, 〈최생우진기〉와는 140년 정도의 간극을 지닌다. 허목의 경험 당시 학의 부재 시기를 "60년"이라 기록하고 있으니, 이를 통해 1600년 무렵부터 학의 개체가 줄어들고 있음을 짐작할 수 있다. 그렇게 학의 실체는 사라졌지만, 관련된 로컬 히스토리는 두타산 무릉계곡의 장소 지표를 통해 현전해 왔다.

〈최생우진기〉에는 빈번히 출현하는 현학이 도선적 분위기를 자아낸다.

38 인용은 배재홍, 《문헌 · 금석문 자료로 본 두타산 무릉계》, 동해문화인쇄사, 2005, 14쪽.

39 위의 책, 25쪽.

예컨대 최생이 용궁에서 하직 인사를 나누고 돌아선 순간에 현학 한 쌍이 너울너울 춤을 추며 기다리는 장면이라든가, 최생이 돌아왔을 때 현학 한 마리가 빙 돌아서 날아가고 있는 장면은 두타산 무릉계곡을 선경의 공간으로 극화한다. 최생이 용궁에서 지은 용궁회진시 30운의 마지막에 "피리 불며 학을 타고서 대낮에 옥황상제를 뵈오리"[40]라고 읊은 것도 장소의 비의화와 무관하지 않다. 이렇듯 학은 용추폭포와 학소대를 신선 체험의 장소로 신비화하는 요소로 작용한다. 장소성의 지표가 문학적 비의를 강화하는 기제로 전유되고 있는 형국이다.

셋째, 신선봉과 관련된 장소 상징을 문제적 양상으로 들 수 있다. 〈최생우진기〉에서 주인공 최생의 신선 체험은 용추폭포 위에 있는 벼랑의 바위를 밟고 떨어지면서 시작된다. 그 바위가 있던 자리를 오늘날 신선봉이라고 부른다.[41] 신선봉이라는 명칭이 김효원의 〈두타산일기〉나 허목의 〈두타산기〉에 등장하지 않는 걸 보면 그 이후에 붙여진 이름인 듯하다. 임진왜란 때 의병들의 파수대였던 신선봉은 오늘날 두타산 무릉계곡의 전경을 조망할 수 있는 명소로 자리하고 있다. 〈최생우진기〉는 증공의 말을 통해 이곳을 묘사한다.

> 다만, 그 골짜기의 북동쪽에 벼랑 사이로 약간 틈이 있기에 기어 올라가 보니, 벼랑 끝머리에 반석(盤石)이 하나 있는데, 몇 사람이 앉을 만한 것이었습니다. 발을 올리기만 하면 기우뚱거려서, 비록 아슬아슬한 바위 위에 올라서기를 잘하는 백혼무인(佰昏無人)과 같은 사람이라고 할지라도 올라서기 어려운 바위였습니다. 이 바위에 올라서는 사람은 이 골짝을 엿볼 수 있습니다.[42]

위와 같은 증공의 경고에도 불구하고 최생은 용추골짜기의 진경을 보기 위해 기우뚱거리는 바위를 딛고 올라섰다가 추락하면서 용궁으로 들어가게 된다. 작가 신광한은 자신이 경험할 당시 실제로 존재했던 동석을

40 "笙簫擁鶴馭 白日朝玉皇", 《기재기이》(만송문고본), 67쪽.

41 용추폭포 위에 암벽으로 된 해발 438m의 봉우리이다. 《동해시 지명지》, 243쪽.

42 "但洞之艮方 兩崖微凹 翠綠而上 則崖盡前頭 有盤石可坐數人 步輒傾搖 難能履危石如佰昏者 赤難履此 能履此石者 可窺此洞", 《기재기이》(만송문고본), 52쪽.

묘사한 것으로 볼 수 있으며, 그 바위는 주인공 최생을 신선 체험의 장에 인도하는 매개물로 기능한다. 용추폭포 위의 신선봉 자리에 그 바위가 있었다는 사실은 김효원의 〈두타산일기〉와 허목의 〈두타산기〉에서도 발견된다.

> ① 성문(城門)[43]을 돌아서 동석(動石: 흔들바위)에 가니 전후 좌우로 철벽(鐵壁)이 종횡으로 늘어서 있고 맑은 물 흐르는 듯한 백석(白石)이 띠 모양으로 동쪽과 서쪽으로 둘러싸고 있었다.[44]

> ② 또 그 서쪽 세 개의 석봉(石峯)은 웅덩이 위의 석봉과 나란히 우뚝 솟아 있었으며 그 가운데 가장 서쪽에 있는 석봉 최정상에는 바위가 움푹 파인 곳이 있었는데 해묵은 이끼가 끼어 있었고 물은 맑았으며 한 자 정도의 노송(老松)이 서 있었다. 이 세 석봉 모두를 종종 걸음으로 올랐지만 특히 아래를 내려다 볼 수가 없었고 또한 발을 나란히 해 서 있을 수 없었다.
>
> 그 중 가운데 봉우리는 높은 바위가 세 겹으로 되어 있었는데 한 발만 올려도 흔들리기 때문에 동석(動石)이라 한다고 하였다. 그 아래는 용추(龍湫)인데 바위가 넘어진 항아리 같았고 그 크기는 골짜기를 뒤덮을 정도였으며 그 속에 고인 물은 매우 검푸르러 고개를 들여다 볼 수가 없었다.[45]

①은 김효원의 〈두타산일기〉, ②는 허목의 〈두타산기〉 일부분이다. 각각 동석을 묘사하고 있다. 저마다 아름답고 역동적인 이미지를 강조하고 있는 점이 흥미롭다. 한편 이 동석은 1681년(숙종 7)에 일어난 지진으로 굴러 떨어지고 말았다고 한다. 뿐만 아니라 이 지진으로 능파대(凌波臺)의 10여 장(丈) 정도 되는 촛대바위 하나도 부러졌다는 기록이 《숙종실록》에 전해진다.[46] 원래 이곳은 용추로 불렸는데, 한명회가 지나다가 능파대라는 이

43 성문은 용추 뒤에 있는 '문깐재'를 일컫는다. 이곳에 산성의 문이 있어서 생긴 이름이다. 동석(動石)에 있는 산성이라 하여 일명 동석산성이라고도 한다. 《동해시 지명지》, 243~244쪽.

44 배재홍, 앞의 책, 14쪽.

45 위의 책, 25~26쪽.

46 《동해시 사료집》, 511쪽. 능파대는 추암해변의 또 다른 이름이다.

름을 지었다고 한다.[47]

이와 같이 신비로운 동석은 오늘날 신선봉 자리가 되었다. 이러한 국면을 신선봉의 장소 전유로 일반화할 수는 없다. 신광한의 창작 당시에는 '신선봉'이라는 명명이 없었다는 원론적 사실 때문이다. 그런데 〈최생우진기〉를 비롯한 위의 텍스트들은 동석의 수려함과 신비로움을 공통적으로 강조하고 있다. 무엇보다도 이 소설은 동석의 물성에 신선 체험이라는 신화적 의미를 체현한다. 신선봉 자리는 최생이 용추의 진경을 보기 위해 찾아갔던 곳이며, 따라서 신선 체험을 형상화하기 위한 장소로서 전유되고 있는 것이다. 동석을 둘러싼 장소가 신선봉이라는 명명을 지니게 된 내력에는 이러한 문화지리학적 차원의 영향관계가 작동하리라 본다. 따라서 〈최생우진기〉를 통한 동석 주변의 장소 전유는 신선봉이라는 장소의 물성과 명명을 사후적으로(retroactively) 부여하는 하나의 기제라고 할 수 있다.

넷째, 동해라는 바다의 물성을 빠트릴 수 없다. 신선봉에서 용추골짜기로 추락한 최생은 깎아지른 벼랑의 동굴을 통하여 용궁으로 들어가게 된다. 이로부터 최생이 두타산 무릉계곡의 용추를 계기로 동해의 용왕을 만났음을 알 수 있다. 최생이 찾아간 용궁이 동해에 존재한다는 사실은 공간적 배경을 통해서 자연스럽게 유추되며, 그가 용궁에서 읊은 시에서도 확인할 수 있다. 다음은 최생이 지은 용궁회진시의 일부분이다.

물은 하늘의 첫째요
용은 만물의 왕이로다

영험한 위엄이 사해에 빛나니
동해는 본래 넘실넘실하여라

천만 세계를 떠 노닐며
바다가 상전벽해를 보았네[48]

47 《동해시 지명지》, 347쪽.

48 "水是天之一/ 龍爲物中王// 靈威赫四海/ 東極本洋洋// 浮遊十千界/ 眼見波成桑", 《기재기이》(만송문고본), 65 · 67쪽.

최생은 만물의 왕이 용왕이라는 것을 찬양하면서 그 위엄이 동해에 달함을 노래하고 있다. 여기서 상전벽해는 중국 진나라의 도교 연구가 갈홍이 지은 《신선전(神仙傳)》의 '왕원(王遠)' 조항에 "이미 동해가 세 번 뽕밭이 되는 걸 보았다(已見東海三爲桑田)"[49]는 데서 나온 말로서 동해를 지칭한다. 이로부터 〈최생우진기〉의 작가 신광한이 최생의 신선 체험 무대를 두타산 무릉계곡에서 동해로까지 확장하고 있음을 알 수 있다.

앞서 거론한 바와 같이 숙종 시기의 지진으로 인해 용추 위 동석과 추암 촛대바위가 함께 떨어진 사건은 최생의 행적에 시사하는 바가 크다. 동석은 두타산 무릉계곡에 있던 바위였고, 촛대바위는 동해에 자리하고 있다. 그럼에도 불구하고 이들이 함께 소멸된 사건은 대상의 동시성과 등장성(等張性)을 환기한다. 숙종 당시에 일어난 지진은 신광한이 두타산 무릉계곡을 유람한 해로부터 120여 년이 지난 후의 일이지만, 이는 해당 지역의 장소성이 산과 바다의 자연적 속성을 겸비한 것이라는 데 대한 역사적 개연성을 제공하고 있다.

실제로 두타산 정상에서 발원한 물줄기는 용오름길[50]을 따라 동해시의 전천(箭川)으로 유입되어 동해로 흐른다. 〈최생우진기〉의 주인공 역시 용궁 체험을 하기 위해 신선봉 동석에서 떨어져 용추폭포에 이르렀으며, 그 길은 곧 동해와 연결되었다. 용궁 체험의 장소가 해당 지역의 지리적 상징 중 하나인 용오름길의 정점이었다는 서사 양상은 로컬 히스토리의 구성과 재전유에 의미 있는 화소를 제공할 것이다.

4. 지역학으로서의 고소설

신광한의 〈최생우진기〉는 현 동해시의 두타산 무릉계곡을 배경으로 하고 있는 보기 드문 고소설이다. 이러한 사실 자체만으로도 강원 지역의 문학사적 관점에서 〈최생우진기〉가 지닌 실정적 의미는 매우 크다. 이 글은 이러한 문제의식 아래 텍스트에 구조화된 장소 전유의 양상을 분석하였다.

〈최생우진기〉의 공간적 배경이 두타산 무릉계곡이라는 점은 신광한의

49 《기재기이》(범우사), 113쪽.

50 두타산 무릉계곡 반석교 입구의 안내판은 "용오름 길은 삼화동 초입부터 시작하여 용추폭포에 이르는 길이 6km 무릉계곡을 말한다"고 설명하고 있다.

삶과 관련이 깊다. 또한 이 작품의 발생론적 배경을 볼 때 김시습의 〈용궁부연록〉이나 중국의 〈수궁경회록〉, 〈용당영회록〉 등과 밀접한 관련을 지닌다. 이들의 상호텍스트성은 동아시아 문학장의 친연성과 역사적 길항을 함의한다. 또한 〈최생우진기〉의 플롯은 현실과 판타지의 이야기로 대비되는데, 이는 당대 서사 장르의 전형적 구성을 따르면서 구체적 체험을 반영하는 양상이라 하겠다.

이러한 배경 위에서 〈최생우진기〉는 두타산 무릉계곡의 다양한 장소성을 전유하고 있다. 이 글에서는 두타산의 문화지리학적 층위, 장소성 지표로서 선학의 존재, 신선봉과 관련된 장소 상징, 동해라는 바다의 물성 등에 주목하였다. 이들은 공히 강원 영동권 지역의 장소성을 대표하는 요소들이다. 따라서 〈최생우진기〉의 장소 전유 양상은 해당 지역의 문학사적 전통을 증거하고 로컬 히스토리를 재구성하는 데 주요 근거로 기능할 수 있다.

고전문학에 구조화된 장소성 지표는 로컬리티의 관점에서 중요한 요소라 할 수 있다. 문학과 예술은 궁극적으로 삶의 반영이요, 텍스트에 각인된 장소 형상화 양상은 과거는 물론 관련 지역의 현재적 삶을 조명하는 수단일 수 있기 때문이다. 〈최생우진기〉의 장소성은 동해 · 삼척을 위시한 강원 영동권 지역 문학장의 문화유산이자 문학사적 전통으로 적극 재전유되어야 할 것이다.

제2부

강원 문학의 편린과 역설

지역학으로서의 문학

_강원권 문학장 재구

7

김동명 시, 강릉, 로컬리티

1. 고향이라는 원형

김동명(1900~1968)은 개항지를 찾아서 고향 강릉을 떠났다. 함남 원산으로의 이주는 그의 나이 9세가 되던 1908년의 일이었다. 이후에는 고향에 정주한 적 없이 생을 마감했다. 그런 그에게 고향은 어떤 의미였을까? 강릉을 위시한 강원권 문학장이 김동명 시를 지역문학의 원류 격으로 기억하는 이론적, 미학적 근거는 무엇일 수 있을까? 이 글은 이러한 문제의식 아래 김동명 초기 시세계에 나타난 고향 강릉의 의미를 논구하고자 한다.

김동명은 《개벽》 제40호(1923년 10월호)에 〈당신이만약내게門을열어주시면〉을 발표하면서 문단에 등장한다. 첫 시집 《나의 거문고》(신생사, 1930)는 등단한 지 7년 후에 상재되었다. 등단과 첫 시집 상재 사이인 1925년에는 일본으로 유학을 떠났고, 거기서 낮에는 아오야마학원(靑山學院) 신학과를, 밤에는 니혼대학(日本大學) 철학과를 수학하고 졸업하였다.

《나의 거문고》에는 김동명 초기 시세계의 흔적이 고스란히 담겨 있을 것이다. 그럼에도 불구하고 김동명의 첫 시집에 대한 분석은 미제로 남아 있었다. 시집이 존재했다는 기록 외에 실물을 볼 수 없었기 때문이다. 강릉시가 실물을 2017년에 발굴하여 매입하였고, 이어서 《나의 거문고》를 포함하여 김동명 시집 전체를 묶어 《김동명 시전집》(강릉시, 2017. 12)으로 영인하였다. 그렇게 해서 첫 시집을 전후한 김동명 초기 시세계를 본격적으로 조명할 수 있는 길이 시인의 사후 50여 년이 지난 이후에야 가능해졌다.

김동명 시는 한국 문학사에 있어서 정전의 하나라 할 만하다. 그리하여 일반화된 개요 식의 문학사적 정의는 잘 알려져 있다. 예컨대 "1923년 《개벽》 10월호에 프랑스의 세기말 시인 보들레르에게 바치는 시 〈당신이 만약 내게 문을 열어 주시면〉을 발표하면서 문단에 등장하였다. 전원에 묻혀 시작에 골몰하면서 《조선문단(朝鮮文壇)》·《동광(東光)》·《조광(朝光)》·《신동아(新東亞)》 등의 잡지를 통해 작품을 발표하였다. 초기의 퇴폐주의 경향에서 벗어나 민족의 비애와 조국에의 향수를 투명하고, 고아(高雅)한 수법으로 서정화하기에 힘썼다."[1]거나, "첫 시집은 《나의 거문고》(1930)로서 이때의 시 경향은 암담하고 우울했던 역사적 현실과 아울러 보들레르의 영향을 받아 퇴폐적이고 감상적인 경향이 농후하였다."[2] 등의 설명이 그것이다. 이와 같이 김동명의 초기 시세계는 외래사조에 의한 퇴폐적 낭만풍의 경향으로 일반화되어 왔다.[3]

한편 《나의 거문고》의 등장은 기존의 관점에 대한 진지한 반성을 요구하고 있다. 《나의 거문고》는 김동명 초기 시세계를 집약하는 텍스트에 해당된다. 하지만 강릉시에 의해 발굴, 복원된 2017년 이전까지는 그 실체를 파악하기 불가능하였다. 《나의 거문고》의 복원과 함께 김동명에 관한 문학사는 다시 작성되어야 할 것이다. 그 일환으로 이 글은 김동명 시의 장소성에 관해 주목하고자 한다. 기존의 연구에 따르면 김동명 시세계에는 고향 강릉을 중심으로 하는 장소성이나 지역성에 관한 성격이 부족한 것으로 파악되고 있다. 작품 자체에 고향과 관련된 장소가 소재화되는 양상이 드물고, 역사전기적 관점에서 보더라도 유년기에 일찌감치 타지로 이주하였기 때문이다. 이러한 정황은 시인 김동명이 고향에서의 구체적 체험을 내면화하여 문학으로 전유하는 과정이 물리적으로 어려웠을 것임을 추론케 한다.[4]

1 국어국문학편찬위원회 편, 《국어국문학자료사전》, 한국사전연구사, 1998, 503쪽.

2 한국정신문화연구원 편찬부, 《한국민족문화대백과사전》, 한국정신문화연구원, 1988, 645쪽.

3 익히 알려진 것처럼 등단 무렵 보들레르에 대한 강한 인상은 김동명 스스로의 회고에 각인되어 있다. 김동명, 〈나의 문학수업시대 회상기〉, 《세대의 삽화》(수필집), 일신사, 1959, 95쪽.

4 김동명 시에 대해 로컬리티의 관점에서 고향의식과 문학사회학적 입지에 관해 주목한 사례로는 남기택, 〈김동명 시, 강릉, 로컬리티〉, 《김동명문학연구》 4, 김동명학회, 2017 참조. 이에 관한 후속 연구로서 본 논문은 기획되었다.

그러나 김동명의 첫 시집에는 '고향'이 오롯이 재현되고 있었다. 9장으로 분절된 이 시집에서, 특히 일곱 번째 장인 '고향'에 수록된 20편의 시작품은 김동명의 원형적 장소 상징에 관한 대표적 예시에 해당된다. 이들 시편을 통해 김동명 초기 시세계에 각인되어 있는 고향의 상상력과 근원적 장소성을 파악할 수 있다. 이러한 양상은 김동명 시의 고향의식 혹은 로컬리티 구명에 주요한 단서를 제공할 것이다.

우선 이 글은 김동명의 등단기 작품들을 통해 문학적 출발기의 성격을 재조명하고자 한다. 이는 김동명 시세계의 원형적 심상지리를 구명하는 과정일 것이며, 장소성과 로컬리티에 주목하려는 목적상 필연적 수순이리라 본다. 나아가 초기 시세계를 집약하는 《나의 거문고》를 중심으로 고향 강릉을 대상으로 한 구체적 장소성의 양상을 밝히고자 한다. 그 결과는 김동명 시세계의 로컬리티에 관한 주요한 논거일 수 있을 것이다.

2. 《개벽》과 등단 무렵

고향은 원형으로서의 의미가 강하다. 문학적 삶에 있어서의 고향은 등단 작품과 그 시절이라 할 수 있다. 이와 관련하여 김동명의 등단 무렵을 보다 면밀히 살펴볼 필요가 있겠다. 선행 연구의 경우를 들면, 김동명의 시세계에 대해 본격적인 학술적 분석을 제시한 선구적 사례로는 이성교의 연구가 대표적이다.[5] 이 글은 김동명 시세계를 해방을 기점으로 전후기로 나누어 고찰하고 있는데, 전기 역시 '《나의 거문고》 시대'와 '《파초》 시대'로 세분하였다. 이 중 '《나의 거문고》 시대'는 등단 시기부터 《나의 거문고》에 이르는 초기 시세계를 비교적 상세하고 적확하게 분석한 대표적 연구라 할 만하다. 하지만 이 역시 《나의 거문고》 전문을 대상으로 한 것은 아니었고, 당대 잡지에 발표된 작품만을 두고 분석한 것이라는 근본적 한계를 부정하기 어렵다.[6]

5 이성교의 김동명론은 관련 단행본에 중복 수록되고 있는데, 이 글에서는 이성교, 〈김동명 시 연구〉(김병우 외, 《김동명의 시세계와 삶》, 한남대학교 출판부, 1994)를 참조 및 인용하였다.

6 그 밖에도 퇴폐적 낭만성으로 초기 시세계를 일별하는 기존 경향에 대한 반론, 즉 삶의 정서는 물론 이상적 지향과 현실의식 등의 '다기한 시적 경향'을 강조하는 연구는 제기된 바 있다. 전도현, 〈김동명 초기시 연구—첫 시집 《나의 거문고》 시기를 중심으로〉,

이 글에서 이성교는《나의 거문고》를 위시한 김동명의 등단기 시세계를 "습작기에 해당하기 때문에 후대에까지 남을 만한 작품이 별반 없다 해도 과언이 아니"[7]라고 단언하고 있다. 또한 그 특징은 "다분히 인생을 고민하는 허무적 경향"[8]이라 규정하였다. 이러한 지적은 김동명 초기 시세계의 성격에 관한 개관으로서 충분한 설득력을 지닌다. 한국 문학사에 기록된 논지 역시 이러한 입장을 기조로 하고 있다. 그럼에도 불구하고《나의 거문고》가 재발견된 현 시점에서 이러한 입장은 신중히 재고되어야 하리라 본다. 먼저 등단작으로 잘 알려진〈당신이만약내게門을열어주시면〉부터 다시 살펴보기로 한다.

> 오—님이여!나는당신을밋습니다
> 찬이슬에 붉는꼿물에저즌당신의가슴을
> 붉은술과푸른阿片에하욤업시웃고잇는당신의맘을
> 또당신의魂의傷痕에서흘러나리는모든고흔노래를
>
> 오—님이여!나는당신의나라를밋습니다
> 灰色의둑겁운구름으로
> 해와달과별의모든보기실흔蠱惑의빗츨두덥혀버리고
> 定向업시휘날리는落葉의亂舞밋헤서
> 그윽한靜寂에불꼿놉게타는强한리씀의
> 당신의나라를.
>
> 魔醉와悲壯 痛悅과狂喜
> 沈靜과冷笑 幻覺과獨尊의
> 당신의나라
> 구름과물결 白灼과精香의
> 그리고도오히려極夜의새벽빗치출넝거리는 당신의나라를

《한국학연구》 39, 고려대학교 한국학연구소, 2011. 12; 전도현,〈김동명 시의 비유 구성 방법 연구—발굴작을 포함한 초기시를 중심으로〉,《한국학연구》 43, 고려대학교 한국학연구소, 2012. 12; 엄창섭,〈초허의 초기 시편과 제특성 연구〉,《김동명문학연구》 3, 김동명학회, 2016 등이 그것이다. 이들 역시 사료의 근본적 한계를 전제한 것이었다.

7 위의 글, 14쪽.

8 위의 글, 같은 쪽.

오—님이여!나는믿습니다.

—〈당신이만약내게門을열어주시면(색드레르에게)〉 부분[9]

이 작품의 핵심 상징 중 하나인 '님'과 '당신'은 보들레르(1821~1867)를 지시할 것이다. 잘 알려진 바와 같이 이 작품은 부제로부터 '색드레르에게'를 명시함으로써 그에 관한 헌시의 성격을 지니기 때문이다. 화자는 '당신의 나라'를 절대적으로 신뢰하며, 거기를 지향하고 있다. 지극한 상념과 추상적 어휘들이 형용하는 그곳은 보들레르와 그 문학적 의미를 환기하는 관념적 대상일 것이다. 하지만 시적 문맥을 보면 그 나라는 또한 '붉은 꽃물에 젖은 가슴'이 육화된 공간이요 '불꽃 높게 타는 강한 리듬'의 현장이기도 하다. 이는 곧 관능적인 감각의 현시이자 고도로 조직된 언어 질서이기도 함을 지시한다. 막연한 낭만적 추상이 아니라 감각과 언어가 중층화된 장소, 곧 문학적 모더니티의 본령을 함의하고 있는 것이다.

보들레르의 시는 문학의 현대성을 상징한다. 《악의 꽃》(1861)을 재정리한 황현산은 "문학사는 보들레르가 시의 현대성에 문을 열었다고 기록한다. 이 현대성은 우리가 오늘날에 읽고 쓰는 시의 성격이다. 발레리는 보들레르가 프랑스어의 국경을 넘은 최초의 시인이라고 썼다. 이 말은 종족 언어의 우연과 그 정서, 그리고 자연의 리듬에 모든 것을 의지하는 시에서 '시적인 것'을 해방시킨 시가 곧 현대시라고 말하는 것과 같다."[10]고 썼다. 19세기 중반에 문학적 현대성을 감각하고 완성한 대표적인 예시로서 보들레르를 강조하고 있는 것이다. 김동명이 얼마나 깊이 있게 보들레르를 이해하고 있었는지는 알 수 없는 일이나, 분명한 것은 보들레르가 선취한 미적 현대성의 감각을 김동명 역시 본능적으로 파악하고 있었다는 점이다.

어리석음, 과오, 죄악, 인색이
우리의 정신을 차지하고 우리의 몸을 들볶으니,
우리는 친절한 뉘우침을 기른다,
거지들이 그들의 이를 기르듯.
(중략)

9 《개벽》 1923년 10월호, 134쪽.

10 황현산, 〈현대시의 출발〉, 샤를 보들레르, 황현산 역, 《악의 꽃》, 민음사, 2016, 103쪽.

그놈이 바로 권태!—눈에는 본의 아닌 눈물 머금고,
물담뱃대 피워대며 단두대를 꿈꾼다.
그대는 알고 있지, 독자여, 이 까다로운 괴물을,
—위선자인 독자여,—나와 똑같은 자여,—내 형제여!

—보들레르, '독자에게'(《악의 꽃》) 부분[11]

인용 부분은《악의 꽃》의 서문, 즉 '독자에게'의 첫 연과 마지막 연이다. 시집의 서문 격으로 사용된 글이지만, 그 전에 발표된 독립된 작품이었다. 독자를 대상으로 예술과 윤리의 핵심을 설파하는 상징적 구도를 취하고 있다. 이에 관한 해설을 보다 참조하자면, "예술가는 매혹적인 악의 본질을 그리는 데 성실하면서도 늘 윤리적 고뇌를 지니고 있어야 한다는 시인의 미학적 윤리관을 담은 이 시는《악의 꽃》의 서시가 되기에 충분하다. 그러나 마지막 시구가 말하듯이 이 악은 시인만 지닌 것이 아니다. 독자도 거기서 빠져나갈 수 없다. 보들레르는 시인과 독자를 같은 자리에 세워 놓고 있으며, 이 점에서도 그는 현대적이다."[12]와 같다. 이 같은 의미를 지닌 〈독자에게〉는 여러 면에서 김동명의 초기작 중 하나인 〈회의자들에게〉를 환기한다.

고마운벗들이여!
그대들은나를향하야
속엿튼놈이라하며
凶惡한背信者라고하엿지오 그리고또하지오
거긔에나는對答지안켓나이다
오직 窓밧게봄아츰이늣고
東山에진달내꼿이붉거던
그리로가소서
흔들리는푸른닙 새빨간花瓣우에
넘어저잇는내마음을만나오리다.

—〈懷疑者들에게〉 부분[13]

11 위의 책, 7쪽, 11쪽.
12 황현산, 앞의 글, 105쪽.
13 《개벽》 1923년 12월호, 145쪽.

이 작품은 《개벽》에 등단 작품을 발표한 지 2개월 후, 같은 잡지에 〈기원〉과 함께 게재한 것이다. 화자는 '벗'을 향하여 자신의 속악함을 고백한다. 벗들이 나를 향하여 속였거나(혹은 속이 옅거나) 흉악한 배신자라 욕하더라도, 그에 대해 일일이 응대하지 않겠다는 것이다. 오히려 '흔들리는 푸른 잎'과 '새빨간 화판' 위에 쓰러져 있는 내 마음을 직시하겠노라는 담담한 태도와 어조가 전경화된다. 이와 같은 자세는 자아와 더불어 타자를 아우르는 존재론의 입장을 시사한다. 선험적 한계가 분명한 실존 앞에서 완전한 자아는 불가능하며, 이때 스스로의 내면에 침잠함으로써 형이상학적 가치를 응시하자는 태도는 미적 근대성의 태도와 다르지 않다. 또한 보들레르가 취한 문학적 위악성의 포즈, 미학적 윤리관의 입장과도 연동되는 자세인 것이다.

자연은 하나의 신전, 거기 살아 있는 기둥들은
간혹 혼돈스런 말을 흘려보내니,
인간은 정다운 눈길로 그를 지켜보는
상징의 숲을 건너 거길 지나간다.

밤처럼 날빛처럼 광막한,
어둡고 그윽한 통합 속에
멀리서 뒤섞이는 긴 메아리처럼,
향과 색과 음이 서로 화답한다.

어린이 살결처럼 신선한 향기, 오보에처럼
부드러운 향기, 초원처럼 푸른 향기들에
—썩고, 풍성하고, 진동하는, 또 다른 향기들이 있어,
호박향, 사향, 안식향, 훈향처럼,
무한한 것들의 확산력을 지니고,
정신과 감각의 앙양을 노래한다.

—보들레르, 〈만물조응〉 전문[14]

14 샤를 보들레르, 앞의 책, 19쪽.

《악의 꽃》의 대표적 작품 중 하나인 〈만물조응〉 역시 초기 김동명 시세계와의 비교 분석이 필요한 예시일 것이다. 이 작품에 대해서는 "'만물조응(correspondance)'은 우주가 일정한 수의 유비적 세계로 이루어져 있으며, 그 구성요소들은 서로 거울 노릇을 하기에, 한 사물이 다른 사물의 상징이 될 수 있다는 주장 또는 그런 현상을 일컫는 말이다. (중략) 하늘에서 일어나는 일이 지상에 반영되어 그 짝을 만든다는 만물조응의 사상은 보들레르 시대에도 이미 새로운 것이 아니었지만, 만물조응의 개념에 인간의 육체를 개입시켜, 감각과 관능으로 그 유비와 조응을 체현할 수 있다는 생각은 독창적이다."[15]고 설명된다. 그런 만큼 보들레르 식 상징주의의 핵심적 이론이자 작품으로 잘 알려져 있다.

> 아아당신의손에는소돔과고무라의타고남은재가잇지안나이ᄭᅡ
> 나는당신의義憤과全能을밋습니다.
>
> 眞과善과美를지으신
> 한우님!
> 暗昧한愚衆을懲罰하기爲하야
> 羅馬의兵火를가저오신 한우님!
> 殘骸가튼生物들의
> 奸計와暴虐
> 으슥한뒤ㅅ뜰에서
> 十字架를ᄭᅮ미기에多忙한그손들이
> 당신보기에도밉살거던
>
> (중략)
>
> 아아, 당신은골고다에서붉은핏방울을보지안엇나이ᄭᅡ
> 나는당신의義憤과全能을밋습니다.
>
> —〈祈願〉 부분[16]

---

15 황현산, 앞의 글, 106~107쪽.

16 《개벽》 1923년 12월호, 147쪽.

반면 김동명은 위의 〈기원〉을 통해 신의 '의분'과 '전능'을 강조한다. 신에 관한 절대적 믿음 속에서 어리석은 대중(愚衆)을 계몽하기 위한 염원을 담고 있는 형국이다. 이러한 종교적 갈구 속에는 인간의 개별적 감각 범주에 대한 초월의식이 전제되기 마련이다. 보들레르의 만물조응이라는 초월적 감각 지평이 신에 대한 절대적 응시로 전이된 양상이기도 하다. 양자 모두 인간이라는 개별자의 한계를 넘어서는 형이상학적 인식론에 근거하고 있는 것이다.

이러한 절대적 감각 지평은 앞서 본 〈회의자들에게〉에서 화자가 희구하는 "문허지는닙 사늘한달빗속으로/ 슴여드는내노래"의 거처이기도 할 것이다. 이러한 애상의 정조를 산출하는 주요 원인은 존재론적 한계에 대한 성찰이다. 등단작 중 하나인 〈나는보고섯노라〉에서 화자가 응시하는 대상은 "붉은술에醉한白骨이/ 困憊한사람의魂을안고/ 이리로 저리로/ 느진가을에흣허지는/ 닙과도갓치/ 갈곳몰라헤매는것"이었다. 인간 존재가 지닌 선험적 한계 앞에서 화자는 그 적멸의 순간을 응시할 수밖에 없다. 그리하여 또 다른 등단작인 〈애닮운記憶〉에서는 "魂과魂에/ 티업는우슴/ 淸淨한抱擁"의 감각을 드러낸다. 혼과 혼 사이에 가로놓인 애달픈 이산의 운명은 존재론적 한계에 유비된다. 이때 그 이산의 운명을 관조하는 주체는 "白祥樓에달이푸르고/ 닙써러진가지에셔겨을이울고이슬썩"와 같이 자연과 시간 자체이다. 절대적인 가치가 신적인 질서로 추구되기도 하고, 시간과 공간 혹은 자연이라는 배경에 투사되기도 하는 것이다.

등단 무렵 김동명의 시편들은 과잉된 관념의 표출이 주를 이루는 것이 사실이다. 하지만 그 속에서 다양한 상징 구조나 절대정신 추구 등을 통해 정치한 이미저리 구성에 목적의식적인 주의를 기울였음 역시 발견할 수 있다. 또한 이러한 양상은 《나의 거문고》의 초기 시편에 산재한 자연으로의 귀의를 전조한다. 예컨대, 다음 장에서 상론할 '고향' 시편 중 하나인 〈生命의曲調〉에서도 "헤일수업는 무수한 소리,/ 물결갓치 내귀를 스처가는 宇宙의 神祕 生命의 속사김"과 같은 표현을 볼 수 있다. 이처럼 우주의 원리에 유비되는 자연의 감각은 김동명 시세계 전편을 관류하는 메인 모티프이기도 하다. 이러한 시적 세계관이 정립되는 모두에 보들레르로부터 기인하는 초월적 감각의 운산이 전제되어 있다. 김동명 시에서 원형으로서의 장소성이 지닌 미학적 지평이기도 할 것이다.

3. '고향' 편의 로컬리티

김동명의 초기 시세계는 《나의 거문고》로 집대성된다. 주지하는 바와 같이 《나의 거문고》에는 130여 편에 이르는 작품이 수록되어 있다. 앞서 거론한 바와 같이 이 시집은 '습작기'의 산물로서 과잉된 관념의 허무적 소산이라고 거론되어 왔다. 이에 대해서는 신중한 재고가 필요할 것이다. 시집이 출판된 1930년은 시인이 31세가 되던 해이다. 일본 유학을 다녀온 이후로서 충분한 이론적, 실천적 모색이 전제되어 있는 시기임을 짐작할 수 있다. 아마추어리즘의 소산이라 평가되는 등단작을 포함한 《개벽》의 작품들은 수록되지도 않았다. 이러한 정황만을 두고 보더라도 과연 《나의 거문고》를 '습작기의 산물'이라고 규정할 수 있을지 의문이다.

이 시집에 대해 김동명 스스로는 '부끄러운 시집'이라고 진단했다는 점도 위와 같은 판단의 주요 근거로 작동해 왔다. 이 진술은 특히 소설가 안수길(1911~1977)이 자신의 회상 속에서 강조하고 있기에 흔히 인용되곤 한다.

> 詩集 한 卷(《파초》)을 낼 準備라는 것이다. 詩集으로는 전에 《나의 거문고》가 處女詩集으로 발간된 일이 있는 것으로 알고 있다. 一九二三년 〈당신이 만약 내게 門을 열어주시면〉이란 詩를 〈開闢〉誌에 發表한 것을 비롯해 본격적으로 詩作 활동을 시작한 선생의 初期詩集이다. 一九二五, 六년頃 刊行이 아니었던가 생각한다.
>
> 그러나 선생은 《나의 거문고》는 **창피한 詩集**이라고 말했고 이번 것에 力點을 두고 있음에 틀림이 없다.(괄호 및 강조는 인용자)[17]

1968년 작성된 위 글은 김동명의 사후에 이를 애도하는 조사의 성격으로 기획된 것이었다. 이에 따르면 초기 시작 활동을 하던 당대에 김동명과 안수길은 문학 동료이자 사제 관계로 막역하게 교류하고 있었다. 짧은 소품에 불과하지만, 그럼에도 불구하고 위 글은 김동명 문학의 본령과 핵심적 성격을 적시한 귀중한 자료임이 분명하다. 한편 위에 인용된 것과 같은 김동명 초기 시세계에 대한 언급은 재고의 여지가 있다. 기획 자체가 정치한 학술적 분석이 아니었기에 비롯된 결과이기도 하겠으나, 위 글의 기록은 객

17 안수길, 〈김동명선생의 시와 애국심〉, 《신동아》 1968년 3월호, 305쪽.

관적인 사실에서조차 오류가 발생한다. 대표적 예가 인용 부분에서 보듯이 《나의 거문고》 발행 시기를 1925~6년경으로 추론한 것이다. 이보다 앞서 김동명의 서호 시절을 회상하면서 "선생이 一九○一년에 出生했으니까 그때 二三~四歲였을 것"[18]이라고 적은 부분도 오류이다. 시집의 발행 시기(1930)나 시인의 출생 연도(1900)와 같은 기본적인 정보조차 정확하지 않은 자료인 것이다. 사료에 대한 보다 신중한 접근을 시사하는 대목이다.

《나의 거문고》는 9장으로 분절되어 있으며, 각 장에는 소제목이 달려 있다. '즐거운아츰', '잔치', '옛노래', '외로울쌔', '麗島風景', '異域風情', '故鄕', '冥想의노래' 등이 그것이다. 이 중에서 일곱 번째 장인 '고향'에 수록된 20편의 시작품은 김동명의 원형적 장소 상징에 관한 예시가 된다. 이들 시편을 통해 김동명 초기 시세계에 각인되어 있는 고향의 상상력과 근원적 장소성을 파악할 수 있다. 김동명은 비록 유년기에 타향으로 이주하였으나, 원형적 장소로서 고향에 대한 신심을 시적 세계관의 근저에 지니고 있었던 것이다.

> 뜰아래에 菊花꽃
> 서리에 저즌얼골
> 남몰을 구든뜻이,
> 아아네님이 누구냐
>
> —〈菊花〉 전문[19]

'고향' 시편에서 외견상 우선 주목되는 특징은 정제된 압축미의 양상이다. 관념적인 추상으로 점철되었던 등단 무렵의 경향과 달리, 말을 아끼고 시적 구상태를 추구하였음을 짐작할 수 있다. 위 작품은 《나의 거문고》를 비롯하여 김동명 전체 시세계에서 가장 짧은 형태로 완성된 단시류에 속한다. 시조의 정형적 율격과도 다른, 극도로 절제된 언어 조각의 형태를 볼 수 있다. 화자는 뜰아래 핀 국화꽃을 보며 감정을 이입한다. 대상화된 국화꽃은 '서리에 젖은 얼굴'을 하고, '남모르는 굳은 뜻'을 품고 있다. 마지막 행

18 위의 글, 302쪽.

19 이하 김동명 시에 대한 인용은 《김동명 시전집》(강릉시, 2017)의 것이며, 쪽수 부기 없이 제목만 표기하기로 한다.

은 대상화된 꽃이 갈구하는 '님'을 설의형 영탄으로 강조한다. 군더더기 없는 표현으로 대상에의 감정이입이 돋보이는 작품이라 하겠다.

〈국화〉는 여러 면에서 김동명의 대표작 중 하나인 〈파초〉를 연상케 한다. 식물을 소재한 한 외장으로부터, 대상에 감정을 이입하여 형상화하는 방식이나 절제된 감각의 구상화 양식 등에서 유사성을 발견할 수 있다. 또한 궁극적으로 '님'의 존재를 환기함으로써 절대적 관계를 희구하는 방식이 주목된다. 〈국화〉나 〈파초〉는 대상을 즉물적으로 묘사하는 것이 아니라, 공통적으로 대상화된 꽃의 지향을 절제된 언어로써 강조한다. 〈국화〉의 경우 '님', 〈파초〉의 경우 '향수'가 그것이다. '고향' 시편에는 〈국화〉와 더불어 〈조개껍질〉, 〈코스모스〉, 〈鳳仙花〉 등의 작품이 유사한 계열체를 형성하고 있다.

> 내 나히 일곱살 되든해 여름이외다
> 어머니와 함께 외가에 갓더가 오던길에
> 우리는 문득 중로에서
> 한 조그마한 여윈개를 만낫습니다.
> 참말로 그때의 그개는 몹시도 여위고 추하엿습니다.
> 한참 오더가 조그마한 고개를 넘울때에야 비로소
> 우리는 그개가 우리를 따르는줄 알앗습니다.
> 너이 집으로 차저가야 한다는뜻으로몃번손을내저어보앗스나
> 개는 집이 업다는듯이 한참 서서보다가는
> 또 우리의뒤를 멀즈막하게 따라왓습니다.
> 그래서 우리가 西山에 지는해와가치 우리집에왓슬때에는
> 개도 우리 마당에 드러와서 소리를 저엇습니다.
>
> —〈개〉 부분

한편, 위 작품은 〈국화〉와는 전혀 다른 방식으로 주조된다. 정제된 형식으로 언어를 조각하는 것이 아니라 이른바 이야기시의 전형적인 형식을 보여주고 있는 것이다. 여기서 김동명은 유년기에 고향 강릉에서 경험했던 일화를 아주 구체적으로 시화하고 있다. 우연히 만나 정들게 된 '개'와의 인연은 "어떤 여름날 호박꿋이 시들엇다가 다시피어난 저녁때"의 비극적 이별로 끝날 수밖에 없었다. 화자는 개와의 "유달으게도 깁허젓"던 정분을 잊

지 못한다. 이처럼 이 작품의 화소는 김동명이 실제 경험했던 사실로서 유년기의 추억이 생생하게 재현되고 있다. 일종의 시적 자서전인 것이다. 이러한 시 형식은 〈부흥새〉를 통해서도 발견된다. "아, 심술 궂고 작란 조하하든/ 내 故鄕의 각시들"을 추억하는 이 작품 역시 일종의 이야기시 형태로 전개되고 있다.

> 마을 압헤는 百餘里 山ㅅ골물을
> 모하 흘으는 시내가 잇고
> 시내ㅅ가에는 째째로 이상한소리를 내이며
> 도라가는 물레방아가 잇습니다.
>
> 마을 뒤에는
> 數百年 두고 자란 落落長松
> 바람이 지낼째면 우수수 소리내고
> 밤저녁 어썬째면 부흥새 와서움니다.
>
> 南으로 十里는 鏡浦인데
> 東으로 十里는 시내ㅅ물을 짜라가면 바다나지고
> 그리고 서울은 西으로 五百五十里
> 大關嶺을 넘어서 간담니다.
>
> —〈故鄕〉 전문

이 작품은 '고향' 시편의 대표작이라 할 정도로 고향 강릉의 장소성과 구체적 경험에 기반한 것이며, 미적 수월성의 높은 수준을 보여주고 있다. 여기서 묘사된 장소는 화자의 주관적 개입이 배재된 채 객관적 서정으로 즉물적 풍경을 현현한다. 대상이 언어가 되고 풍경이 서정이 되는 사물시의 전형적인 국면인 것이다. 이러한 감각의 표출은 해당 장소에 관한 구체적 체험이 전제되지 않고서는 불가능하다. 이 한 편의 시를 통해 고향 강릉은 김동명의 문학적 세계관을 형성하는 원체험적 요소임이 증명되는 셈이다.

> 나는 지금 詩樓峰꼭닥이에 섯다.
> 마치 第三期를지난 肺病쟁이와 가치

그러케 피폐하고 쇠약한 한 적은거리를
발압헤 나려다보며 여기에 서서
東海를 스쳐오는 막은바람을 쏘이며 생각한다.
게딱지 업혀노흔듯한 집들 사이로 뚤린길우에
펄넉이는 흰옷자락 느리게 움즉이는 적은그림자
아아 장차 엇니나 될것인고
世紀를 거듭하여 지나는 동안에.
생각하면 내몸에 이峰으로더부러 오래오래 여기에서서
저 흰옷거리의 運命을 직히고 십흐다만은—
아아 내마음을 괴롭히는 속절업는 생각이어 살아지라
그래도 四千年동안이나 이쌍썹질우에 부쳐두엇거늘,
하고 또 세상은 비록 조금식이남아 밝아 오지안는가.

—〈詩樓峰에올라서〉 전문

이 작품 역시 김동명의 고향의식과 문학적 심상지리의 본령을 적시하는 대표작이라 할 만하다. 강릉 지역의 로컬리티와 관련해서 문제적인 작품으로 심층적 조명이 필요한 텍스트라 하겠다. 가장 먼저 주목되는 점은 전유된 명명이다. 이는 '시루봉'을 '詩樓峰'으로 표기하는 방식을 가리킨다. 시루봉(-峰)은 강원도 강릉시 저동에 있는 산의 봉우리로서, 유래를 보면 그 생김새가 떡을 찌는 시루를 엎어 놓은 것처럼 생겨 붙여진 이름이라고 한다. 따라서 한자에 해당하는 표기는 없다. 직역하면 '시루峰'이요 의역하면 '甑峰' 정도가 되어야 한다. 그럼에도 김동명은 이를 '詩樓峰'이라 명명하였다. 고향의 대표적 장소 상징을 문학의 다락, 곧 '詩樓'로 의역하여 전유하고 있는 것이다. 이는 장소의 문학적 전유 의식이 상징적으로 담겨 있는 국면이라 하겠다.

다음으로 장소성을 소재로 한 수준 높은 형상화의 측면이 부각된다. 시루봉은 경포 지역에서 제일 높은 봉으로서 서쪽으로는 태장봉이 있고, 능선 끝에는 경포대가 있다. 그 밖에도 시루봉은 경포의 4주산, 강릉의 4주산 가운데 하나이고, 경포팔경 가운데 하나인 증봉낙조(甑峰落照)에 해당된다는 점이 특징적이다.[20] 이를 통해 시루봉은 강릉권 지역에서 대표적 장

20 이상 시루봉에 대한 설명은 한국학중앙연구원, 《디지털강릉문화대전》(http://gangneung.grandculture.net); 김기설, 《강릉지역지명유래》, 인애사, 1992 참조.

소 상징의 자연물임을 알 수 있다. 위 작품은 김동명이 초기 시세계로부터 고향의 장소성을 시화하려는 문학적 세계관을 의식적 혹은 무의식적으로 지니고 있었음을 증거한다. 구체적 장소와 경험의 전유는 근대적 시작법의 원리이자 미학적 가치를 체현하는 주요 기제이다. 그런 점에서 〈시루봉에올라서〉와 같은 작품은 김동명 시의 모더니티를 입증하는 문제작이기도 하다.

나아가 이 작품은 개별 지역의 단위를 넘어 민족 공동체의 운명을 유비하는 데로 나아간다. 시루봉 꼭대기에서 화자가 응시하는 대상은 "펄넉이는 힌옷자락 느리게 움즉이는 적은그림자"이다. 이는 고향 강릉의 민초들인 동시에 민족적 형상이기도 하다. 화자가 애달프게 고백하는 "저 힌옷거리의 運命"은 민족 공동체의 운명과 등치된다. 사적인 언어를 통해 공동체 보편의 가치를 내면화하는 방식은 한국 근현대 문학사의 주요 동력이었던 민족문학의 입론과 미학을 지시한다.[21] 위와 같은 시적 진술은 일제강점기라는 엄혹한 시절에 대항하는 김동명 식의 문학적 파레시아(parrhèsia)라고 볼 수 있다.[22] 장소를 통한 역사적 현실의 재현은 진실을 말하는 용기 혹은 비판적 태도의 실천과 다르지 않은 것이다. 이러한 국면 역시 김동명 시의 장소 경험이 아우르는 폭넓은 경계를 환기하고 있다.

4. 김동명 시의 현재성

한국 문학사에서 김동명의 초기 시세계는 퇴폐주의적이고 낭만적인 경향으로 특화되고 있다. 《개벽》에 실린 김동명의 등단작들은 이러한 설명을 야기한 결정적 원인이었다. 하지만 김동명의 초기 시세계가 퇴폐적 경향으로만

21 그 밖에도 민족적 비애의 형상화를 통한 저항시인으로서의 성격에 대해서는 엄창섭, 《김동명 연구》, 학문사, 1987, 179쪽 참조.

22 '파레시아'는 푸코의 후기 사상에서 핵심이 되는 개념으로서 '진실을 말하는 용기', '위험을 감수하는 말하기' 등을 뜻하며, 고대 그리스어에서 차용한 것이다. 푸코는 자신이 1970년대까지 '고고학'과 '계보학' 등의 방법론으로써 연구했던 '지식'과 '권력'의 문제가 곧 주체와 진실의 관계를 탐색을 위한 사전 작업에 불과하다고 언급한 바 있다. 그렇듯 파레시아는 주체와 진실에 관한 푸코 식 후기 사유의 상징이라 볼 만하다. 파레시아의 기본 개념에 대해서는 미셸 푸코, 이상길 역, 《헤테로토피아》, 문학과지성사, 2014, 365~368쪽; 나카야마 겐, 전혜리 역, 《현자와 목자: 푸코와 파레시아》, 그린비, 2016, 4쪽 참조.

일반화될 수는 없다. 《개벽》의 등단작들 역시 퇴폐적 낭만으로 일관되지 않는다. 다양한 상징 구조나 절대정신 추구 등은 김동명 시가 등단 무렵부터 정치한 이미저리 구성에 목적의식적인 주의를 기울였음을 환기한다.

또한 초기 시세계의 결정체라 할 수 있을 첫 시집 《나의 거문고》에 실린 시작품들 역시 다양한 특징으로 분화되고 있다. 특히 '고향' 편에 수록된 시편들은 김동명의 원형적 장소 상징에 관한 예시이다. 이들을 통해 김동명 초기 시세계에 각인되어 있는 고향의 상상력과 근원적 장소성을 파악할 수 있다. 김동명은 비록 유년기에 고향을 떠나 타향으로 이주하였으나, 원형적 장소로서 고향에 대한 신심을 시적 세계관의 근저에 지니고 있었던 것이다. 이처럼 《나의 거문고》에는 구체적 장소성의 형상화와 더불어 원형으로서의 고향이 지닌 보편적 가치를 추구하는 양상이 오롯이 자리한다. 이는 로컬리티의 문학적 형상인 동시에 등단작들의 내용과 형식, 즉 고절한 정신의 추구와 엄정한 이미지의 조각 등에 연동되는 김동명 초기 시세계의 핵심 영역에 해당한다. 그 밖에도 단시, 이야기시, 민족문학 등의 다양한 실험은 문학적 모더니티를 증거하는 김동명 초기 시세계의 성과에 해당된다.

김동명에 관한 단편적 언급을 마무리하는 이 자리에서, 우리가 김동명을 기념하고 문학적으로 재조명하려 한 시도의 진정성에 대해 스스로 반성해보고자 한다. 이른바 학자로서 우리는 김동명 초기 시편의 원문을 꼼꼼히 읽어본 적이 있는가. 김소월, 김동인 등과 한국 근대문학장의 서막을 열었고, 백석 등과 함께 근무하면서 우리 문학사의 역사적 현장을 증거했던 그에 대해서 얼마나 깊이 있게 사유해 왔는가.

한국 근현대 문학사에 있어서 문학 범주는 일종의 제도로 존재해 왔다. 이는 근대적 개념으로서 문학이라는 장르의 성립으로부터 각종 문단 제도가 시행되는 과정을 보면 단적으로 증명된다. 일례로 2018년 현재 탄생 100주년을 맞은 문인들, 예컨대 김경린, 박남수, 박연희, 심연수, 오장환, 조흔파, 한무숙, 황금찬 등에 관한 다양한 행사가 관련 단체나 지역을 중심으로 진행되고 있는 실정을 들 수 있다. 김수영(1921~1968)의 경우 사후 50주기를 맞아 대규모 재조명 사업이 진행되고 있는 중이다. 이러한 제도적 성과들은 그대로 해당 문인의 문학사적 의미이자 성과에 연동될 것이다.

현재 강릉을 중심으로 진행되고 있는 김동명 관련 문학사업의 성과는 중요한 의미를 지닌다.[23] 그럼에도 불구하고 우리 스스로의 능력을 갱신하여, 한국 문학장의 핵심 자리에 그 의미와 위상을 부여하는 등의 실천적 성과를 내기에는 여전히 부족한 실정임을 인정할 수밖에 없다. 부단한 반성과 지속적 노력 속에 김동명 문학은 물론 강원권 학술 담론장의 수위 역시 점진적으로 확장될 것이라 믿는다.

23 연간으로 발행되어 2019년 현재 6호에 이른 김동명학회의 《김동명문학연구》는 대표적 예시일 것이다.

{지역학으로서의 문학

_강원권 문학장 재구}

8

심연수 육필정본의 현재성

1. 현황과 쟁점

심연수(1918~1945) 육필 원고가 본격적인 제도화의 수순을 밟고 있다. 제도화라 함은 우선 전문적인 텍스트로서 한국 문학장의 시스템에 편재됨을 뜻할 것이다. 동시에 관련 기관과 지역 공동체에 의해 문화 콘텐츠로서 조직적으로 전유되는 현상을 함의할 수 있다. 물론 심연수 문학이 최초로 소개된 2000년대 이후 제도화의 과정은 꾸준히 진행되어 왔다. 이를테면 《20세기중국조선족문학사료전집》[1]이나 《심연수 원본대조 시전집》[2]과 같은 자료는 전자에 관한, '심연수선양사업위원회'의 구성과 활동[3]은 후자에 관한 대표적 사례라 하겠다. 그럼에도 불구하고 이들 성과는 개인적이고 국지적이라는 성격과 한계를 보이기도 하였다. 탄생 100주기를 맞아 심연수 문학에 관한 심층적 논의가 다각도로 전개되고 있는 형국은, 제도화는 물론 심연수 문학 연구에 있어서 획기적인 도약의 국면이 아닐 수 없다.

1 《20세기중국조선족문학사료전집》 제1집(심연수 문학편), 연변인민출판사, 2000.(재발간은 중국조선민족 문화예술출판사, 2004. 이하 《사료전집》으로 표기)

2 황규수 편, 《심연수 원본대조 시전집》, 한국학술정보, 2007.(이하 《시전집》으로 표기)

3 이 단체의 주관으로 관련 학술행사가 꾸준히 진행되어 왔다. 그 성과로 심연수선양사업위원회 편, 《민족시인 심연수 학술세미나 논문총서》(강원도민일보출판국, 2007)를 들 수 있다.

탄생 100주년, 본격적 제도화의 기점 2018년을 기점으로 탄생 100주년을 맞은 문인들로는 심연수 외에도 김경린, 문익환, 박남수, 박연희, 오장환, 조흔파, 한무숙, 황금찬 등이 있다. 그에 따른 다양한 행사가 관련 단체나 지역을 중심으로 진행되었거나 준비 중이다.[4] 이들은 중일전쟁과 민족말살정책 등 제국주의 폭력이 가속화되던 시기에 청년기를 보냈고, 해방과 한국전쟁이라는 민족사의 변곡점을 온몸으로 체험했다는 공통점을 지닌다. 하지만 각각의 문학적 경향은 파란만장한 시대적 격차만큼이나 다양하게 변주되었던 것이 사실이다.

심연수는 이들 작가 중에서 가장 극적인 운명의 소유자라 할 만하다. 정식 등단의 절차를 거치지 않았음은 물론 인쇄된 시집 한 권이 없는, 기구하고도 어쩌면 기형적인 시인이 심연수였던 것이다. 해방을 일주일 앞둔 시점에서 불의의 사고로 희생되었다는 점 역시 한국 사회와 문학사의 비극적 전개에 유비될 법하다. 이러한 역사전기적 사실 자체가 한국 문학장에 있어서는 드라마틱한 하나의 문학적 사건이자 경험일 것이다.

그렇게 심연수 시는 사후 반세기가 넘어 세상에 드러났고, 일부 문인과 학자의 헌신적인 노력으로 하나의 우화가 되었다. 그 과정에서 감정적인 상찬이나 부분적인 비판이 공존했던 것도 사실이다. 이제는 냉정히, 보다 전문적으로 심연수 문학의 실체를 재구할 조건이 무르익었다. 심연수 탄생 100주년 학술대회는 하나의 중요한 계기가 되어야 한다.

2. 정본의 부재, 육필의 운명

근대적 의미의 문학은 곧 매체의 문학이라 비유할 수 있다. 이는 오늘날의 문학이 근대라는 제도와 더불어 존재하는 한 잡지나 단행본과 같은 출판 시스템과 불가분의 관계 하에 놓이기 때문이다. 신문학 초창기를 이끈 계몽 매체나 한국 문학장의 초석을 다진 1920년대의 동인지 문단은 고전적 예시에 해당될 것이다. 그렇게 볼 때 '육필정본'이라는 표현은 그 자체로 모순적이다. 출판 인쇄와 같은 전문적 제도를 거치지 않은 초고나 육필이 정

4 한국작가회의와 대산문화재단이 공동주최한 '2018 탄생 100주년 문학인 기념문학제'(2018. 5. 3)를 대표적 행사로 예시할 수 있겠다.

본이 될 수는 없기 때문이다. 한편 그런 정의가 시인 심연수에게는 적용될 수 없다. 그에게는 출판자본이나 제도에 의해 결과된 정본으로서의 텍스트가 생전에는 존재하지 않았기 때문이다.

주지하는 바와 같이 심연수 시는 《만선일보》에 게재된 5편의 작품을 제외하고는 육필로만 존재한다. 따라서 심연수 시는 정본이라는 것이 필연적으로 육필일 수밖에 없다. 이는 심연수 문학의 비극적 운명을 지시하는 데 그치지 않는다. 이러한 정황은 그 자체로 한국 근대문학의 다양성 혹은 특수성에 비견될 수 있다. 여전히 날것 그대로의 상태로 남아 있는 심연수 육필은 다양한 접근의 가능성을 부른다. 나아가 한국 문학장의 실정을 되돌아보는 여러 시사점을 함의하고 있다. 이러한 중층적 맥락은 심연수 육필이 지닌 여전한 현재적 가치에 비견될 것이다.

문학사적 특수성 육필정본으로서의 심연수 문학이 환기하는 대표적 가능성을 요약하자면 다음과 같다. 먼저, 문학사적 특수성의 차원에서 중요한 의미를 지닌다. 한국 근현대문학은 서구에서 기원한 장르 양식을 일본으로부터 간접 수용하게 되는 특수한 맥락을 지닌다. 그로 인해 다소 제한적인 미적 범주로 정착되기에 이른다. 그러한 배경 속에 일본 제국주의에 의한 정치적 폭력이라는 큰타자적 경험이 존재한다는 것은 한국 문학장의 운명일 수밖에 없다.

정립기 문학 제도의 성격은 지금까지도 이어지고 있다. 그 결과 문학 에콜을 중심으로 한 등단 제도, 모더니즘과 리얼리즘의 세계관적 대립, 민족문학적 경향의 선험적 가치 등이 지속되고 있다. 반면 육필로만 존재하는 심연수 문학은, 본의 아니게, 그 어떤 주류적 현상에도 치우치지 않은 특수한 지위를 점하게 된다. 이러한 비주류적 현상에 대한 천착은 그 자체로 한국문학의 특수성이자 다양한 발생론적 기원을 밝히는 중요한 기제라 하겠다.

원전비평의 가능성과 한계 다음으로, 심연수의 육필정본은 원전비평의 가능성과 한계를 함의한다. 심연수 문학은 여전히 원전비평의 보고로 현전하고 있다. 영미 신비평의 영향 아래 출발한 한국 현대문학 연구는 오늘날에 이르기까지 구조주의로 상징되는 형식 분석의 경향에 치우쳐 왔다. 그 결과 유럽 철학에 기원을 둔 비평이론이나 방법론적 모색은 활황을 이루는 반면 정치한 원전비평의 중요성은 간과되어 왔던 게 사실이다.

하나의 사례를 들어 보기로 한다. 심연수와 동시대에 일종의 디아스포라적 삶을 살았던 문인 중에 김학철(1916~2001)이 있다. 외견상 문학적 경향은 사뭇 다르지만 김학철이 지닌 비극적 문학사의 운명은 심연수와 본질적으로 다르지 않은 듯하다. 김학철 문학 역시 특수한 이산의 생애로 인해 1990년대 이전까지만 해도 중국을 포함하여 남북한 문학사에서 크게 주목받지 못했다. 월북작가 해금(1989) 이후에야 본격적으로 알려지게 되었고, 1990년대 중반 그의 저서들이 국내에서 다양하게 출판되면서 관련 연구가 뒤따랐다.[5] 그 결과, 충분하지는 않지만 김학철 문학에 대한 전반적인 양상은 어느 정도 정리된 바 있다. 그럼에도 불구하고 김학철에 관한 텍스트조차 온전히 정립되고 있지 못한 형편이다. 주서 《20세기의 신화》[6] 역시 90년대 후반에 이르러 출판되었고, 그마저도 절판으로 접하기가 어려운 현실이다.

추론컨대 심연수 문학의 객관적 전모가 모든 독자들에게 유통되기까지의 과정이 쉽지만은 않을 것이다. 그것은 치밀한 원전비평의 대상이자 결과이어야 한다. 내용적으로만 보자면 시인 스스로가 수기로 정리한 육필시집은 심연수 문학 정본의 주요 단위가 되어야 할 것이다. 원전비평을 위해서는 육필 형태를 그대로 영인할 필요도 있다. 심연수가 실제 창작 활동을 한 시기적 폭이 넓지 않기 때문에 제작 순서로 정리된 전집은 기초 자료로서의 의미로 충분하다. 심연수 스스로가 나름의 기준으로 자신의 문집을 구성하였기 때문에 육필 시집의 단계에 따라 전집이 재구될 필요가 있으리라 본다. 방대한 기타 산문의 고증과 집대성 역시 원전비평의 쟁점 영역일 것이다.

5 이상 당대 연구의 동향에 대해서는 김윤식, 〈한일 빨치산문학의 기원—김학철론〉, 《실천문학》 1988년 겨울호; 박충록, 《김학철 문학 연구》, 이회, 1996; 이상갑, 〈역사 증언에의 욕구와 형상화 수준—김학철론(1)〉, 《한국학연구》 10, 고려대학교 한국학연구소, 1998. 12. 등 참조. 김윤식은 문학가동맹계 기관지 《문학》 창간호의 〈담배국〉을 보면 "작가 김학철이 하도 낯설기 때문"에 놀라지 않을 수 없다고 소개한 바 있다. 김윤식, 앞의 글, 397쪽.

6 김학철, 《20세기의 신화》, 창비, 1996.

미학적 이항대립의 지양 그 밖에도, 심연수 육필정본은 미학적 이항대립의 너머에 존재하는 텍스트라는 점을 주목할 필요가 있다. 한국 문학장은 근대문학 출범 전후를 비롯하여 현재에 이르기까지 모더니즘과 리얼리즘의 세계관적 대립을 창작의 동력이자 제도적 기능의 핵심 영역으로 지녀왔다. 오늘날 한국 문단을 대변하는 한국작가회의나 한국문인협회의 존재와 활동은 단적인 사례에 해당된다. 심연수 문학은 이러한 이항대립적 제도나 미학에 치우치지 않는 텍스트에 해당된다. 이에 대한 심층적 고찰은 오늘날과 같은 문학의 종언 시대에 다양한 시사점을 파생할 수 있다. 장르 본연이 지녀야 할 정론적 가치를 위시하여 삶의 예술로서 문학적 파레시아[7]를 사유할 수 있는 중요한 계기가 될 수 있는 것이다.

심연수 문학이 근대 초기의 문학장을 지배했던 정치적 · 미학적 이데올로기로부터 자유로울 수 있었다는 사실은 문학 본연의 가치와 기능을 환기한다. 그것은 곧 삶의 문학으로서의 가능성과 다르지 않다. 1940년의 일기를 통해 추론할 수 있는 심연수의 삶의 입장은 건강한 청년 지식인으로서의 윤리적 태도로 귀결된다. 때론 무의식적으로 식민지 지배 이데올로기의 이미지를 수용하고 있다고 하더라도, 그것이 내면화된 논리로 발전되는 것은 아니다. 그렇게 보기에는 심연수의 육필 증언은 너무도 순수하고 소박한 수준이다.

그렇다면 심연수의 자유로운 문학적 글쓰기는 미적 자율성으로서의 근대적 문학을 체현한 전형적 사례라 할 수 있다. 더더욱 심연수 시는, 비록 의도한 것은 아닐지라도, 제도적 범주화의 영역 너머에 존재한다. 이는 일제 말기, 이른바 황국신민화를 강화하는 3차 조선교육령이 공포(1938)되고 중일전쟁이 가속화되던 시기의 재만 조선인 문단에서 자생한 문학적 파레시아의 전범이요 윤리적 글쓰기의 실천이라는 의미를 지닐 것이다.

3. 오족협화 혹은 대지모신

심연수 문학이 지닌 현재적 의미 중 가장 중요한 문제는 무엇보다도 그가

7 진실을 말하는 용기를 가리키는 개념으로서 '파레시아(parrhesia)'에 대한 푸코의 설명으로는 미셸 푸코, 오트르망 역, 《담론과 진실》, 동녘, 2017 참조. 말년의 푸코는 철학에서의 비판적 태도에 대한 일종의 계보를 구축하려는 의도 아래 고대 철학을 사유하며 이 개념을 강조하고 있다.

남긴 문학적 가능성의 차원이어야 한다. 심연수가 선취한 미적 수월성과 예술적 가치는 방대한 육필 원본의 의미를 규정하는 핵심적 소이일 수 있는 것이다. 물론 이에 대한 본격적인 논의는 육필 원고에 대한 개별적 분석을 통한 귀납의 과정과 다르지 않다. 본 발제문에서는 현실적 조건상 기존에 제출된 심연수론을 전제로 연역적 예시만을 언급하고자 한다.

대지의 상상력 　선행 연구들에서도 강조하는 바와 같이 심연수 문학의 미학적 입장 중 하나로서 이른바 대지의 상상력을 들 수 있다. 시인 심연수를 상징하는 에피세트이기도 한 작품 〈少年아 봄은오려니〉 역시 대지의 상상력을 환기하는 대표적 예시일 것이다. 이와 연동되어 심연수는 '대지'의 수사를 직접, 목적의식적으로 전유한 바 있다.

눈에 덮인 큰가슴
굵다란脈搏에 움직이는모양
햇살은 가늘게 찢어젓고
바람결은 모질어졌다.

얼음에 甲옷입고 업드린大地
生命의 숨소리는 거세여지고
굳은 겨을 억세여지는 힘
大地는 살엇다 소리도살엇다.

(중략)

雪光에 늦 어둡는 大地의겨을저녁
일홈 珍奇한마을에 새손이들제
마중나온 늙은이는 이땅의주인
百戰老卒인양 추위도 않타면서.

—〈大地의겨을〉 부분[8]

8 인용은 《시전집》에 의하고, 필요한 경우 육필 원고의 정보를 부기하기로 한다. 이 작품의 창작일은 1940년 12월 31일로 기록되어 있다.

이 작품에서 "大地는 살엇다 소리도살엇다"는 표현은 생명의 근원으로서 대지에 대한 신뢰를 함의하고 있다. 또한 작품 전반적인 내용이 "추위에 자라는 이땅의아들"을 향한 청원의 형식으로 구성되고 있다는 사실에서 개별 지역의 풍경과 경험을 벗어나 보편적 시공성으로 확장되는 장소 인식의 요소를 발견하게 된다. 종연의 "일홈 진기한마을에 새손이들제/ 마중나온 늙은이는 이땅의주인"이라는 시적 진술에서도 대지가 지닌 궁극적 가치와 그 주체로서의 민초에 대한 믿음이 발견된다. 이처럼 대지의 상상력은 원형적 가치의 공간으로서 대지, 그에 투사된 주체로서의 인간 등으로 변주되고 있다.[9]

이 작품이 제작된 날이 1940년 12월 31일이라는 점은 특별한 의미를 지닌다. 1940년은 심연수가 1년치 일기를 고스란히 남겨놓고 있는 해이기도 하다. 〈대지의겨을〉은 그 마지막 날에 완성되었다. 그해 봄, 심연수는 자신의 데뷔작이라 사후적으로 규정될 수 있을《만선일보》의 첫 수록작 〈大地의봄〉을 쓴다.

봄을 이즌듯하던 이짱에도
蘇生의 봄이 차자오고
녹음을 버린 듯이 얼엇던 江에도
얼음장 나리는 봄이왓대요
눈우에 마른풀 뜻던
불상한 羊의 무리
새풀 먹을 즐건날
멀지 안엇네
넓은 荒蕪地에단
蜃氣樓 宮을 짓고
새로오신 봄님마지
잔치노리 한다옵네
엣봄이 가신곳
내일 밧버 못밧길래
올해 오신 이봄님은

9 관련 내용은 남기택,《심연수 시 연구》,《어문연구》62, 어문연구학회, 2009. 12. 참조, 재인용.

누구더러 보라할고
　　　　강덕七 · 四 · 一 · 龍井에서

—〈大地의봄〉 전문[10]

〈대지의봄〉은 초기 작품이자 최초의 활자화된 작품일 뿐만 아니라 이후 심연수 문학을 전조하고 있다는 점에서 중요한 의미를 지닌다. 또한 형식적으로 볼 때 육필정본의 중층성을 함의하고 있기에 더더욱 주의를 기울일 필요가 있다. 예의 대진모신의 상징이 지니는 종요로움이 지배적 정조로 강조되고 있다. "봄님"으로 의인화하거나 "누구더라 보라할고"와 같은 설의적 의문으로의 마감 처리는 의고투 형식의 단순함을 비껴가는 기교적 의상이라 할 만하다. 기타 이 작품을 쓸 무렵 심연수의 생각은 그의 일기에 고스란히 기록된다.

> 〈滿鮮日報〉에 詩 三首를 보내다.
>
> 나고 아니 나는 것은 關係이 아니한다. 내가 느낀 바를 누구에게 알려 보려는 것이다. 그러나 世上이 너무나 無名한 新人을 信任하지 아니한다. 그러나 나는 그것을 원망하거나 하지는 아니한다. 참다운 글을 世上에 내려면 그러한 일이 없을 수 없다. 그러나 新人을 아니 알어 준다는 데는 좀 不安하다.
>
> 자—어느 때나 印刷化하여 볼가는 것이 나의 懸賞案이다. 그러나 文人이 되려는 것은 아니다. 되려고 하는 것을 싫어할 것도 아니다. 되기는 무엇이 되던 글만 좋은 것을 쓰게 하는 것이 내 所願임.[11]

심연수는 당대 문단에서 "無名한 新人을 信任하지 아니"하는 실정에 대해 안타까움을 토로한다. 또한 "문인이 되려는 것은 아니"지만 "글만 좋은 것을 쓰게 하는 것"에 대한 강한 의지를 드러내고도 있다. 그럼에도 작품이 채택된 결과에 대해서 흥분을 감추지 않는다. 실제로 심연수는 자선한 육필 시집에서 《만선일보》의 해당 지면을 스크랩하여 육필과 함께 보관

10 《만선일보》 1940년 4월 16일. '강덕(康德)'은 만주국 푸이의 연호로서 1934년부터 1945년까지 쓰였다.

11 1940년 4월 16일 일기. 인용은 《사료전집》의 것이며, 필요한 경우 육필 원고를 참조하여 수정하였다.

하였다.

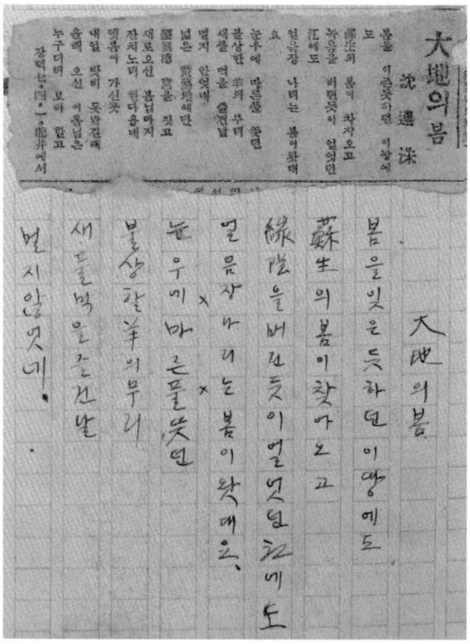

〈대지의봄〉과 《만선일보》 스크랩
(육필 시집 《思ひ出草》)

발표 당시에 게재 사실을 확인하고 기뻐한 흔적은 일기에도 기록되어 있다. "徐承烈 君이 내 글이 滿鮮日報에 낫다고 한다. 그러나 나는 헛말로 알았다. 그러나 참이엇다. 잘되고 못된 것 많고 적은 것을 不關하고 내가 만든 글이 活字化하엿다는 것은 참으로 속으로도 깁븐 일이었"[12]던 것이다.

오족협화의 이미지와 그 너머 한편 심연수의 대지의 상상력이 당대 만주국의 지배 이데올로기이던 소위 오족협화(五族協和) 사상과 관련될 수 있음을 지적하는 견해도 있다. 대표적인 예시가 〈大地의젊은이들〉과 같은 작품을 통해서이다.

> 東으로는太平洋의香氣

12 1940년 4월 18일 일기.

西으로는 興安嶺넘는억센瑞嵐
大地에뛰노는健兒야말로
우리들이땅의새일군일세.

(중략)
배호자힘쓰자大地에서
王道樂土의젊은이여
五族協和가빛나는곧에
솜씨야빛나거라歷史에남기자.

—〈大地의젊은이들〉 부분[13]

이 작품만을 두고 본다면 이성천이 지적하는 바와 같이 당대 심연수의 시의식이 "왕도낙토"나 "오족협화"와 같은 일제의 왜곡된 통치 이념과 그에 내재된 역사적 진실을 제대로 인지하지 못한 것이 사실이다.[14] 이어 〈新京〉과 같은 기행 시조에서는 "王道樂土 다른데 없으이다"나 "大滿洲 도읍터에 吉祥이 나리소서"와 같이 만주국의 지배사상에 동화되어 있는 서정적 자아의 모습이 적나라하게 드러나기도 한다.[15]

그렇다면 이들 작품을 친일문학으로 규정할 수 있을까? 심연수의 일부 작품과 일기 부분을 근거로 친일을 일반화하기에는 논리의 비약이 따른다. 무엇보다도 심연수에게서는 식민지 세계관이나 친일사상을 구조화하는 내면적 논리가 발견되고 있지 않기 때문이다. 작품 사이의 구조적 연관이 부족하고, 일기를 주관하는 논조 역시 지배사상에의 동조와는 거리가 멀 뿐만 아라 일관적이지도 않다. 사회적 실천의 양상은 더더욱 드러나지 않는다. 동흥중학교 재학 시절이나 일본대학 예술학부 유학, 귀국 이후의 활동 등에서 친일 활동의 흔적을 발견하기 어려운 것이다.

심연수는 창씨개명 정책에 따라 1939년 '三本義雄'으로 개명한다. 그러

13 이 작품은 1940년 4월 3일 전후에 씌어진 것으로 추정되고 있다. 심연수가 《만선일보》에 처음 작품을 투고하던 시기와 일치한다.

14 이성천, 〈심연수 문학 연구의 한계와 가능성〉, 《분단과 충돌, 새로운 윤리와 언어》(2018 탄생 100주년 문학인 기념문학제 자료집), 한국작가회의 · 대산문화재단, 2018. 5. 3, 42쪽.

15 위의 글, 49쪽. 이 작품의 제작일은 1940년 5월 19일로 기록되어 있다.

나 자신의 작품이나 노트에는 아래 그림에서 보는 것처럼 주로 자신의 필명 '沈連洙'를 적는다. 이 역시 내선일체의 무의식을 읽기 어려운 상징적 현상일 수 있다. 실로 심연수 시는 물론 산문의 대부분은 건강한 청년 지식인의 내적 고뇌와 실천적 삶에 할애되어 있다. 당대 심연수의 작품과 1940년의 일기 전반은 낭만적인 청년의 건강한 세계관을 표현하고 있는 것이다. 그렇게 볼 때 위에 나타난 오족협화의 이미지는 정치적으로 정제된 결과라기보다는 화자가 지향하고자 하는 이상적 이미지가 무의식적으로 변주된 양태일 수 있다.

육필 시조집《無籍步》표지

또한 심연수 시 스스로가 거친 내적 지양의 단계에 주목할 필요가 있다. 심연수는 자신의 작품을 정서하고 육필 문집으로 재구성하였다. 그 과정에서 문제적인 작품을 스스로 재고하고 있음은 물론 장르별, 시기별 분류를 시도하고 있다. 이러한 정황은 심연수의 문학에 대한 자의식과 유기적 조직화의 의도를 엿보게 하는 대목이다. 그의 문학세계를 재구할 때 육필 시집의 체재를 존중해야 할 분명한 이유이기도 하다.

심연수의 문학세계는 오로지 청년의 시기에 한정되어 있으며, 그런 까닭에 깊이 있는 성숙과 문학적 도약으로 연속되지 못했음이 사실이다. 더더욱 유학 이후 요절할 시기까지의 시편들은 망실로 인해 아직까지 세상에 알려지지 않았다. 이러한 문학 외적인 정황과 그에 따르는 선험적 한계를 부정할 수는 없다.

하지만 심연수 시가 지닌 대지모신의 상상력, 근원적 평화의 질서를 추구하는 시심 등은 일제 말기 한국 문학사의 한 지평을 형성하는 요소이기에 충분하리라 본다. 친일을 비롯한 일련의 의혹을 위시하여 심연수 문학의 온전한 재조명을 위해서 그의 작품세계에 대한 정치한 제도화 작업이 무엇보다도 시급히 진행되어야 할 시점이다.

4. 심연수 문학의 현재성

심연수 시는 한국문학 연구의 주요 대상으로 여전한 현재적 의미를 지니고 있다. 그는 아직도 "시국적인 것과 민족적인 것의 의미화 사이에서 본격적으로 탐구되기를 요청하는 시인"[16]인 것이다. 심연수 육필 원고의 온전한 복원과 영인은 그에 대한 다각도의 연구를 진척시키는 중요한 계기일 것임이 분명하다.

한편 지역 공동체의 관점에서 보자면 심연수 문학을 전유하기 위한 이론적 모색 역시 시급한 과제일 것이다. 지금 여기에서 탄생 100주년 학술대회나 기념대회가 진행되고 있는 현실은 심연수라는 콘텐츠가 그의 고향인 강릉 지역에서 지닌 문화적 가치를 반증하고 있다. 문제는 그것이 일회성 행사로 그쳐서는 곤란하다는 점이다. 지속적 연구를 위해서는 이론과 자본이 필요하다. 고향과 관련된 지연과 친연성을 넘어, 삶의 근원적 장소에 대한 원체험과 청년 문사의 심기를 다졌던 경험들이 문학적으로 형상화되는 맥락을 미학적으로 논구할 필요가 있다.

장소성의 재구 실로 심연수의 많은 작품들은 대개 전통 서정의 방식으로 주조되는 가운데 고향과 관련된 서정이 시의식으로 강조되고 있다. 일부 작품에서는 지역적 경험을 소재로 하여 잃어버린 고향에 대한 애틋한

16 박수연, 〈역사와 실존의 이름들〉, 《분단과 충돌, 새로운 윤리와 언어》, 앞의 책의 '별지' 참조.

감정을 형상화하였다. 뿐만 아니라 지역의 기억을 변주하여 근대에 대한 다양한 시적 모색의 면모를 보여주기도 한다. 지역 문학장의 입장에서는 이러한 심연수 시의 특징이 고향에 대한 그리움을 바탕으로 하는 일종의 원형적 심상으로부터 비롯된다는 점을 강조할 수 있을 것이다.

심연수 문학의 온전한 복원, 그리고 그에 대한 객관적이고 정치한 학술적 분석을 위해서는 공동 연구는 물론 학제 간 접근이 필수적으로 요청된다. 개인의 관심과 노력으로는 한계를 벗어나기 힘들 것이다. 그의 고향 강릉을 위시한 지역 공동체를 거점으로 관련 연구의 메커니즘을 강제하는 여건이 조성되기를 기대해 본다. 이때 지역에 기반하되 지역적 정체성을 넘어서는 트랜스로컬리티의 입장을 이론적으로 견지할 필요가 있다.[17]

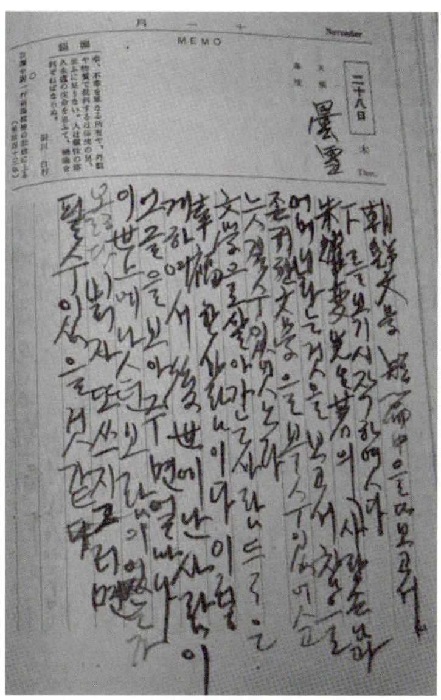

육필 일기(1940. 12. 28.)

심연수 문학은 여전한 결여의 형태로 남아 있다. 유학에서 돌아온 이후 생을 마감하기까지의 작품이 망실된 상태인 것이다. 삶으로서 글을 썼고, 문학으로 삶을 살았던 그이기에 결여의 시기에 사유되었을 시적 상상을 기

17 지역적 정체성에의 함몰이 지닌 인식론적 폭력의 가능성에 대해서는 안토니오 네그리 · 마이클 하트, 정남영 · 윤영광 역, 《공통체》, 사월의책, 2014 참조.

대할 수밖에 없다. 그는 주요섭의 〈사랑방 손님과 어머니〉를 읽은 날, "참으로 존귀한 문학"임을 느낀다. 이어서 "문학으로 살아가는 사람들은 幸福한 사람들이다. 이렇게 하여서 後世에 난 사람이 그 글을 보아주면 얼마나 이 세상에 낫던 보람이 있는가. 옳다. 읽자. 또 쓰자. 그러면 될 수 있을 것 같다"[18]고 적는다. 이처럼 쓰고 또 쓰는 일상적 에크르튀르의 삶이 심연수 문학의 본령이었다. 사라진 유고가 끝내 발견되지 않는다 해도 그의 문학은 일상과 함께 우리 곁에 존재하는 셈이다. 그 문학사적 가치를 증명하는 일은 후대의 몫일 것이다.

18 1940년 11월 28일 일기. 《사료전집》의 식자는 육필 원고와의 미세한 차이를 보인다. 이러한 차이를 보더라도 정교한 육필원고 전집의 과제가 시급히 요구됨을 알 수 있다.

9
신봉승 시와 역사적 상상력

1. 문학과 장소

신봉승(1933~2016) 문학의 저변에 역사적 상상력과 관련된 지평이 견고히 자리하고 있음은 잘 알려진 사실이다. 드라마, 시나리오로부터 소설, 에세이에 걸치는 방대한 저작의 세계는 대개 '역사물'이라는 내용 범주로 수렴된다. 일생에 걸친 다양한 저술 작업 사이를 일종의 메인 모티프로서 역사적 상상력이 관통하고 있는 것이다. 이러한 구도는 신봉승 문학의 근간이자 본령을 상징하는 단적인 외형이라 할 수 있다.

같은 이유로 그의 문학세계는 한 편의 개별 논문으로는 개관조차 어려운 게 사실이다. 150여 권에 이르는 다양한 장르의 텍스트를 한정적 지면과 방법론으로 분석하기란 불가능에 가까울 것이다. 부득이 이 글은 신봉승의 시세계에 초점을 두어 그 성과와 문학사적 의미를 살피고자 한다. 다행히도 시 장르는 작가 스스로가 가장 중요하게 생각하는 영역으로 지시되고 있다. 즉 신봉승은 고향 강릉을 떠난 이유가 "시인이 되겠다"는 이유였다고 회고하고 있으며, "시를 쓰는 시간이 어느 무엇보다도 진지하고 경건하다는 사실을 수없이 경험"하였다고도 진지하게 고백하고 있다.[1] 심지어 시는 "認識이며 歷史며 人格"[2]이라고도 단언한 바 있다.

1 신봉승, 〈궤갤〉, 《草堂洞 소나무떼》, 도서출판 나남, 1990, 5쪽.
2 신봉승, 〈시인의 말〉, 《草堂洞 아라리》, 갑인출판사, 7쪽.

한편 신봉승이 생전에 상재한 시집은 두 권에 그친다. 《草堂洞 소나무 떼》와 《草堂洞 아라리》가 그것이다. 두 시집은 1990년과 1993년에 출판된 것으로서 시기적으로도 생의 후반부 중에서도 특정 시기에 인접해 있다. 이러한 외형은 시인 스스로의 선언과 달리 신봉승 문학세계에서 시 작업이 지속적인 것은 아니었음을 반증한다. 물론 스스로는 "거의 시집 한 권 분량의 시를 쓰면서(써 놓고도) 별로 발표는 하지 않"[3]고 있었다고 회고함으로써 일상적인 시작의 아비투스(habitus)[4]를 강조하고 있기는 하다.

지극한 과작 경향이었음에도 불구하고 신봉승의 시는, 시라고 하는 개별 장르의 경계를 넘어, 신봉승 문학 전반의 특질과 지향에 구조적으로 연결되어 있다. 이는 시인의 전기적 사실을 비롯하여 문학적 지향, 주제와 소재 등을 통해 두루 확인되는 바이다. 따라서 이 글은 신봉승이 남긴 시 장르에 집중하되, 이를 통해 신봉승 문학의 전반적 성격을 다루게 될 것이다.

먼저 이 글은 신봉승 문학을 논구하는 데 있어서 필연적으로 관계되는 중요한 입론을 상기하고자 한다. 이른바 지역문학적 관점이 그것이다.[5] 신봉승은 강릉 출신의 명사로서 그 문학적 업적은 관련 지역에서 하나의 정전으로 공론화되고 있다. 하지만 지연을 제외한다면, 신봉승 역사물들이 '고향'이나 '장소성' 등의 주제로 특화되는 것은 아니다.

이와 관련하여 제기 가능한 문제는 다음과 같다. 강릉 지역 문단에서 신봉승이 차지하는 위상은 매우 크다. 신봉승은 김동명(1900~1968), 심연수(1918~1945), 황금찬(1918~2017) 등을 잇는 강릉 문단의 1세대 격 인물로서 추앙받고 있는 것이다. 이들 1세대 문인들이 이룬 문학적 업적은 실로 지대하며, 이에 대해서는 재론의 여지가 없다. 따져 볼 문제는 이들 문학세계가 함의하는 '지역성의 예술적 전유' 차원이 될 것이다. 1세대의 문학은 강릉 지역은 물론 한국 문학사에 있어서도 하나의 정전으로 기록되고 있다. 그런 이들이, 혹은 이들의 문학이, 강릉 지역에서 정전보다 더 큰 의미로 현재화되고 있는 이유가 현 단계 실정에 있어서는 무엇보다 지연 때문으로

3 신봉승, 〈詩人 타령〉, 《내 인생 초록물 들이면서》, 문학정신사, 1988, 65쪽.

4 일종의 문화적 경향을 가리키는 아비투스 개념에 대해서는 피에르 부르디외, 하태환 역, 《예술의 규칙》, 동문선, 1999 참조.

5 '지역문학' 개념을 형식, 내용, 실정의 측면에서 중층적으로 보아야 한다는 이 글의 입장에 대해서는 남기택, 〈지역에 의한, 지역을 위한〉, 남기택 외, 《경계와 소통, 지역문학의 현장》, 국학자료원, 2007 참조.

보인다. 즉 작가의 출신 지역이 강릉이라는 이유가 가장 큰 것이다. 이는 지역적 의미와 위상을 보완할 학술적 근거의 결여를 반증하는 현상일 수 있다.

현 단계 인류 역사의 공동체 단위를 규정하는 범주로서 '민족'과 '국가' 단위를 들 수 있다. 민족 개념이 근대 제도가 구성해 낸 '상상의 공동체'일 뿐이라는 지적이 제기된 것도 오래된 일이지만,[6] 민족 공동체의 현실은 여전히 견고하기만 하다. 근대적 세계 체제가 보편화되면서 일종의 공준 단위가 된 이들 범주는 그 하부에 '지역'과 '가족' 등을 위계 단위로 거느리면서 전 지구적 영역에서 인간의 삶을 실정적으로 규정하고 있다. 이게 근거하여 성립된 것이 오늘날 문화적 장 내에서 이루어지는 상징투쟁의 현실인 것을 보면, 출신 지역을 근거로 한 각종 제도화의 경향은 어쩌면 당연한 결과라 하겠다.[7] 이는 제도적 정당성의 근거를 지닐 뿐만 아니라 윤리적이고 정서적인 가치 규범이기도 하다.

그럼에도 불구하고 문학적 가치 판단의 기준은 삶의 실정성에 등치되지 않는다. 이 말은 개별 인간의 삶의 처지가 그가 생산한 문학의 가치를 판단하는 기준일 수 없다는 상식적인 명제의 또 다른 표현이기도 하다. 신봉승의 경우, 그가 시인으로서 활약한 시기는 등단기의 짧은 시간과 생의 후반부 특정 시기에 집중된다. 생전에 남긴 시집으로는 앞서 소개한 두 권이 전부이다. 물론 이 두 권의 시집에는 신봉승의 생애에 걸친 문학적 열정

6 앤더슨에 의하면 민족은 근대의 보편화와 더불어 구성된 '상상의 공동체'요 '문화적 조형물'이다. 베네딕트 앤더슨, 윤형숙 역, 《상상의 공동체—민족주의의 기원과 전파에 대한 성찰》, 나남출판, 2002, 23~27쪽의 '개념과 정의' 참조. 앤더슨의 민족 개념은 근대 민족국가의 해체를 주장하는, 예컨대 월러스틴의 근대 세계 체제(modern world-system), 네그리의 제국(Empire)이 함의하는 전 지구적 주권 형태, 울리히 벡의 제2의 근대성 등과 어울리면서 근대적 본질주의에 대한 비판적 시각을 효과적으로 제시해주고 있다.

7 이 글에서 '장(field)'과 '상징투쟁' 개념은 부르디외로부터 차용한 것이다. 부르디외에 따르면 문화 행위가 이루어지는 장은 그 안에 들어오는 모든 사람들에게 작용하는 힘들의 장이요, 이 힘들의 장을 보존하거나 변형하려고 하는 경쟁적 투쟁들의 장이다. 피에르 부르디외, 앞의 책, 285~307쪽 참조. 한편 신봉승 문학에 대한 연구는 이제 시작 단계에 있다고 해도 과언이 아니다. 기존 연구로는 시나리오에 접근한 오영미, 〈신봉승 시나리오 연구—각색물을 중심으로〉(한국예술종합학교 한국예술연구소, 《한국예술연구》 6, 2012. 12), 기타 생애나 산문에 대한 부분적 접근으로 엄창섭, 〈역사의 실존과 초월성, 푸른 바람의 초상〉; 이미림, 〈신봉승 문학세계와 사회적 영향력 고찰〉(이상 《신봉승 선생 학술세미나 자료집》, 강릉예총, 2017. 12. 20) 등이 주목된다.

과 감각, 그리고 목적의식적 시작의 결과가 집약되어 있다. 또한 어느 작가의 문학세계를 평가하는 기준이 작품의 물리적인 양에 한정될 수 없음 또한 당연하다. 따라서 연구자는 설정 가능한 방법론을 다양하게 적용하며 보다 정치하게 해당 문인의 삶과 작품세계를 논구해야 할 것이다. 신봉승 시를 그의 생의 이력과 무관하게 엄밀한 학술적 관점에서 바라보려는 노력은 따라서 그에 대한 상찬이나 폄하의 양 극단과는 무관한, 말 그대로 객관적인 태도로서 문학적 애정을 실천하는 가장 합리적인 방법일 수 있으리라 본다.

문제는 지역의 담론장 입장으로는 강릉을 위시한 강원 영동 지역과의 이론적 정당성을 확보하는 데 초점을 두어야 한다는 점이다. 지연이라는 역사선기적 연고를 넘어 학술적이고 미학적인 근거를 확보하기 위한 작업은 그리 간단치가 않다. 무엇보다도 지역 이기주의를 넘어 삶과 문화의 실존적 단위로서 공동체를 전제하는 것 자체가 우리의 통념을 넘어서는 일이다. 이른바 로컬리티의 시학적 전유 양상을 따지는 것은 손쉬운 접근 방법일 수 있다. 여느 1세대 문인들과 달리 신봉승의 시세계는 구체적 장소성의 시화를 목적의식적으로 추구한 경향을 지닌다. 무엇보다 두 권의 시집은 모두 고향 '초당동'을 표제로 걸고 있다. 적어도 '강릉문학'의 관점에서 신봉승 시세계에 대한 본격적인 조명이 무엇보다 필요한 이유는 이처럼 로컬리티가 특화되고 있다는 구도 때문이기도 하다.

2. 기억과 정전

신봉승의 문학세계는 고향 강릉에서 일종의 정전으로 강조되고 있다.[8] 지역 문단이나 문화적 장에서 신봉승이 지닌 위상은 절대적인 가치를 지니는 것이다. 이런 신봉승의 문학세계는 고향에서 강릉사범학교를 재학하던 시절부터 비롯된다. 《현대문학》을 통해 정식 등단한 것은 1957년의 일이다. 이는 강릉 지역의 문단사 속에서는 매우 이른 경력이다. 해방 이후 1950년대의 강릉 시사에 있어서 빠트릴 수 없는 시인이 신봉승인 것이다. 그는 시

8 이때 '정전'의 의미는 지역 문학장 내에 국한된다. 한국 문학사에서 지닌 의미에 대해서는 별도의 논구가 필요할 것이다.

뿐만 아니라 드라마, 영화, 희곡 등 예술 전반에 걸쳐 다양한 활동을 펼친 강릉의 대표적 작가이다. 그리하여 신봉승은 오늘날 강릉 지역의 문화 콘텐츠로 각인되어 있다.

등단을 전후한 정황은 신봉승 시세계의 배경이 되는 만큼 보다 상세히 짚어 볼 필요가 있겠다. 주지하는 바와 같이 신봉승은 '청포도동인회'의 영향을 많이 받았다. 특히 강릉사범학교 교사였던 최인희(1926~1958)의 영향은 절대적인 것이었다. 다음과 같은 회고는 당대의 정황을 생생하게 재현하고 있다.

> 1951년 4월, 피난지 울산에서 고향으로 돌아온 나는 정말로 우연치 않게 강릉사범학교의 프린트판 교지(校誌)인 《사도(師道)》를 얻어 읽게 되었다. 첫 장에 시 한 편이 실려 있었는데, 작자인 최인희라는 이름 위에 시인(詩人)이라고 적혀 있는 것이 내게는 큰 충격으로 다가왔다. 강릉과 같은 작은 시골도시에 시인이 살고 있다는 사실이 당시의 내게는 마치 구원과도 같고, 환상과도 같은 끌림이 일어나는 것을 어쩌랴.[9]

이 장면은 신봉승이 최인희라는 존재를 처음 알게 되는 과정을 소개하고 있다. 이어 그는 "나는 그날로 최인희 시인의 하숙집을 수소문하여 방문하였다. 방은 좁았어도 4면의 벽면을 1미터 높이로 책이 꽉 둘러 쌓여 있는 광경이 나에게는 문자 그대로 문화적인 충격이었다"[10]고 기록한다. 신봉승은 이를 계기로 재학 중이던 강릉농업중학교를 나와 강릉사범학교로 전학을 하였다고 한다. "최인희 시인은 그런 나에게 너무도 자상하고 따뜻한 첨삭지도로 나에게 시업(詩業)의 길을 열어 주었"[11]던 것이다.

신봉승에게 문학에 대한 영감을 준 '청포도동인회'의 존재는 강릉 지역의 문학사는 물론 한국 문학사의 차원에서도 중요한 의미를 지닌다. 해방 이후 강릉 지역의 문학장이 본격적으로 성립된 계기로서 청포도동인회의 결성(1951)을 들 수 있다. 황금찬, 최인희, 김유진, 이인수, 함혜련 등에 의해 조직된 이 모임은 1952년 강원도 최초의 동인지로 평가되는 《청포도》를 창

9 신봉승, 〈최인희 · 황금찬 시인과의 만남〉, 《역사가 지식이다》, 도서출판 선, 54쪽.
10 위의 글, 55쪽.
11 위의 글, 56쪽.

간, 2집(1953)까지 발간한다. 《청포도》는 등단 문인들의 전문적인 활동이 아니었다. 단명에 그치고 만 역사 역시 아마추어적인 우발성의 사건이었음을 반증한다. 하지만 《청포도》의 존재는 이후 강릉문학에 중요한 영향을 미치게 된다.

당시 교사의 신분으로 《청포도》를 주도했던 황금찬, 최인희의 활동은 《청포도》 이전에도 각 학교에서 《영동》(농업학교), 《대관령》(상업학교), 《花浮山》(여학교), 《師道》(사범학교) 등의 교지가 발간되는 계기를 이룬다. 또한 《청포도》 이후 이들 동인과 더불어 신봉승, 심구섭 등 학생을 포함하는 또 다른 동인지 《보리밭》이 1952년에 창간되기도 한다.[12] 다음과 같은 일화는 당대의 사정을 잘 보여주고 있다.

> 이 무렵 양양지역에 주둔하고 있던 통역장교들도 그들 나름의 동인지인 《造山》을 내고 있었는데, 그 내용 중에 《보리밭》 창간호에 발표된 시를 비평하는 글이 실렸다.
>
> 제목은 〈강릉지방 학생문단을 논함〉이었다. 그러나 그 내용에는 포복졸도할 대목도 있었다. 예컨대 모두가 학생일 것이라고 믿었던 모양으로 신봉승 군의 시 〈寺趾〉는 지금 당장 기성문단에 내놓아도 손색이 없겠으나, 황금찬, 최인희 군의 작품은 아직 미숙하므로 더 분발해야 할 것이라는 어이없는 대목도 포함되어 있어서다.
>
> 최인희 선생은 그 논문을 필자에게 읽어 주면서
>
> "이런 망할 놈들이 날 학생으로 보았어……. 허나 우린 앞으로도 이렇게 사세……."
>
> 라고 따뜻한 격려의 말씀을 주시기도 했다.
>
> 그 후에도 동인지 《보리밭》은 특별히 기간을 정하지 않은 채 원고가 모이면 수시로 발간되곤 하였다.[13]

《보리밭》 발간 당시 황금찬, 최인희는 교사였고 등단 과정을 밟고 있었다. 위의 에피소드는 아마추어적이었던 당대 동인지의 내용으로부터 비롯된 것이겠으나, 사제의 벽을 넘어 대등한 문청으로 활동했던 사실은 이후

12 신봉승, 〈《관동문학》 50년과 함께한 세월〉, 《관동문학》 21, 관동문학회, 2008, 12~14쪽.

13 신봉승, 〈최인희 · 황금찬 시인과의 만남〉, 앞의 글, 14~15쪽.

지역 문단의 주역들에게 깊은 인상을 남긴다. 문학에 대한 신봉승의 열정은 허례에 그치는 것이 아니었다. 신봉승의 기록을 보면 지속적인 습작 활동과 학생 문단에 적극적으로 참여하였던 흔적을 엿볼 수 있다.

> 바로 그 무렵 피난지 대구에서 전국의 고3생들의 수험 준비를 돕는 월간지 《수험생(受驗生)》이 발행되고 있었는데, 이 잡지에서 매월 고등학교 학생의 시(詩)를 뽑아 마치 기성 문인처럼 대우해 주는 제도가 있었다. 광주고등학교 2학년인 박봉우(朴鳳宇), 윤삼하(尹三夏) 등의 작품이 소개되어 전국 고등학교 문학 지망생들의 부러움을 사고 있었던 시절이다. 나도 여기에 졸작 〈사지(寺址)〉를 응모하여 당선의 영예를 안으면서 강원도 영동지역 학생들의 부러움을 사게 되었는데, 이때의 선자(選者)가 편운 조병화 시인이었다.
>
> 강릉사범학교 졸업을 앞둔 어느 날이었던가. 최인희 시인은 새로 출간된 《동국시집》을 자랑삼아 펼쳐 보이면서 풀쑥 한마디를 던졌다.
>
> "자네, 시인이 되려거든 동국대학으로 가게."[14]

신봉승이 월간지 《수험생》에 당선되는 과정을 보면 문학에 대한 남다른 재능과 열정적 노력이 수반되고 있었음을 짐작할 수 있다. 존경하던 스승이자 시인인 최인희의 영향도 컸을 것이다. 동국대학교에 진학하라는 최인희의 요구에는 끝내 답하지 못했지만 시를 쓰려는 노력은 중단되지 않았다. 그리하여 "1957년 12월, 마침내 월간 《현대문학》지에 청마 유치환 선생의 추천으로 시 〈이슬〉이 발표"[15]될 수 있었다.

> 소리없이 흘린 눈물이나
> 수줍은 얼굴에 파인
> 보조개,
> 아니면
> 가을을 우는 작은
> 풀벌레의 목청일 것이다.
> 지난 밤

14 위의 글, 56쪽.
15 위의 글, 58쪽.

달을 잉태하던 즐거움이며
별을 주워담을 바구니로
있던, 그런 시간을
조용히 밀어 놓고
어느 사랑의 신처럼
힘껏 태양을 포용한 채
가 버릴 순간을 초대하는 것이다.

풀벌레의 목청이나
갓 핀 풀잎의 보조개로 피어나
또 한 발자욱 외로움 앞에
다가선 모습일 것이다.

—〈이슬〉 전문[16]

위 작품은 신봉승의 등단작인 〈이슬〉 전문이다. 1950년대 문학사에 기록되어야 할 작품에 해당된다. 전반적인 분위기는 '이슬'을 소재로 하여 친자연적인 서정을 드러내고 있다. 화자가 바라보는 이슬의 의미를 비유적 이미지를 통해 표출하는 방식으로 시상이 전개되고 있다. 우선 1연에서 이슬은 '눈물', '보조개', '목청' 등으로 유추된다. 고즈넉한 어조 속에는 남다른 감각이 도사리고 있다. 이슬이라고 하는 자연 현상을 슬픔의 정서나 수줍음의 신체, 혹은 풀숲 미물의 노래 행위 등으로 변주하고 있는 것이다. 대상에 착목된 웅숭깊은 시선과 공감각의 언어를 엿볼 수 있다.

2연에서도 이슬이라는 원관념에 대한 보조관념으로서의 이미지가 제시된다. 여기에서 화자는 이슬이 "달을 잉태하는 즐거움"이자 "가 버릴 순간을 초대하는 것"이라고 한다. 이슬이라는 물리적 대상을 즐거운 감정이자 비의적인 초대의 행위로 사유하는 것은 남다른 감각이 아닐 수 없다. 그것은 또한 "어느 사랑의 신"과 동격의 것으로 직유되면서 더더욱 신비로운 분위기를 배태하고 있다. 3연에 이르면 첫 연의 이미지들이 수미상응적으로 반복 등장한다. 즉 "풀벌레의 목청"과 "풀잎의 보조개"가 된 이슬이 "외로움 앞에/ 다가선 모습"으로 제시되면서, 결과적으로 화자의 정서와 희구

16 《현대문학》 1957년 12월호. 인용은 《초당동 소나무떼》, 103쪽.

를 재현하고 있다. 역시 다양한 이미지의 조합을 통해 이슬이 지닌 중층적 감각을 전달하는 양상이다.

이처럼 〈이슬〉은 내면의 감정을 적절히 통어하는 시적 긴장이 돋보이는 작품이다. 이 작품이 신봉승의 등단작임을 감안한다면 남다른 수준이라 하겠다. 〈이슬〉이 수반하는 미적 가치는 정제된 어조와 이미지에만 국한되지 않는다. 위의 시어들은 수려한 서경 묘사에만 치중하는 것이 아니다. 이슬의 이미지는 궁극적으로 '외로움'을 동반하고 있다. 낮게 이어지는 이슬의 형상들을 3연에 와서 "또 한 발자욱 외로움 앞"에 현시함으로써 종결되는 구조인 것이다. 외로움과 함께 존재함으로써 진정한 의미가 완성되는 이슬의 운명은 자연과 인간 혹은 공동체와 개체를 기연의 관계로 묶으려는 화자의 의지와 다르지 않다.

또한 이 작품은 대상의 미적 감각을 추측하는 1, 3연의 외장("목청일 것이다", "모습일 것이다")과 달리, 2연에서는 이슬의 의미를 기정사실로 일반화하는 방식("힘껏 태양을 포옹한 채/ 가 버릴 순간을 초대하는 것이다")을 취하고 있다. 이는 외로움과 함께하는 이슬의 존재 방식에 대한 확신처럼 보인다. 즉 "가 버릴 순간"을 다시 끌어와 영원한 현재의 장으로 현시하려는 이슬의 생리요 화자의 욕망인 것이다.

> 흙으로 이룩해서 흙에다 묻어 둘
> 아니면 멀리 바다에 띄워야 하는
> 항아리의 잘록한 허리에
> 날아갈 듯이 그려진 낡은 素描.
> 뚜껑을 열면 되받아 소리치는 항아리고
> 한 이천년을 地熱에 익어
> 흡사 질그릇처럼 구워진 壺여.
>
> 옛날보다는 태초가 좋다.
> 오늘의 이 진한 습기와 탁류보다는
> 차라리 맑아서 싫었을……
> 진정으로 소박, 순진 따위의
> 말들이 싫어서 죽은
> 사실은 살지 못해 죽은 이를
> 정말 죽음처럼 다시 불살려

뼈만 추려담을
얄궂은 壺.

하늘을 치받는 시퍼런 금줄과
壺의 무늬진 線이 어울려
또 하나의 묵직한 그림을 띄운다.
커다란 鶴으로 그려진
壺 속의 鶴이
비단결 같은 나래를 편다,
하늘을 온통 덮을 듯이.

—〈壺〉 전문[17]

이 작품은 신봉승이 중앙대학교 국문과에 입학한 이듬해인 1958년, '파이퍼홀' 완공을 기념하는 문예작품 현상공모에서 당선된 작품이다.[18] 신봉승은 "이미 기성 문단에 이름을 걸치고 있었다 해도 여기서 당선하면 학생 문단의 선봉에 서게 될 것이라는 야심찬 희망"[19]으로 이 작품을 투고했다고 회고한 바 있다. 기대한 대로 당선이 된 이 작품을 심사한 사람은《수험생》때의 선자였던 조병화 시인이다. 신봉승이 동국대학교 입시에서 낙방한 이듬해 중앙대학교를 지원한 이유도 조병화 시인이 그 대학에서 가르치고 있었기 때문이었다. 이렇듯 신봉승과 조병화는 두 번에 걸쳐 응모자와 선자라는 인연을 맺게 되고, 이를 계기로 더욱 끈끈한 사제 관계를 형성해 나갔다. 참고로 3학년이 되던 1959년, 스승 조병화의 경희대학교 임용에 따라 신봉승도 학적을 옮기게 된다.

위 작품은 '호(壺)', 즉 항아리를 소재로 하여 화자의 관념을 묘사하고 있다. 항아리에 투사된 화자의 정서는 사뭇 비장하다. 시공을 초월하는 비의

17 1958년 중앙대학교 현상공모 당선작, 인용은《초당동 소나무떼》, 104~105쪽.

18 신봉승은 "중앙대학교의 개교 20주년을 기념하고, 본관 건물 옆에 신축된 '파이버홀'의 낙성을 축하하는 문예작품 현상공모"로 이때를 기억한다.(신봉승, 〈최인희 · 황금찬 시인과의 만남〉, 앞의 글, 63쪽) 그런데 중앙대학교가 개교한 해는 1918년 인사동에 중앙유치원으로 설립된 때로 따지기 때문에 "개교 20주년" 표기는 오기로 보인다. 아마도 후원재단인 파이퍼재단이 설립된 후 지금의 흑석동 위치에 교사를 이전한 해가 1938년이므로, 이때를 기점으로 20주년을 가리키는 듯하다.

19 위의 글, 같은 쪽.

적 분위기를 연출하면서 항아리의 외현과 내면적 의미를 그린다. 1연에서 묘사되는 항아리는 "잘록한 허리" 부분에 "날아갈 듯이 그려진 낡은 소묘"를 간직한 형상이다. 전통적이고 일상적인 호의 형상은 그러나 "한 이천년을 지열에 익어/ 흡사 질그릇처럼 구워진 호"라고 호명된다. 항아리는 질그릇 그 자체이면서 스스로의 역사를 체화하는 신성한 대상으로 변주되고 있다. 항아리의 역사는 인류가 정착하여 농사를 짓기 시작한 신석기시대로까지 거슬러 올라간다. 그 형태는 지역과 민족에 따라 다양한 특징을 지니지만 인류의 삶과 더불어 항아리는 존재해 왔던 것이다.

역사를 체화하는 물성으로서의 호는 2연에서 삶과 죽음을 관장하는 봉안함의 이미지로 그려진다. "사실은 살지 못해 죽은 이를/ 정말 죽음처럼 다시 불살려/ 뼈만 추려담을/ 얄궂은 호"가 그것이다. "하늘을 치받는 시퍼런 금줄"이나 "커다란 학으로 그려진/ 호 속의 학"이라는 3연의 이미지도 비의적인 호의 형상을 반복한다. 항아리라는 사물이 지닌 형상은 이처럼 화자의 시선을 거쳐 시공의 경계를 거슬러 "하늘을 온통 덮을 듯"한 신비로운 감각의 세계로 확장되고 있다.

이상으로 살펴본 신봉승의 초기 작품들은 대상에 천착된 시선과 정제된 시어 운용을 통해 서정시 특유의 내면적 감각을 효과적으로 드러낸다. 긴장된 언어로써 익숙한 사물의 감각을 낯설게 만드는 것은 근대적 의미의 시 장르가 지닌 선험적 조건이요 미적 가치의 전제이기도 하다. 신봉승의 초기 시편들은 특유의 주지적 정조를 유지하면서 시어 본연의 정제된 감각을 유감없이 보여주고 있다.

그 밖에도 초기 시작의 흔적으로 1960년에 장만영의 주선으로 《신문예》에 〈싱각시〉 외 8편을 발표하였다는 기록을 볼 수 있다.[20] 이어 신봉승은 1961년 국방부 정훈국 공모에 시나리오 〈두고 온 山下〉가 당선되었고, 그 이후에는 본격적으로 시나리오 제작에 몰두하게 된다. 이 사건은 전천후 작가로서 신봉승의 탄생을 알리는 신호탄이었으며, 지역 문학사의 입장에서는 신봉승 시세계가 지속되지 못하는 아쉬운 변곡점의 순간이었다. 그럼에도 불구하고 극작가로서의 이력과 명망은 전국적인 것이었다. 그렇게 신봉승 문학 전반은 지역 문학장 속에서 하나의 정전으로 구성되어 나갔다.

20 신봉승, 《양식과 오만》, 갑인출판사, 1993. 이 책의 〈작가연보〉 참조. 319쪽.

3. 장소성의 길항

장소성의 상징은 신봉승 시의 핵심적 자질 중 하나라 할 수 있다. 신봉승 스스로가 고향에 대한 애정과 고유한 가치를 수시로 강조하였다. 두 권의 시집 모두에 '초당동'이라는 표제가 각인되어 있는 구도는 신봉승의 고향에 대한 애정을 보여주는 상징적 징후라 하겠다. 이와 관련된 대표적인 작품을 보기로 한다.

초당의 소나무는 江門을
넘나드는 파도소리를 듣는다.
초당을 스치는 솔바람은
松江의 발길을 멈추게 한
그날의 속삭임이다.

초당의 저녁 연기는 안개며
구름인데 향기가 있다.
초당을 지나는 솔바람은
蘭雪軒의 옷자락을 날리던
훈훈한 영혼이다.

—〈草堂洞〉(《초당동 소나무떼》)[21] 전문

이 작품은 '초당동'을 표제로 내세워 해당 장소의 물성을 표현하고 있다. 외연은 5행 2연의 구조를 취한 정제된 형식이다. 각 연은 동일한 의미 구조를 반복한다. 앞의 두 행은 초당동의 물적 지표로서 "소나무"와 "연기"가 등장한다. 소나무는 "파도소리"를 듣는 감각의 주체가 되고, 저녁연기는 "안개"이자 "구름"이며 "향기"를 지닌 객체가 된다. 사물들이 기연의 관계로 이어지며 초당동이라는 장소의 배경을 형성하고 있다.

뒤의 세 행은 장소의 물성이 인간의 역사에 조응하는 국면을 묘사한다. 초당동의 "솔바람"은 송강 정철을 머물게 한 "속삭임"이고, 허난설헌의 삶에 닿았던 "영혼"이라는 것이다. 정철과 허난설헌은 강릉 지역의 대표적 위

21 이하 작품 인용은 시집 제목을 병기하기로 한다.

인이자 그 자체로 역사라 할 수 있다. 이들이 초당동의 풍경에 투사되어 있는 형국이다. 이런 시상은 자연과 장소, 인간과 역사를 하나의 장 위에 현시하는 역사적 공감각의 지평이라 할 만하다. 신봉승의 역사적 상상력과 장소애가 결합된 시화의 전형적인 양태가 이런 것이다.

초당동으로 상징되는 고향 공간은 일종의 문학적 '헤테로토피아'에 유비될 수 있겠다.[22] 이는 신봉승 시가 장소성을 전유하는 문학적 기제이기도 하다. 강릉권 지역문학의 작품들 속에서는 이러한 맥락이 유사하게 반복된다. 이러한 문학사적 맥락은 천혜의 자연 환경과 관련된 장소 지표가 부여한 심상지리적 전통일 수 있다. 지역문학의 관점에서는 이 점을 보다 적극적으로 분석하고 이론화할 필요가 있으리라 본다.

그대들은 나이테로
세월을 간직하면서도
아픔도 서러움도 내색하지 않았네.

초당동을 스쳐간
피멍든 가슴앓이
눈물에 젖은 옷자락을
한으로 말릴 때도
의연하였네.

봄에는 노란 꽃가루를
안개로 날리고
여름 비바람
가을 무서리
쏟아지는 눈자락으로

22 푸코는 현실 속에 존재하는 이상적 공간을 헤테로토피아 개념으로 지시한 바 있다. 그는 삶의 규정하는 배치의 관계에 따라 유토피아(실제 장소를 갖지 않는 배치)와 '헤테로토피아(hététopie)'(현실화된 유토피아적 장소)를 구분한다. 헤테로피아는 나머지 공간에 대해 어떤 기능, 즉 환상적 공간을 만들어내거나 다른 공간을 보정(compensation)하는 등의 기능을 수행한다. 미셸 푸코, 이상길 역, 《헤테로토피아》, 문학과지성사, 2014, 48쪽. 물론 헤테로토피아 이론의 적용에 대해서는 보다 신중한 판단이 필요하리라 본다. 이 글에서는 신봉승 시의 고향이 이상적 장소를 상징한다는 점에서 부분적으로만 차용한 수준임을 밝힌다.

드센 가지 꺾이어도
푸르기만 하였네.

초당동 소나무떼는
억센 톱날 도끼날도 받아들이는
이웃을 다독이는 사랑이었네.
세월을 지키는 파수꾼일레.

—〈草堂洞 소나무떼〉(《초당동 소나무떼》) 전문

〈초당동 소나무떼〉는 첫 번째 시집의 표제가 된 작품이다. 〈초당동〉과 유사하게 해당 장소와 사물의 고유한 특성 및 지역적 역사를 기록하고 있다. 여기서는 화자의 설명적 진술이 "소나무떼"의 물성에 집중된다. 매 연마다 반복되는 영탄형 어조는 설명 투의 진술이 지닐게 될 서정적 감성의 결여를 극복하는 장치가 되고 있다.

작품의 주된 정조는 애상적이다. 소나무떼의 운명이 "아픔도 서러움도" 지닌 존재인 동시에(1연), "피멍든 가슴앓이/ 눈물로 젖은 옷자락"이 의지하는 대상이고(2연), "꽃가루"와 "비바람"과 "무서리"와 "눈자락"을 견뎌야 하는가 하면(3연), "억센 톱날 도끼날"마저 맞아야 하는 존재로 시종일관 그려지고 있기 때문이다. 이는 초당동이라는 장소의 역사가 대면해야 했던 비극적 운명을 유비할 것이다.

초당동의 상징이 지닌 애상의 정조는 중세는 물론 근현대 한국 사회의 폭력적 전개와 무관하지 않다. 그럼에도 불구하고 이 작품은 애도의 정서로 점철되지 않는다. 소나무는 어떤 서러움도 내색하지 않고, 의연하며 푸른 자태로 사랑을 실천하는 존재이기 때문이다. 그렇듯 초당동의 소나무떼는 "세월을 지키는 파수꾼"으로 여전히 실재하면서 해당 지역의 장소 지표를 구성하고 있다.

이처럼 신봉승은 '초당'이라는 상징을 통해 지극한 장소애, 이와 불가분한 역사성 등을 시세계의 메인 모티프로 변주해 나갔다. 장소를 전유하는 고유한 상상력의 지평은 개별 작품의 수월성은 물론 문학사적 의미로까지 확대될 수 있는 미학적 근거라 하겠다. 신봉승의 장소 전유는 고향 지역에만 국한되지 않는다.

식료품 가게의 김씨 아저씨는
하루에도 열두 번씩
서랍을 열어본다.
싸늘한 전율
권총의 방아쇠를 살핀다.

코리언은 흑인들이 무섭고
흑인들은 멕시칸이 무섭고
멕시칸은 코리언이 무섭고

무서움은 서로 꼬리를 물었지만
심심찮게 총소리가 울리고
김씨 아저씨는 실탄이 든 권총으로
살아 있는 가슴팍을 겨누는
연습을 한다.

—〈그래도 사는 재미—LA에서 · 3〉(《초당동 아라리》) 부분

이 작품은 미주 지역에서 대표적인 한인 디아스포라의 장소인 LA를 소재로 하고 있다. 여기서는 재미 한인 사회의 위험 요소를 식료품 가게를 운영하는 "김씨 아저씨"의 행위를 빌어 묘사한다. 즉 "코리언은 흑인들이 무섭고/ 흑인들은 멕시칸이 무섭고/ 멕시칸은 코리언이 무섭고"와 같이 단적으로 표현되는 것처럼 인종 갈등은 심각한 사회 문제로 재미 한인 사회에 상존해 있다.

미주 지역 이민의 역사는 20세기 초 노동자 수출 형태의 최초 이주와 더불어 그 맹아가 형성된다. 오늘날과 같은 재미 한인 사회의 형성은 1965년 미국 이민법 개정과 더불어 본격적인 계기가 마련되었다. 그 과정에서 캘리포니아주 LA 지역은 현 단계 최대 이민 도시로서 정립되었다. 그럼에도 불구하고 미주 지역 내에서 한인 사회는 여러 문제점을 안고 있는데, 위 작품은 그 문제를 시화하고 있다.

재미 한인 사회와 직결된 문학사적 사건이라 한다면 1992년의 LA 폭동을 들 수 있을 것이다. LA 폭동의 원인은 로드니 킹 사건으로 알려져 있다. 이 폭동의 본질은 미국 내 오랜 흑백 갈등이 빚어낸 사건, 즉 흑인 피의

자에 대한 백인 경찰의 무리한 진압과 특혜이다. 그러나 폭동의 원인은 다양하고 중층적이다. 당시 로스앤젤레스의 시장과 상권을 둘러싸고 대립되었던 인종 사이의 갈등 역시 폭동의 배경으로 간과할 수 없는 요소이다. 그 밖에도 상업주의나 포퓰리즘에 근거한 언론의 태도에서도 그 원인을 발견할 수 있다. 백인 기득권층의 폭력성에 초점을 두어 사건을 담론화한 언론의 선정주의 방식도 하나의 문제였던 것이다.[23]

LA 폭동은 미주 이민의 역사가 90여 년을 지나는 과정에서 축적되어 온 민족적 갈등과 구조적 병폐가 미주 지역 특유의 인종 갈등을 계기로 촉발된 사건이었다. 이 사건은 정치, 경제, 사회, 문화를 위시한 제반 분야의 축적된 내적 갈등으로 인해 발생됨으로써 미주 지역 한인 사회에 직간접적인 영향을 미치게 된다. 또 한편 이 사건은 '재미 한인 사회의 전환점'[24]일 뿐만 아니라 재미 한인 사회에 내재된 분파주의를 근본에서 재고해야 하는 반성적 기제라고도 할 수 있다.

위 작품을 포함하여 〈다운타운의 밤거리—LA에서 · 1〉, 〈커피를 마시면서—LA에서 · 2〉, 〈하늘 관광—LA에서 · 4〉, 〈바꾸어 생각하기—LA에서 · 5〉 등의 'LA에서' 연작이 언제 탈고되었는지는 확실치 않다. 다만 그의 이력에는 1991년에 "(주)텔레콤에서 제작하는 다큐멘터리 〈한국영화 70년〉의 리포터로 출연하면서 미주 지역(LA, 워싱턴, 하와이)을 취재여행하다"[25]라고 기록되어 있는데, 이를 통해 제작 시기를 유추할 수 있다. 신봉승은 1990년대를 전후하여 인종 갈등이 고조되고 있는 재미 한인 사회의 현실을 몸으로 체험할 수 있었고, 이러한 감각은 위 작품에 직간접적으로 반영되어 있을 것이다.

본 장에서 주목하려는 점은 이들 작품을 포함하여 신봉승 시 속에는 다양한 장소 전유의 양상이 나타나고 있다는 사실이다. 초당동으로 상징되는 고향의 장소성은 물론 서울을 포함한 다양한 국내 지역, 나아가 미국을 위시한 국제적 장소 경험이 시적 형상화를 통해 전유되고 있다. 이는 국내외

23 이상의 기술 및 이완 관련된 재미 한인 문학의 양상에 대해서는 남기택, 《미주지역 디아스포라 시문학의 사건과 심상지리》, 심지, 2017 참조, 재인용.

24 장태한, 〈로스앤젤레스 폭동과 동포 사회의 미래〉, 《한국학연구》 12, 고려대학교 한국학연구소, 2000. 7, 22쪽.

25 신봉승, 《양식과 오만》, 앞의 책, 330쪽.

장소 감각을 환기하는 신봉승 시세계의 지표이다. 요컨대 신봉승 시의 장소 지향은 고향 인근의 것으로만 특화되지 않는다. 이는 근공간주의를 넘어서는 생래적 자질일 수 있다. 타향이나 이국의 장소를 경험적으로 시화하는 사례는 결코 남다른 것이 아니다. 신봉승 시를 통해서는 소재주의를 넘어 장소와 장소를 잇는 트랜스로컬의 가능성을 엿볼 수 있다는 점이 주목된다. 고향에 대한 오랜 천착이 스스로를 지양하고 이른 장소적 감각일 것이다.

신봉승은 스스로의 운명을 개척하며 고향을 떠났고, 역사적 상상력을 통해 전국적인 장소 단위를 사유할 수 있었다. 또한 국제적 감각으로 장소의 경계를 넘나드는 시적 사유를 보여주었다. '강릉'이라는 장소를 사유하는 신봉승 시는 이처럼 고유하면서도 보편적인 로컬리티의 지평을 시화한 특별한 성과라 하겠다.

4. 역사적 상상력과 그 이면

등단 무렵의 초기 작품 활동을 제외하고 신봉승이 상재한 두 권의 시집에 나타난 시세계는 장소성을 전유하는 중심 양상 이외에 역사적 상상력의 지평이 또 다른 중심축을 형성하고 있다. 신봉승의 시작 활동을 오래 지켜본 박덕규는 신봉승의 시가 삶과 일치하는 특성을 지녔으며, 그런 판단의 전제가 "한 가지는 그 시들이 주로 시인의 세속적인 삶을 제재로 하고 있다는 점이고, 다른 한 가지는 그 제재를 거의 직설적인 표현 방식에 의존하여 드러낸다는 점"[26]이라고 밝힌 바 있다. 직설적 수사를 핵심적 형식으로 본 것이다. 신봉승의 고향인 강릉 지역에서 관련 문학을 평생 연구한 엄창섭은 "지나친 기호의 도식이나 희언(戱言, pun)적인 가식이 없다"[27]고 분석하였다. 이 역시 시적 수사의 직설적 경향을 지적하는 언급과 다르지 않다. 이들 평가는 역사적 상상력의 시화가 사실적 묘사에 치중할 수밖에 없다는 점을 시사한다.

26 박덕규, 〈삶과 시—신봉승 시집에 부쳐〉, 신봉승, 《초당동 소나무떼》, 앞의 책, 129쪽.

27 엄창섭, 〈순수서정의 시학과 주의집중—신봉승 시인의 《초당동 소나무떼》〉, 《인식의 전환과 현대시의 변주》, 제이앤씨, 2009, 128쪽.

오백년 전에 쓰여진
역사에 꾸밈이 있는 것처럼
천년 전에 쓰여진
역사에 진실이 있음을 아는 것은
오늘 우리가 사는 것이
역사이기 때문이다.

오백년 전이거나
천년 전이거나 역사는
사람이 사는 것을
사람이 적었던 탓에
진위를 가리기 어렵다고 하는 것은
두려움을 모르는 오만이다.

역사가 두려운 것은
오늘 우리가 사는 것이
역사이기 때문, 역사를 적은 문자가
두려운 것이 아니라
삶이 두려운 것이다.

—〈斷想〉(《초당동 소나무떼》) 전문

위 〈단상〉은 신봉승의 역사관이 투영된 작품 중 하나이다. 화자는 역사에 대한 입장을 설명적 어조로 진술한다. 역사에는 “꾸밈”도 있고 “진실”도 있다는 모순적 진술이 먼저 전경화된다. 양립이 어려운 듯한 역사의 성격을 화자는 당연한 듯이 전제한다. 또한 그 성질을 우리 모두가 알고 있는데, 그 이유를 “오늘 우리가 사는 것이/ 역사이기 때문”이라 단언한다. 우리의 삶 자체가 역사이고 그 역사가 모순적인 것이라면, 삶 역시 모순적인 것임이 전제되어 있다. 실로 삶의 모습은 다양하고 어느 하나의 공준으로 일반화될 수 없다. 삶 자체의 다층성이 역사의 성격에 연동되어 있는 셈이다.

한편 역사의 모순 혹은 다층성에 대한 인정은 역사적 진실에 대한 불가지론의 태도와는 전혀 다른 것이다. 오히려 화자는 “진위를 가리기 어렵다고 하는” 태도를 “두려움을 모르는 오만”이라고 질타하고 있다. 역사적 진실에 대해 확신하는 입장이라 하겠다.

역사에 관한 화소는 개연적인 논리로 전개되지 않는다. 마지막 연에서 화자는 불현듯이 역사의 두려움에 대해 진술한다. "역사가 두려운" 이유는 "오늘 우리가 사는 것이/ 역사"인 까닭이요, 이는 곧 "삶이 두려운 것"이라는 입장이다. 일견 비약인 듯한 시적 진술의 구도는 실상 정치한 이론적 전제 위에 일관되게 이어지고 있다. 모순의 역사이지만 현실 자체가 모순적 장 위에 놓이고, 그런 현실을 사는 행위 속에 역사의 진실이 존재하기에 두려움의 태도를 지녀야 한다는 것이다. 여기서 '두려움'은 삶에 대한 외경의 태도에 가깝다. 이처럼 신봉승 시에는 역사가 곧 경건한 삶이라는 입장이 오롯이 담겨 있다.

> 산에 가면 산울림에
> 흔들리는 영혼들이 있고
> 강가에 나서면
> 흘러가는 영혼들을 만나고
> 바다에 가면 파도처럼
> 출렁이는 영혼들이 있다.
>
> (중략)
>
> 못다한 아우성을 대신 울리고
> 넘친 흐름을 걷어올리며
> 다 함께 출렁일 줄 아는 게
> 우리들의 진솔한 삶
> 역사.
>
> —〈외로운 영혼들과 함께〉(《초당동 아라리》) 부분

삶과 역사를 동일선상에 놓는 신봉승의 역사관은 기타 시편에서도 반복된다. 위에서는 삶의 영역이 자연의 생태 환경으로 확대되는 양상이다. "우리들의 진솔한 삶"의 흔적은 "산울림"과 "강가"와 "파도"의 움직임 속에 각인되어 있다. 자연물의 정동으로부터 삶의 궤적을 잇는 시선은 생태론적 사유이자 만물 일여의 지평에 해당된다. 이 작품은 그렇듯 외로운 영혼들의 진솔한 삶 자체가 '역사'임을 강조하고 있다.

쏟아지듯 내리는 뙤약볕은
번득이는 창칼이었네.
땀에 절은 베잠방이 걸치고도
아, 유구한 세월
그래도 民草들은
꽃피고 열매 맺었지.
하늘도 무심하다는 모진 가뭄에
등판은 터져 균열지고
창칼같은 땡볕 밑에서도
民草들은 자식 낳아
사위도 보고 며느리도 보았다네.
한시절도 못다피는 백일홍 그늘에서
짓밟히는 잡풀들은 물 없이도
열매 맺고 시들었지.
어찌 그 시들음을 죽음이라 하랴.
새 봄 뙤약볕
돌틈 사이에서 다시 살아나
꽃피는 것을!

―〈떠도는 잡초―민초론(民草論) · 1〉(《초당동 소나무떼》) 전문

이 작품을 포함하여 '민초론' 연작시는 역사를 다루는 신봉승 시편들의 정수라 할 만하다. 신봉승 스스로의 역사관, 역사의 주체로서 민중에 대한 신념이 형상화된 작품군에 해당되기 때문이다. 위 작품이 직설적 어조로 전달하는 의미에 대해서는 특별한 설명을 필요로 하지 않는다. 역사적 사실 기술의 아비투스가 시화의 과정에서도 그대로 드러나고 있는 형국이다.

위에서 민초는 "땀에 절은 베잠방이"의 외형으로 상징된다. 베잠방이의 은유는 기타 시편에서도 여러 차례 반복되고 있다. 그런 민초는 "유구한 세월"을 "꽃피고 열매 맺"는 존재이다. 시들지언정 결코 적멸일 수 없는, "돌틈 사이에서 다시 살아나/ 꽃피는" 존재가 바로 민초이다. 신봉승은 자신의 산문에서 이 민초의 정수에 대해 부연한 바 있다.

한국인의 얼은 바로 잡초와 같이 끈질기게 살아온 민초의 혼이다.

> 그들은 밟아도 밟아도 삶을 포기하지 않았다. 북쪽의 오랑캐들이 짓밟아와도 끈끈하게 살아왔고, 남쪽의 왜구들이 잔인무도하게 침범 학살을 감행해 와도 민초들은 끈질기게 살아왔으되 자신의 삶을 포기하지 않았다. 또 위정자들에 의해서 억눌리고 탄압을 받았어도 잠자코 있었다. 그것을 죽어 있다고 생각한 게 큰 오산이었으며, 그 혼을 끌어내어 이념적인 것으로 변화를 시켜 보려 했던 것도 때로는 오산이었다. 그러나 어떤 한계에 도달하면 민초들은 그들의 혼을 불사르며 뛰쳐 나왔는데, 그것은 언제나 대의에 입각한 명분의 분출이었다. 바로 그것이 우리 역사와 문화를 단일하게 유지해 온 위대한 힘이었음을 우리는 상기해야 한다.[28]

이 글에서 신봉승은 민초의 강인한 생명력과 역사의 주체로서 지닌 위상을 재삼 강조하고 있다. 민초들은 자신의 적대자를 선험적 운명으로 지니고 있는데, 그 대상은 외적일 수도 있고 내부의 위정자들일 수도 있다. 하지만 어떤 적대적 억압이 있더라도 끈질긴 삶을 유지하는 것이 민초의 본성이다. 나아가 "어떤 한계"에 직면해서는 "대의에 입각"하여 혼을 불사르는 것이 또한 민초의 실체임을 강조한다. 이러한 민초관은 위의 〈떠도는 잡초〉에 그대로 반영되어 있다.

더불어 생각해봐야 될 문제가 파생되는 것도 바로 이 지점이다. 위와 같은 역사관과 민초론 내부에는 어떤 함정이 도사리고 있다. 이 문제를 살펴보기 위해 다시 대표적인 장소 지표의 형상으로 되돌아가야 한다. 앞서 살핀 〈초당동 소나무떼〉나 〈초당동〉에 투영된 장소 인식의 양상은 드러나지 않는 이면을 지시하고 있다. 무엇보다 시화의 대상이 '소나무'라는 개체가 아니라 '소나무떼'라는 군집체를 가리키고 있음에 주목해야 한다. 이는 신봉승 시의 역사적 상상력이 작동하는 메커니즘과 긴밀히 관련된다. 환언하자면 초당동의 역사는 일종의 집단의 역사요, 역사적 현존재로서의 대상 역시 소나무 무리가 된다. 이때 문제는 '소나무떼'의 집단적 역사 속에서 '개인' 혹은 '개체'가 설 자리가 협소해진다는 점일 것이다.

신봉승의 기층 민중에 대한 지시 개념이 '민초'로 특화되는 맥락 속에는 이러한 집단주의적 성격이 반영되어 있다. 그의 시세계에서 '민초'와 유

28 신봉승, 〈民草, 그 魂〉, 《내 인생 초록물 들이면서》, 앞의 책, 233쪽.

사한 '대중', '민중' 개념은 등장하지 않는다. 이런 국면은 신봉승의 민초 개념이 집단에 대한 계급적이고 사회학적인 모색을 전제하지 않은 것임을 시사한다. 이는 동시에 일종의 주관적이고 관찰자적인 입장에서 설정된 집단 개념일 가능성을 환기한다.

민초에 유비되는 서구의 '대중(people)' 개념의 성격은 집단적 단위를 강조하는 'mass'와 개별적 단위를 강조하는 'popular'로 각각 전유되어 왔다. 민중의 입장에서 지향해야 할 대중 개념은 집단 속에서도 고유한 개체성과 능동성을 인정하는 'popular'의 차원이 되어야 할 것이다. 하지만 신봉승 시의 민초 개념은 집단으로서의 'mass'적 성격을 지니고 있다. 이러한 점은 신봉승의 역사관이 일종의 계몽주의적 시각에 입각해 있다는 성격과도 연동된다.

> 때로는 지휘가가 되어 어리석은 사람들을 위하여 이런저런 일들을 해 준다면 꽤 많은 갈채를 받으면서 거인의 풍모를 과시할 수 있었으리라는 생각에 잠겨 그때의 일을 소상히 메모해 두는 때가 있었는데, 그런 순간이 있다는 것은 참으로 행복한 일이다. 그러다가 꿈에서 깨어나듯 제 정신이 들고 나면 그렇게도 하고자 했던 일들이 갑자기 귀찮아지면서 시간이 아깝고 노력이 아깝고 좀 심한 경우에는 병신 머저리 같은 것들을 위해 봉사할 까닭이 없다는 괜한 자부심이 생겨서 애써 적었던 이러저런 일들을 깡그리 찢어내고 편안히 살려는 자책에 젖다가 찢어낸 이런저런 메모를 다시 수습해 보는 것이 산다는 일인지도 모른다.
>
> —〈병신 머저리—산다는 것 · 3〉(《초당동 소나무떼》) 전문

이 작품은 삶의 본질에 대해 성찰하는 경구와 같은 산문시이다. "거인의 풍모"를 지향하는 화자는 사회적 배려와 실천을 위해 고민과 후회를 반복하고 있다. 노블레스 오블리주의 경건함과 현실적 난관이 진솔한 시어로 재현된다. 그런 자책과 수습의 연속이 곧 "산다는 일"의 본질임을 깨닫는 각성의 순간은 곧 이 작품의 시성(詩性)에 비견될 것이다.

한편 이 작품에서 "어리석은 사람들"이나 "병신 머저리 같은 것들"은 대중, 곧 민초에 대한 다른 표현과도 같다. 이런 표현이 민초에 대한 부정적 의미를 의도적으로 지시하는 것은 물론 아니다. 이는 내면적 갈등에 놓인 지식인 화자가 스스로의 모순과 삶의 본질을 반성적으로 성찰하는 맥락

속에 동반된 자조적 표현일 수 있다. 그럼에도 불구하고 그 무의식 속에는 지도자로서의 개인과 타자로서의 대중이 이항대립적으로 설정되어 있음을 부정하기 어렵다.

무지한 민초들에 대한 인식은 세태를 풍자하는 장면에서도 드러난다. 예컨대 “장례식 날, 상주는 까마득한 허공을 쳐다보며 식은 땀을 흘리는 데 호상이라던 망자는 바람에 흔들려서 멀미를 하고 구경하던 검정양복 조문객들은 끼득끼득 낄낄 잘도 웃는다”(〈죽은 자의 멀미—산다는 것 · 4〉, 《초당동 소나무떼》)는 묘사는 고층 아파트에 마련된 빈소 풍경을 통해 세태를 조소한다. 역시 어리석은 대중의 모습이 드러나고 있다. 한편 “피보라로 젖는 삼베적삼/ 빨아도/ 말라도/ 한이 서려서/ 보고서도 돌아서는/ 草堂洞 사람들”(〈草堂洞 사람들〉, 《초당동 아라리》)에서는 초당동 주민들의 현재 모습을 그린다. 개발로 인해 선사 유적지의 토기가 깨져도 “놀라지도 않는” 사람들의 모습에 대해 화자는 “눈 뜬 소경”이나 “벙어리”인 듯이 비유하며 안타까워하고 있다. 이는 누적된 한으로 인한 태도 변화를 바라보는 뼈아픈 자책에 가깝다. 그럼에도 초당동 사람들, 즉 고향 장소에 사는 민초들의 변화된 정동은 어리석은 것일 수밖에 없다.

이와 같이 신봉승 시의 대중에 대한 인식은 일종의 엘리트주의적 관점을 환기한다. 이는 계몽주의적 세계관의 소산일 수 있다. 신봉승의 문학적 세계관은 프랑크푸르트학파와 같은 문명 비판적 사상의 기조 위에 있는 듯하다. 프랑크푸르트학파는 엘리트주의로서의 성격을 벗어나지 못하는 한계를 지니고 있었다. 이는 한계라기보다도 유태계 에스니시티를 지닌 천재적 지식인으로서 프랑크푸르트학파 구성원들이 20세기 초의 전체주의 폭력에 대응하는 필연적 조건에 가깝다. 신봉승의 역사관이나 민초에 대한 인식 역시 이러한 특성으로 이해될 수 있을 것이다.

5. 완결과 결여

신봉승은 시인이 되기를 꿈꿨다. 신봉승 문학세계에서 시에 대한 자의식은 분명 남다른 경계를 형성하고 있는 듯하다. 하여 그의 시세계 속에는 시나 시인 자체를 소재로 한 일종의 메타시가 한 부분을 차지하고 있다.

시인은
연필을 깎아
삶의 날을 세우고
남의 일을 제 일같이
아름다운 착각.

가슴 두근거리는
울렁임을 시로 읽어 달랬지만
오늘따라
시집은 휴지조각.

삶은 실익
언제나 기대만 크고
그럴 때, 시를 쓰면
위안이 된다.

—〈詩人〉(《초당동 아라리》) 전문

이 작품에는 시 또는 시인에 대한 양가감정이 솔직하게 드러난다. 시는 "아름다운 착각"인 동시에 "휴지조각"이기 마련이지만, 그럼에도 불구하고 영원한 "위안"일 수밖에 없다는 것이다. 그리하여 시인은 "오로지 시만으로 자성하게" 화자를 종용하는 "詩神"(〈詩神에 관한 斷想〉, 《초당동 아라리》)을 "아련하게 다가오는/ 발자욱 소리"(〈발자욱 소리〉, 《초당동 아라리》)로 맞이하는 감각을 개방한다. 이러한 메타시의 양상들은 신봉승 문학이 지니고 있는 시적 진정성의 산물일 것이다.

내용 범주를 떠나서 형식적 특성을 보더라도 신봉승 시는 선시 류의 단시로부터 산문시의 영역을 넘나들고 있다. 산문시 〈장작을 태우며—산다는 것 · 1〉(《초당동 소나무떼》)은 "머리나 정신이 맑아진다는 것은 비단잉어나 불타는 나무토막에 모든 것을 빼앗긴 다음에 오는 비어 있는 허허함일지도 모른다"는 마지막 문장이 환기하듯 철학적 사유와 시적 운산이 돋보이는 절창이다. 이러한 형식 실험 역시 시적 진정성에 값하는 실천적 양상이 아닐 수 없다. 또한 신봉승은 스스로 시의 완벽한 구조를 강조한다.

> 시가 꼭 아름다울 수만은 없다고 할지라도 반드시 완성도는 갖추어야 하는 것은 아닐까. 모든 예술이 다 그렇지만 완성도가 모자라는 것을 잘된 작품이라고 하는 것은 모순이 아닐까 싶다. 문제는 그 완성도라는 것이 어디에 기준을 두는가에 따라 달라지겠지만, 설익고 모자라는 것을 개성이라는 용어로 미화하는 것은 옳지 못한 것이 아닐까.[29]

신봉승이 얼마 남기지 않은 문학론에 해당될 이 구절은 많은 의미를 파생하고 있다. 그는 결연한 어조로 시의 완성도를 강조한다. 그런데 스스로가 강조하듯이 "완성도라는 것"은 문학의 영원한 아포리아와 같다. 지금까지 살펴본 신봉승 시편들이 구조적으로 완성도를 갖추고 있다고 일반화하기는 어렵다. 그의 시편들은 일상어의 구사를 통해 의미 전달에 치중하는 경향을 지니므로 시적 긴장이나 구조 미학에 있어서는 상론할 여지가 적다. 그럼에도 불구하고 신봉승은 시의 완결성을 강조한다. 이때의 완결성은 아마도 정신적 측면일 가능성이 크다.

> 우산 같은 잎새로
> 물덩이를 굴리더니
> 사발 같은 한송이 연꽃을 피워놓고
> 지친 연못은
> 썩어서 잠들었네.
>
> —〈雅歌〉(《초당동 소나무떼》) 전문

이 작품은 신봉승 시 전편에 있어서 가장 짧은 단시 형식에 해당된다. 이에 대해 황금찬은 "언어의 색깔과 역사의 색깔을 같은 곳에 모아 본 작품"으로서 "다양성의 통일"이 돋보인다고 썼다.[30] 엄창섭은 "'연못이 썩어 연꽃을 피우는' 세속적인 트임은 자기반추와 자기 깨우침에서 비롯되는 것이기에 지고지난일 수밖에 없는 것"[31]이라고 보았다. 경구와도 같은 해석을 부르는 것은 〈아가〉 스스로의 물성이기도 하다.

표제 '아가'의 축자적 의미는 '우아한 노래'라는 뜻일 것이요, 구약의 한

29 신봉승, 〈시인 타령〉, 앞의 글, 같은 쪽.
30 황금찬, 〈시집 머리에〉, 신봉승, 《초당동 소나무떼》, 7쪽.
31 엄창섭, 〈순수서정의 시학과 주의집중〉, 앞의 글, 127쪽.

범주(Song of Songs)로는 남녀 간의 아름다운 연애를 찬양한 노래로 기록되어 있다. 위 시편은 연못 속의 연꽃 형상을 '아가'라 부른다. "우산 같은 잎새" 위에 "물덩이를 굴리"는 행위는 "한송이 연꽃"의 것이겠지만, 연꽃의 존재는 어느 순간에 "지친 연못"의 감각으로 전이되면서 "썩어서 잠들었"다는 풍경을 생성한다. 이 장면은 그 자체로 자연의 경이로운 순간이요 만물의 생성과 소멸에 내재한 변증법적 지양 과정에 비견될 것이다. 이 웅숭깊은 존재의 장을 〈아가〉는 몇 마디 시어로 응집한다. 이렇듯 잎새와 연꽃과 연못은 다른 경계를 지니면서도 궁극적으로는 하나의 경계로 '아가'를 완성하고 있다.

〈아가〉는 표제의 상징으로부터 시어 사이의 거리와 지양을 통해 시적 의미망의 영역을 무한히 확장한다. 서정시가 지닌 본령이 무엇인지를 치밀한 구조화를 통해 체현한 작품이라 하겠다. 신봉승이 말하는 '시의 완성도'란 이런 것일 수 있다. 그러나 신봉승 시세계에서 〈아가〉와 같이 내용과 형식을 통일하는 언어 구조물로서의 텍스트는 쉽게 드러나지 않는다. 역사적 상상력에 충실했고, 온몸으로 그 진정성을 시화하려 했던 시 의식의 결과일 것이다. 이제 그가 남긴 텍스트를 또 다른 관점에서 실증하고 전유하려는 노력이 필요한 시점이다. 신봉승 문학의 진정한 의미는 그가 남긴 기억의 범주를 넘어, 무의식적 지평을 이론화하려는 연구자들의 태도로부터 현재화될 수 있을 것이다.

10

최호길 · 최명길의 생태지평

1. 형제의 운명

최호길(1936~2006)과 최명길(1940~2014)은 강원도 강릉 출신의 형제 시인이다. 고향을 중심에 두고 형 최호길은 강릉의 남쪽 도시인 동해에서, 동생 최명길은 강릉의 북쪽 도시인 속초에서 주로 활동하다가 생을 마감했다. 이들은 형제 시인이라는 특징 이외에도 고향 인근에서 문학 활동을 지속하였고, 해당 지역의 현대적 문단을 형성 및 발전시키는 데에 있어서 중요한 역할을 담당했다는 공통점을 지닌다. 그리하여 이들은 강원권, 특히 영동 지역의 문단 조명에 있어서 간과할 수 없는 대상에 해당된다.

문단 이력은 동생이 단연 앞선다. 최명길은 1975년 《현대문학》에 이원섭의 추천으로 〈자연서경〉, 〈해역에 서서〉, 〈은유의 숲〉, 〈음악〉 등을 발표하며 문단에 나왔다. 그는 정식 등단 전인 1969년에 '설악문우회' 발기인으로 참가하여 동인지 《갈뫼》 창간을 도왔고, 이후 지속적인 문학 활동을 펼쳤다. 1981년에는 이성선, 이상국, 고형렬 등과 더불어 '물소리시낭송회'를 창립하여 지역 문단 활성화에 이바지하였다. 그 과정에서 첫 시집 《花蝶詞》[1]를 위시하여 《풀피리 하나만으로》[2], 《반만 울리는 피리》[3], 《隱者, 물

1 최명길, 《花蝶詞》, 월간문학, 1978. 이하 출전 제시 등으로 시집이 반복될 경우에는 제목만 표기.

2 최명길, 《풀피리 하나만으로》, 스크린교재사, 1984.

3 최명길, 《반만 울리는 피리》, 동학사, 1991.

을 건너다》[4], 《콧구멍 없는 소》[5], 《하늘 불탱》[6] 등 일련의 시집을 상재해 나갔다.[7]

한편 최호길은 1997년에 시집 《민들레》[8]를 발간하면서 늦깎이로 문단에 등장하였다. 첫 시집이 전문적인 문학 수업에 의한 결과물은 아닌 듯하다. 최호길은 시집 서문에서 "나는 시인도 작가도 아니다. 그저 본 대로 그려본 대로 조금씩 적어두었다가 정년이 되어 책을 내게 된 것"[9]임을 스스로 밝혔다. 하지만 이 시집은 그가 오랜 기간 시작에 몰두한 결과물이라고 할 수 있다. 동생 최명길도 《민들레》 발문에서 "혈흔 같은 이 족적들"[10]에 대해 놀라움을 표시한 바 있다. 최호길의 시에 대한 만학의 열정은 이어지는 문학적 삶을 통해 증명된다. 그는 첫 시집을 발간 이듬해인 1998년에 월간 《한국시》 신인상을 받아 다시 한 번 문단에 이름을 알렸고, 이어서 1999년에는 두 번째 시집 《강물이 하루를 싣고 가네》[11]를 상재하였다. 그는 등단 이후 작고할 때까지 동해 지역의 문단에서 적극적인 활동을 펼친 바 있다.

최호길과 최명길의 존재는 강원 지역의 문단에서 중요한 의미를 지닌다. 최호길과 최명길의 시세계가 지닌 위상은 작품 자체가 함의하는 미학적 성취는 물론 전기사적 배경, 문학사회학적 맥락에서 두루 확인되는 바이다. 무엇보다도 최호길의 경우 동해, 최명길의 경우 속초 지역에서 현대적 문학장의 1세대 격 인물로서 상징적 의미를 지니고 있다. 그럼에도 불

4 최명길, 《隱者, 물을 건너다》, 동학사, 1995.

5 최명길, 《콧구멍 없는 소》, 시학, 2006.

6 최명길, 《하늘 불탱》, 서정시학, 2012.

7 그 밖에도 최명길은 명상시집으로 《바람 속의 작은 집》(나남, 1987), 유고시집으로 《산시 백두대간》(황금알, 2014), 《잎사귀 오도송》(서정시학, 2016), 《히말라야 뿔무소》(황금알, 2017) 등을 남겼다.

8 최호길, 《민들레》, 일문사, 1997.

9 최호길, 〈작은 소리〉, 《민들레》, 1쪽.

10 최명길, 〈가형(家兄)과 시〉, 《민들레》, 148쪽. 그는 이 발문에서 "차례를 지내고 가족끼리의 세배를 마친 다음 가형은 대학 노트 한 권 내 놓으며 '동생, 이거 한번 보아주게' 하는 것이었다. 나는 뭘까 하는 호기심으로 조심스레 노트를 펼쳤다. 그것은 깨알같이 박힌 시의 초고들이었다. 평소 형님께서 글을 쓴다는 낌새를 전혀 느낄 수 없었고 내색도 하지 않았기에 혈흔 같은 이 족적들을 발견하는 순간 나는 솔직히 말해 놀랄 수밖에 없었다"고 적는다.

11 최호길, 《강물이 하루를 싣고 가네》, 한국시사, 1999.

구하고 최호길과 최명길에 대한 학계나 평단의 조명은 극히 미미한 실정이다. 이에 이들의 시세계를 대상으로 학술적 접근을 시도하고, 그 문학사적 의미를 구명할 필요가 있다.

이 글은 위와 같은 배경과 의미를 지니는 최호길과 최명길의 시를 본격 조명함으로써 학계에 소개하고자 한다. 또한 이를 중심으로 지역 문학사 정립에 관한 논거를 확보하려는 목적을 지닌다. 이들 시세계를 하나의 텍스트 범주로 묶는 것은 개별적인 작가론이나 작품론을 넘어, 관련 지역의 장소성과 문학장의 로컬 히스토리 정립에 일조하려는 방법론적 선택이다. 이들의 문학은 강릉을 기원에 두고 동해와 속초로 확산되는 등 강원권 영동 지역의 문학 양상을 논구하는 데 있어 특수한 텍스트라 할 수 있다.

이들 시세계가 지닌 다양한 경향을 하나의 관점으로 일반화하기는 어려울 것이다. 제반 양상을 모두 다루기도 개별 논문의 범위를 벗어나는 작업이다. 이 글은 지역 문학적 관점에서의 조명을 주된 목적으로 지니기 때문에 이들 시세계에 반영된 로컬리티[12] 및 생태문학[13] 양상에 주목하고자 한

12 이 글에서 사용하는 로컬리티는 범박한 수준에서 지역성 일반을 가리킨다. 하지만 '지역'이라는 개념이 지닌 위계적 질서를 벗어나기 위한 의도적 입장에서 '로컬리티'를 사용하고자 한다. 로컬리티의 문제는 필연적으로 '지역문학'이라는 개념과 연동된다. 형식과 내용, 그리고 실정 층위라는 중층적 관점에서 로컬리티와 지역문학을 보는 이 글의 입장에 대해서는 남기택 외, 《경계와 소통, 지역문학의 현장》, 국학자료원, 2007 참조.

13 이 글에서 사용하는 '생태문학' 개념에 대한 이론적 전제가 필요할 것이다. 서구의 문학 담론에서 '생태시(ecopoetry, ecological poetry)'란 일반적으로 "생태중심주의(eco-centrism), 야생성에 대한 겸허한 인식(a humble appreciation of wildness), 초이성성과 그 결과 과학기술에의 과잉의존에 대한 회의(a skepticism toward hyperrationality and its resultant overreliance on technology)" 등을 주요 특징으로 지닌다.(신양숙, 〈생태시란 무엇인가?〉, 《문학과 환경》 4, 문학과환경학회, 2005. 10, 187쪽) 국내의 논의도 대개 비슷한 합의 과정에 이르고 있다. 기존 생태시 논의를 학문적으로 집약한 임도한은 현대 생태학의 문제의식이 기반이 된 문학을 '생태문학'으로, 환경 문제의 심각성에 대한 인식과 그에 대한 문제의식이 표면화되기 시작한 1970년대 이후의 작품을 '한국 현대 생태시'로 규정하고 있다.(임도한, 〈한국 현대 생태시 연구〉, 고려대학교 박사학위논문, 1999, 27쪽) 생태시에 관한 논의는 생태문학의 본격 전개와 더불어 90년대 이후 급증하고 있다. 개별 작가와 작품에 대한 생태학적 접근을 포함한다면 더욱 방대한 체계를 이룬다. 이런 현황은 우리 문학과 생태학의 친연성을 반증하는 사례일 것이다. 이들 논의의 상당수는 생태문학(시)의 개념 및 기원과 전개, 유형과 의의 등을 개관하고 있다. 용어와 강조점은 차이가 있되 생태시의 당위성을 확인하고 주요 내용 및 유형을 정리하는 일정한 패턴을 보이는 것이 특징 중 하나인 것이다. 이 글의 입장은 현 단계 생태시 담론이 지닌 한계 중 하나로 이론적 창작적 영역 공히 '생태시의 현실 구성력'에 대한 이해의 부족에 있다고 본다. 생태시의 현실 구성력이란 생태시 담론이 지니는 실정적 영향이라고 할 수 있을

다. 주지하는 바와 같이 강원 지역의 장소성은 천혜의 자연환경으로 대표되고, 이는 문학작품의 내용과 형식으로 반영되어 왔다. 로컬리티의 핵심 요소가 곧 생태문학의 가능성이자 물리적 배경으로 특화되고 있는 지역이 이곳인 것이다. 최호길과 최명길의 시에서도 예외가 아니다. 이들이 추구한 생태 시학의 지평은 곧 로컬리티 양상인 동시에 관련 문학장의 정체성이자 주류 경향이기도 하리라 본다. 이러한 접근을 통해 최호길 · 최명길 시세계가 지닌 전반적인 특성은 물론 지역 문학사적 의의가 밝혀질 수 있으리라 본다.

2. 고향과 가족 공동체

고향의 원형과 중층성 강원권 문학의 진정한 의미 중 하나는 고유한 지역성의 전유를 통해서 문학의 보편적 가치를 실현하는 데 있다. 강원도 작품의 고유성이라는 층위는 다양한 관점에서 설명이 가능할 것이다. 그 중에서도 로컬리티의 전유 양상은 대표적인 자질이자 미학에 해당된다. 최호길과 최명길의 시세계에 반영된 로컬리티 요소로서 우선 고향의 형상화 양상이 두드러진다.

고향은 그 자체로 하나의 장소성을 환기한다. 공간은 "현존재의 세계-내-존재라는 근본 구성틀과 관련하여 현존재 자신의 본질적인 공간성에 상응하게, 세계를 함께 구성하는"[14] 것이다. 이때 고향은 인간의 존재성 자체가 근본적으로 공간적이라는 사실에 유비되는 범주가 된다.[15] 고향은 개체의 탄생과 성장의 공간으로 인식할 수 있고, 가족이나 친인척을 포함한 공

것이다. 기존의 생태시 연구는 현상 추수적 기능에 치중하는 경향이 있고, 이는 생태시의 문학사상적 · 방법론적 대안에 대한 심층적 인식과 노력이 부족하다는 말과 같다. 생태시의 지향점이 문학성 확보는 물론 생태학적 세계관의 확산과 대안을 제시하는 것이라는 점에 주목하자면, 생태시의 전망 모색에서 현실 구성적 담론의 수준은 중요한 문제가 된다. 이때 지역(적 삶)은 생태시가 천착해야 할 의도적 방향이 될 수 있다. 이 글의 생태시 혹은 생태적 시학은 이러한 입장에서 자연을 포함하여 지역, 삶, 공동체에 관한 시적 사유를 아우르는 폭넓은 범주로 가리키고자 한다. 기타 이 글이 취한 생태시에 대한 방법론적 입장은 남기택, 〈생명권력 시대의 생태시론—생태시론의 현황과 전망〉, 《비평문학》 30, 한국비평문학회, 2008. 12 참조.

14 M. 하이데거, 이기상 역, 《존재와 시간》, 까치, 2001, 159쪽.

15 위의 책, 157쪽 참조.

동체적 삶의 근거지로 정의할 수 있다.[16]

최호길과 최명길의 작품 속에 나타나는 고향 공간은 강릉과 관련된다.[17] 강릉은 두 시인의 출생지이며 유년 시절에 가족과 살았던 삶의 근거지이다. 그리하여 이들의 시편에는 고향 강릉에서의 감각적 체험이 각인되어 있다. 자신이 태어나 자란 환경, 즉 고향을 노래하는 것은 인간의 본능이요 잠재적 정서의 표출 현상이기도 하다. 유년의 장소에서의 체험과 추억은 시인의 잠재의식 속에 상존하면서 시 의식 형성의 주요 동인으로 작용했을 가능성이 높다.

> 소로 자식 키우던 그 집
> 없이 살았지만 희망으로 살던 그 집
>
> 다랑논 높은 둑
> 풀 무성하니
>
> 연한 꼴 한 짐 베어 지고 달려가고픈 그 집
> 가고 싶다.
> 또, 가고 싶다.

—최호길, 〈그 집에 가고 싶다〉(《강물이 하루를 싣고 가네》) 부분[18]

> 산 홑이불 덮고
>
> 강릉 우리 집은
> 초가집 아직 그대로
> 울타리가 없네, 그래 그런지 새들의 천국

16 제해만, 《한국 현대시의 고향의식 연구》, 시세계, 1994, 36쪽 참조.

17 여기서 '고향 공간'이란 하르트만이 설명하는 바대로 인적 공간과 자연 공간의 일체를 가리킨다. 인적 공간은 주거 공간과 부속 공간, 그리고 그에 따르는 친인척과 전통적인 민속 혹은 문화 일체를 포괄한다. 자연 공간은 산야와 물과 하늘, 그리고 거기 서식하는 동식물 등이 모두 포함될 수 있다. 이러한 고향 공간이 문학이나 예술 작품에 쓰일 때는 그것이 반드시 실제 공간이라고 할 수 없는, 예술 작품에 '현상하는 공간'이 된다. 니콜라이 하르트만, 전원배 역, 《미학》, 을유문화사, 1995, 94쪽 참조.

18 이하 작품의 출전은 처음 제시되는 경우 시집 제목을 병기하고, 주석 등에서 먼저 제시된 후 반복되는 경우에는 생략하기로 한다.

그대로, 엉덩이 내비치는 토담 정랑
참꽃 필 때 참꽃 어리던 귓대동이 오줌물도 그대로
살강에 할머니 참빗 잠 안
오네, 내 마음 속에서 이따금 눈을 뜨는
기이한 그 집.

—최명길, 〈강릉 우리 집 · 1〉(《은자, 물을 건너다》) 부분

위 작품들은 두 시인의 고향에 관한 상상력이 '집'의 상징으로 집약되는 경우에 해당된다. 우선, 최호길의 〈그 집에 가고 싶다〉에서 화자는 적극적인 귀향 의지를 표출한다. 지금도 "다랑논 높은 둑"의 전원적 배경이 여전하고, 가난했지만 "희망으로 살던 그 집"이라 한다. 화자의 심리는 회상으로 끝나지 않고, 귀향하고자 하는 자의식을 적극적으로 표출한다. 시적 화자에게 고향집은 "달려가고픈" 집이요 "또, 가고 싶"은 집인 것이다. 그럼에도 불구하고 그 집은 현실에 존재하지 않는, 과거의 기억 속에 이미지로 남은 부재의 장소이다. 따라서 화자의 귀향 욕망은 실천적 의지라기보다는 강한 그리움의 표현에 가깝다.

최호길 시는 고향에 관해 이처럼 구체적이고 직접적인 이미지를 구사한다. '고향'이라는 시어를 빈번히 활용하면서 시세계의 중심 모티프로 삼고 있는 것이다. 이는 최호길 시의 성격을 방증하는 형식적 자질 중 하나이다. "문학이 구체적 체험의 표현이라면, 그 세계는 현재나 미래의 시간보다는 과거의 시간"[19] 위에 놓인다. 이때 고향은 부모형제 등의 인간적 요소만이 아니라 그들을 에워싸고 있는 자연, 다시 말해 고향을 구성하는 보다 영속적인 요소로 재현되기 마련이다. 이러한 요소들을 통해 고향을 형상화하는 양상은 〈첫눈〉, 〈고향의 가을〉, 〈옛친구〉, 〈향수의 강〉, 〈염원〉(《민들레》)과 더불어 〈향수〉, 〈望鄕歌〉, 〈도둑고개〉, 〈그때 그 시절〉, 〈내 고향 소식〉(《강물이 하루를 싣고 가네》) 등으로 변주되고 있다.

다음으로, 최명길의 〈강릉 우리 집 · 1〉에서 화자는 어린 날을 회상함으로써 삶의 근원과 자신의 실체를 확인하고자 한다. 존재론의 고전적 정의가 강조하는 바와 같이 회상은 근원의 장소를 떠올리는 것이고, 귀향은 근원

19 이남호, 〈보편적 조화의 가능성을 찾아〉, 《사유의 공간》, 생각의 나무, 2005, 53쪽.

가까이로 돌아가는 것이다.[20] 화자가 그리는 고향은 산 이불 덮은 초가집, 뒷간에 문이 없어 엉덩이를 드러내고 볼일을 보았던 집이다. 이런 과거의 이미지들은 시렁에 아직도 올라앉아 있는 할머니의 참빗과 더불어 "기이한 그 집"의 이미지로 귀결된다. 이처럼 고향집의 기이함 혹은 부재의 장소성은 최호길과 최명길 시편에서 중심 감각으로 공히 반복된다고 할 수 있다.

이상적인 고향은 자연과 어우러진 공간이요, 조상 대대로의 삶에 토대한다는 점에서 생명의 온전한 안식처라는 의미를 갖는다. 그러나 현실의 고향은 현재의 삶 속에서 결핍된 공간이며, 따라서 상실된 낙원으로 의미화된다.[21] 시적 화자는 "마음 속에서 이따금" 고향 집을 불러낼 수밖에 없다. 고향의 묘사는 "정랑", "귓대동이", "살강" 등의 방언과 결합되면서 고유하고도 주술적인 효과를 더하고 있다. 이처럼 시간을 거슬러 "아직 그대로" 생생히 전유되고 있는 불가사의한 감각이기에 "강릉 우리 집"은 "기이한 그 집"이 된다.

> 첫 사랑이 움트던 뒷동산 보득솔 가지에
> 불타던 고향의 노래가 들리고
> 노을 질 때면 참새 떼 생앵두 울타리에
> 날아들어 재잘거리고
>
> 이른 새벽 홀로 깨어
> 고추막장 담그시던 어머님의 갈라진 손등
> 산 그림자처럼 포근히 찾아 들던 곳
> 벗들의 고향
> 꿈속의 고향
> 내가 돌아가야 할 고향이라네.
>
> —최호길, 〈고향의 가을〉(《민들레》) 부분

> 홀로 풀잎을 보다가
> 밤을 지샙니다.

20 M. 하이데거, 소광희 역, 《시와 철학》, 박영사, 1975, 201~203쪽.

21 성기옥 외, 《한국시의 미학적 패러다임과 시학적 전통》, 소명출판, 2004, 456쪽.

가슴 두근거려 밤을 지샙니다.
밤바람이 벗은 나무 새에 머물러 있습니다.
나는 풀잎을 쓰다듬으며 괴로워합니다.
풀잎은 상처
나는 상처를 안고 괴로워합니다.
이 몸은 헤일 수 없는 깊이에 내려가 닿아
어두운 별입니다.
아, 이런 날 밤
밤의 절정에 올라 가만히 흘러가면
고향 강물 멀리
내가 비칩니다.
어디론지 떠나가는 모습
풀잎에 담겨 흔들립니다.
세상을 따라
내가 풀잎이 되어 비틀거립니다.

—최명길, 〈풀잎을 보다가〉(《반만 울리는 피리》) 전문

최호길의 〈고향의 가을〉은 여전히 궁극적 이상의 장소로서 고향이 전경화되고 있다. 시적 화자는 고향집 뒷동산에 "보득솔 가지" 무성하고, 울타리처럼 둘러쳐진 앵두나무에서는 새들이 노래한다고 토로한다. 고향은 어머니의 갈라터진 거친 "손등"에도 "산 그림자"처럼 포근함이 깃드는 곳이라고 고백하면서, 그곳이 바로 자신이 "돌아가야 할 고향"이라고 명명한다. 그 밖에도 최호길은 자신의 고향이 "세상에서 가장 아름다운 골"이라고 단언하면서, "그곳이 내가 태어난 고향"(〈향수의 강〉, 《민들레》)임을 은연중 자부하는 태도를 취한다. 이렇듯 최호길은 어린 날을 회상함으로써 삶의 근원과 자신의 실체를 긍정하고자 한다.

최명길의 경우 고향을 변주하는 작품으로는 위의 〈풀잎을 보다가〉가 대표적이다. 여기서는 상처받은 시적 화자가 "나"의 처지를 "풀잎"과 등치시키고 있다. 풀잎을 보면서 자신이 혼자라는 사실에 괴로워한다. 이러한 상황에 놓인 시적 화자는 잠을 제대로 이룰 수 없다. 그러다 보니 '밤'은 수차례 반복적으로 제시된다. 뿐만 아니라 "괴로워합니다", "상처", "어두운", "비틀거립니다" 등의 표현을 통해 시적 화자의 부정적 내면이 극대화되고

있다. 비극적 상황에서 벗어나고자 시적 화자는 원초적 장소인 고향을 떠올린다. 그럼에도 불구하고 화자의 방황은 바로잡히지 않는다. 이처럼 이 작품은 "세상을 따라/ 내가 풀잎이 되어 비틀거"릴 수밖에 없는 존재론적 비애를 고향의 이미지와 대비하며 부각시키고 있다.

이와 같이 고향은 최호길과 최명길 시세계의 중심 화소이자 상상력의 지평으로 등장하고 있다. 비루함 속에서도 이상적 질서를 간직한 장으로서의 고향은 이들 시편에서 공통적인 감각에 해당된다. 이러한 감각은 고향이라는 상징이 지닌 보편적 의미망에 해당될 것이다. 한편 이들의 시편 속에서 고향은 본질적인 차이 역시 함의하고 있다. 최호길은 표면적으로 귀향의 의지를 적극 표출하고 있다. 이상적 장으로서의 고향 형상은 다양한 소재로 확산된다. 고향에 대한 강한 의지와 집착은 현실의 제약이나 존재론적 한계를 극복하기 위한 기제로서의 고향을 강조하는 형국이라 하겠다. 반면 최명길에게 고향의 집과 자연은 근원을 상상하는 지표인 동시에 불안한 존재의 운명을 감각하는 기제이기도 하다. 따라서 고향은 영원불멸의 이상이거나 궁극적 회귀의 장소로만 전제되지 않는다. 이처럼 최호길과 최명길의 고향은 동일한 장소와 경험이 시간을 거슬러 사후적으로 소급하는 시적 이미지의 다층성을 증거하고 있다. 고향에 관한 시적 상상력이 지니는 공통점과 차이점, 나아가 로컬리티의 고유함과 다양성을 환기하는 흥미로운 사례라 하겠다.

가족 공동체의 양상

강원 영동권 지역 문단에서는 전통 서정의 경향이 주된 문학적 양상으로 기록되고 있다.[22] 최명길과 최호길의 시세계에서도 단형 서정의 양식으로 화자 내면의 심리를 조각하는 경향이 지배적이다. 소재적으로 볼 때 가족 공동체에 대한 형상화 양상이 높은 빈도로 나타나는 편이다. 따라서 가족 공동체의 양상을 구체적으로 파악하는 것은 지역 문학장의 특징과 로컬 히스토리를 구성하는 데 주요한 논거를 제공하리라 본다.

> 우리 집 택호는 안국집이고 강릉 최 씨 참봉공파이지요. 어머니는 17대손 종손 독자인 아버지에게 18세 때 삼척 김 씨 집안에서 시집 오

22 이에 대해서는 남기택, 《강원영동지역문학의 정체와 전망》, 청운, 2013 참조.

> 셨지요. 할아버지께서는 누대로 가난을 이어온 살림살이라 장가 간 작은할아버지를 35세까지 오막살이 초가삼간에서 같이 살게 하였답니다.
>
> 집은 강릉시 입암동 왜지[23]로서 외진 골짜기인데 순전한 등 끝으로 남의 즌사전을 지어 생계를 이어 갔지요. 아버지는 갓 시집 온 어머니가 마음에 안 든다고 부산까지 오입 갔다 오셨대요. 우물이 없어 오리 밖 논둑 좁은 길로 물동이를 순전한 목 힘으로 외따로 수없이 날라야 그 많은 식구와 소를 키울 수 있었습니다.
>
> (중략)
>
> 자식은 십남매를 낳아 여자 아이는 어려서 다 죽고 남자들만 칠 형제를 기르셨습니다.
>
> 밥상이 없어 할아버지와 겸상한 나와 아버지만 조그만 나무 상에 밥을 차리고 할머니를 비롯한 온 식구가 방바닥에 나무 밥통을 가운데 놓고 둘러 앉아 밥을 먹었습니다. 어머니는 항상 부엌 문 앞에서 식사를 하셨습니다. 왜냐하면 식사 도중 물을 떠 나르기 위함이었지요. 주식은 보리감자밥 밀밥이고 국수를 많이 먹는 편이었습니다.
>
> 잠 잘 때는 원래 요 같은 것은 없고 저의 칠형제들은 조그만 엷은 이불 한 장에 다리만 넣고 편한 대로 잤지요.
>
> —최호길, 〈어머님의 향기〉(《민들레》) 부분

위 작품은 최호길 형제의 집안 내력을 상세히 드러낸 시에 해당된다. 시적 화자는 곧 시인과 동일시되고 있는데, 따라서 지극히 사적인 시점에서 자전적이고 사실주의적 경향을 드러낸 작품이라 하겠다. 그런 만큼 회고적이며 고백적인 어조로 자신에게 일어났던 일에 대한 자전적 기억 자체를 형상화하고 있다. 화자가 이야기 형식을 통해 풀어내는 바대로 최호길과 최명길 형제는 강릉시 입암동(왜지)에서 출생하였다. 최호길은 다른 작품에서도 "세상 사람들은 그곳을 왜지골"이라고 했으며, "그곳이 내가 태어난 고향"(〈향수의 강〉, 《민들레》)이라는 식으로 고향의 정위를 각인하고 있다. 위의 시적 전언에 따르면 한 부모에게서 장남과 차남으로 태어난 이들은 조부모, 부모, 그리고 칠형제와 함께 대가족을 이루며 초가집에서 살았다. 남의 땅에 농사를 지어 생계를 이어가는 가난한 살림살이가 적나라하게 재현된다. 보리감자밥, 밀밥, 국수로 연명하였고, 심지어 "칠형제들은 조그만

23 작품 하단에 "왜지: 입암동의 옛 지명"이라는 주석이 달려 있다.

엷은 이불 한 장에 다리만 넣고 편한대로 잤”음을 고백하고 있다.

가족 공동체의 양상이 이들 시세계 속에서 어떻게 변주되고 있는지를 보다 구체적으로 살펴볼 필요가 있겠다. 객관적인 비교를 위해 이들이 공통적으로 활동했던 시기인 1990년대의 작품을 주로 대비하고자 한다. 형식적인 지표를 통해서도 이들 시세계에서 가족 공동체가 점유하고 있는 비중을 파악할 수 있다. 예컨대 최호길의 작품에서 ‘어머니’라는 소재는 위 작품을 포함하여 26편에서 반복된다.[24] 그 밖에 ‘아버지’는 12편,[25] ‘할아버지’는 13편,[26] ‘할머니’는 8편[27], ‘부모’는 3편[28]이다. 이처럼 최호길의 시적 자의식은 가족 공동체의 가치와 회복을 적극적으로 지향하고 있음이 드러난다.[29] 한편 최명길의 작품 속에서 ‘어머니’라는 소재는 3편,[30] ‘할머니’는 2편,[31] ‘할아버지’는 1편[32]으로 파악된다.

> 한여름 무더위가 끝날 때면
> 묵밭 깨끗이 쇈 미나리 골라
> 새순 맥임 훨훨 펴

24 ‘부모’나 ‘어버이’를 제외한 것으로서 작품을 제시하자면 〈어머님의 향기〉, 〈아버님의 강〉, 〈영준〉, 〈마르지 않는 강〉, 〈텃밭〉, 〈발방아〉, 〈어머니와 미나리〉, 〈삼복이 오면〉, 〈한여름밤의 추억〉, 〈햇감자〉, 〈고향의 가을〉, 〈늦가을〉, 〈수석〉, 〈비류〉, 〈동해항의 뱃길〉, 〈향수의 강〉(《민들레》); 〈노을〉, 〈향수〉, 〈조이밭 향기〉, 〈내 고향 소식〉, 〈된장〉, 〈보릿고개〉, 〈초여름 낙조〉, 〈달〉, 〈고추〉, 〈호박〉(《강물이 하루를 싣고 가네》) 등이 그것이다.

25 예컨대 〈우리 아가〉, 〈어머님의 향기〉, 〈아버님의 강〉, 〈참외밭 향기〉, 〈어버이의 은혜 2〉, 〈비류〉(《민들레》); 〈노을〉, 〈그 집에 가고 싶다〉, 〈향수〉, 〈낫〉, 〈내 고향 소식〉, 〈보릿고개〉(《강물이 하루를 싣고 가네》) 등이 있다.

26 〈어머님의 향기〉, 〈참외밭 향기〉, 〈한겨울의 초상〉, 〈감 2〉, 〈까치밥〉, 〈비류〉, 〈봄이 오는 소리〉, 〈아들에게 부치는 편지〉(《민들레》); 〈향수〉, 〈벌초날 사연〉, 〈진달래꽃 1〉, 〈연(鳶) 이야기〉, 〈첫눈이 내릴 때〉(《강물이 하루를 싣고 가네》) 등이 있다.

27 〈부자의 정〉, 〈첫눈〉, 〈눈을 감으면〉, 〈비류〉, 〈아들에게 부치는 편지〉, 〈할미꽃〉(《민들레》); 〈향수〉, 〈호박〉(《강물이 하루를 싣고 가네》) 등이 있다.

28 〈몸만 왔습니다〉, 〈보고 싶은 사람〉(《민들레》); 〈마지막 출근〉(《강물이 하루를 싣고 가네》) 등이 그것이다.

29 기타 ‘아들’ 4편, ‘형’ 2편, ‘동생’ 2편, ‘자식’ 2편, ‘형제’ 1편, ‘남매’ 1편, ‘아가’ 1편 등의 양상을 보인다.

30 〈저 하늘 속에〉(《반만 울리는 피리》); 〈초가을〉, 〈강릉 우리 집 · 2〉(《은자, 물을 건너다》) 등이 그것이다.

31 〈강릉 우리 집 · 1〉, 〈할머니〉(《은자, 물을 건너다》)가 있다.

32 〈강릉 우리 집 · 1〉(《은자, 물을 건너다》)이 그것이다.

하늘빛 우물물 퍼내어
곱게 키운 청신한 미나리 밭

단옷날 손주들 봄옷 사 주려고
수없이 한 묶음씩 베어
곱게 다듬어 한 짐 가득 이시고
십리길 장터에 내다 파신다

그날도
도둑고개 언덕길 올라
시내버스 종점 외줄 나무 의자에
앉아 쉬시다

한 달여 미나리 향기 타고
세상을 떠나셨다.

—최호길, 〈어머니와 미나리〉 전문

어머니, 저는 저 하늘 속에 묻히고 싶어요.
하늘을 이불로 하여 묻혀 있고 싶어요.
지금은 아무 말도 말아 주어요, 어머니
저는 다만 저 광활한 우주에 누워
죽은 듯 누워 가고만 싶어요.

조개구름이런 듯
그렇게 흐르고만 싶어요.

물기러기 날아가며 쓸어 놓은 자리
저 알몸 푸름에 내 영혼을 던져 넣으면
내 영혼은 퍼득거리며 하늘빛 물이 들겠지요.
물이 들어 어두운 이 몸이 맑아지겠지요.
어머니, 저는 그 내적 침묵 하나면 족하여요.

—최명길, 〈저 하늘 속에〉 부분

'어머니'라는 상징은 가족 공동체의 시적 변주에 있어서 핵심적인 화소이자 상상력의 지표일 것이다. 최호길은 〈어머니와 미나리〉에서 '어머니'를 시 제목으로 직접 드러내고 있다. "제목은 사람으로 치면 그의 이름과 같은 것이다. 사람의 이름은 그의 모든 행동의 처음에 올 뿐만 아니라 그의 모든 행동을 대표"[33]한다. 시에서도 제목의 상징적 중요성은 굳이 부연할 대상이 아니다. 〈어머니와 미나리〉에서는 어머니의 '죽음'을 그린다. 유년기에 형성된 모성 인식은 성인이 된 뒤에도 여전히 재현된다. "단옷날 손주들 봄옷"을 사주기 위해 미나리를 "십리길 장터"에까지 팔러 다니시던 어머니가 다시 등장하는 것이다. 앞서 본 〈어머님의 향기〉에서도 장터의 이미지가 드러난 바 있다.[34] 이처럼 〈어머니와 미나리〉에서는 "미나리 향기"와 같은 어머니의 삶이 가족 공동체 속에서 중심 요소로 각인되어 있음을 시적 형상으로 보여주고 있다.

최명길의 〈저 하늘 속에〉에서 시적 화자는 현재에 속한 장소에서의 제약에서부터 벗어나기 위해 어머니를 불러낸다. 그것은 현실에서 해결할 수 없는 일이기에 시적 주체는 "저 하늘 속에 묻히고 싶"다고 절규한다. 여기에 "침묵"이라는 시어를 병치시킴으로써 마지막 "죽은 듯"이라는 부재의 인식을 강하게 뒷받침하고 있다. '죽음'은 인간이라는 존재의 선험적 한계에 해당된다. 존재를 증명하는 것이 살아 호흡하는 것이기에 죽음은 존재를 가장 극명하게 드러내는 표현이라고 할 수 있다. 이때 죽음이 지닌 시적 의미는 육신의 소멸이 아니라 진정한 미의 근원에 도전하는 것일 수 있다. 소멸과 허무를 인간의 존재론적 조건으로 전유할 수 있는 것이다.[35] 이처럼 최명길의 〈저 하늘 속에〉에서 어머니는 가족 공동체 내 중심인물로서 재현되며, 현재의 장소성 혹은 실존적 한계로부터 탈피하는 계기로서의 역할을 담당하고 있다.

> 쪽빛 바다에 황금빛 뿌리며
> 붉끈 솟아 오르는 햇살

33 권영민, 《이상문학 60년》, 문학사상사, 1998, 333쪽.

34 시적 화자는 "자식들 학비 마련"을 위해 "돌아가실 며칠 전까지"도 시장에 "감자, 미나리, 호박, 가지, 감" 등을 내다 파셨다고 고백하고 있다.

35 이승원, 《한국 현대시사》, 민음사, 2007, 421쪽.

공활한 하늘이 살며시 찾아옵니다

반쯤 언 호수엔 백조가 날고
실개천에서 썰매 타던 곳
한 줄기 소망을 돌 제단 위에
정한수 한 대접 떠 놓으시고
무병장수 빌던 할머님의 모습
아련한 추억이 보입니다

—최호길, 〈눈을 감으면〉 부분

할머니 삼베 치맛자락 멀리 가고
꽃상여는 풀어져 돌아왔다.

나는 그 밤을 뜬 눈으로 새웠지만
山役에서 돌아온 사람들은 깊이 잠들었다.

뜸부기가 울고
봉창에 살구씨 같은 별이 떴다.

—최명길, 〈할머니〉 전문

최호길의 〈눈을 감으면〉은 할머니를 추억하는 양상이다. "황금빛", "햇살", "소망" 등 밝은 이미지들이 나열되고 있다. 온 가족의 "무병장수 빌던 할머님"은 '어머니'와 진배없이 가족을 위해 살아가는 모습이다. 뿐만 아니라 최호길은 〈아버님의 강〉에서도 아버지도 가족 공동체를 위한 삶을 살았다고 토로한다. 시적 화자의 아버지는 "감자 보리 조 씨앗 뿌려 주식 농사 지으시며", "자식들 학비에 보태"려고 곶감을 만들고, 김장거리를 소달구지에 싣고 "안목바다 바위 틈 간물 씻어" 나르기도 했다고 고백한다. 그리고 〈향수〉에서 시적 화자는 할아버지와 할머니가 들려주는 "정감어린 옛이야기"를 들으면서 꿈과 사랑을 키우던 시절을 그리고 있다. "은하수", "아름드리 감나무", "솔부엉이", "여린 반디", "마당비", "논섬길", "툇돌", "수통 참외" 등 전통적 · 토속적인 시어를 통하여 먼 추억 속에 묻힌 과거를 현재로 소급한다. 이렇듯 최호길의 시적 분위기가 안온한 것은 "온 식구가 둘러

앉아" 오순도순 살아가는 생태적 공동체의 모습을 지향하고 있기 때문이다.[36]

최명길의 〈할머니〉는 '할머니'를 표제로 내세워 그의 '죽음'과 연결한 6행의 단시이다. 이 시에서는 시적 화자의 내면 의식이 시어 "삼베", "꽃상여", "산역" 등을 매개로 할머니의 '죽음'으로 확장되고 있다. 뿐만 아니라 "山役에서 돌아온 사람들"은 "깊이 잠들었"지만, "나"는 "그 밤을 뜬 눈"으로 지새울 수밖에 없었음을 대비적으로 배치한다. 가족을 잃은 시적 화자의 슬픔이 극대화되고 있는 형국이라 하겠다. 더욱이 청각적 이미지 "뜸부기 우는 소리"와 시각적 이미지 "봉창에 살구씨 같은 별"이 중첩되면서 가족 공동체의 장소가 자연의 장소, 즉 새가 우는 숲과 달이 뜬 하늘로 변주되고 있다. 이는 할머니의 죽음을 인식한 시적 화자가 가족 공동체의 인위적 경계를 뚫고 새로운 생태적 경계를 구성하는 비의적 순간에 해당된다.

이처럼 최호길의 시편들에서는 가족과 관련된 소재가 가족 공동체의 원형적 의미로 재현되고 있다. 가족과 관련된 시어는 가정의 안식을 제고시키는 기능을 하고, 특히 시어 '어머니'를 통하여 모성적 특성인 영원성과 생명성의 발원지로서 가족 공동체가 강조된다. 최호길은 소박한 농촌의 삶을 지향하면서 시세계의 전체 구조를 관통하는 핵심 기제로서 가족 공동체를 설정하고 있는 것이다. 시적 화자는 가족 공동체를 통하여 영원과 생명의 공간으로 회귀하고자 하는 강렬한 욕망을 지닌다.[37] 한편 최명길의 시편들에서 가족은 '죽음'이 갖는 존재론적인 차원의 문제와 관련된다. 가족 공동체의 외현에 매몰되는 것이 아닌, 특정한 혈연을 넘어 존재론적 관계를 사유하는 형이상학적 가족 관계가 부각되고 있는 것이다. 이러한 가족 공동체의 확장은 친족 단위를 넘어 지역 공동체, 나아가 자연까지도 포함하는 생태적 공동체의 지평을 환기하는 중요한 시상이라 하겠다. 요컨대 최호길과 최명길의 작품들은 가족 공동체가 유년 시절의 삶을 지배하는 근원적인 힘이 존재하는 장소이자 고유하고도 확장된 로컬리티의 시적 형상화 요소임을 보여주고 있다.

36 이 글에서 사용하는 '생태'

37 한성우, 〈모성적 향토자연을 향한 갈등 혹은 화해〉, 《강물이 하루를 싣고 가네》, 140쪽.

3. 장소성과 생태학적 지평

장소 지표의 변주 장소는 인간의 구체적 경험이 생성되는 곳이다. 장소가 없는 체험은 존재할 수 없다. 강릉 태생인 최호길과 최명길은 해안선을 따라 남쪽 지역인 동해시와 북쪽 지역인 속초시에 각기 정착하여 삶을 살았다. 물론 한 부모 밑에서 태어나 유년 시절을 함께 고향에서 보냈으므로 기층적 로컬리티의 성격이 존재하는 것은 사실이다. 하지만 최호길과 최명길의 작품 속에 녹아 있는 장소성의 지향점이 각각 다르게 나타나고 있어 흥미롭다.

이들이 함께 활동했던 1990년대를 보면, 최호길의 작품 200편 중 29편에서 강릉과 동해 지역의 장소 소재가 드러난다. 그 중 강릉 지역은 19편(65.5%)이고, 동해 지역은 10편(34.5%)이다.[38] 그의 작품에서는 고향 '입암동', '왜지골' 등의 지명이 그대로 드러나고 있으며, '안목바다', '월호평', '대관령', '남대천' 등 강릉의 지명 역시 그대로 시어로 사용되었다. 한편 동시대 최명길의 165편 작품에서는 강릉과 속초 지역의 장소 지표가 16편에서 나타난다. 각각 강릉 지역 2편(12.5%), 속초 지역 14편(87.5%)이다.[39] 그 중 시어 '설악산'은 12편의 작품에서 사용되었다. 요컨대 최호길의 경우는 고향의 장소성을 추구하는 경향을 보이고, 최명길의 장소 지향은 '설악산'으로 특화된다. 다시 말해 두 시인의 작품에서 나타난 장소 소재의 선호도에서 최호길은 고향인 강릉 지역의 장소에서, 최명길은 속초 지역에서 강세를 보인다.

38 강릉의 경우 〈어머님의 향기〉, 〈아버님의 강〉, 〈장날〉, 〈대관령 〈1〉〉, 〈대관령 〈2〉〉, 〈옛친구〉, 〈향수의 강〉, 〈고목나무〉, 〈이별이 숙명처럼〉, 〈염원〉(《민들레》); 〈노을〉, 〈도둑고개〉, 〈그때 그 시절〉, 〈江陵 이야기〉, 〈내 고향 소식〉, 〈보릿고개〉, 〈진달래꽃 · 1〉, 〈죽두의 추억〉, 〈대관령〉(《강물이 하루를 싣고 가네》) 등이 해당된다. 동해의 경우 〈삼화사 가는 길〉, 〈망상해수욕장〉, 〈촛대바위〉, 〈동사무소〉, 〈동해항의 뱃길〉, 〈동해의 꿈〉(《민들레》); 〈천곡동 그 사람〉, 〈甘湫寺의 하루〉, 〈지상사 철불〉, 〈무릉계의 봄〉(《강물이 하루를 싣고 가네》) 등이 있다.

39 강릉의 경우 〈강릉 우리 집 · 1〉, 〈강릉 우리 집 · 2〉(《은자, 물을 건너다》); 〈산 대접〉, 〈달을 보았다〉, 〈靑山韻〉, 〈십이선녀탕〉, 〈설악산도 가끔〉, 〈지리산 팔랑개비〉, 〈청동불통〉(《반만 울리는 피리》) 등이 해당된다. 속초의 경우 〈겨울 설악〉, 〈메밀꽃〉, 〈설악을 보며〉, 〈외옹치 바다〈1〉〉, 〈외옹치 바다 〈2〉〉, 〈물음〉, 〈대청봉서 하루〉(《반만 울리는 피리》) 등이 있다.

몸을 닦아
사시에 푸르고
눈을 떠
소망으로 우뚝 선 산마루
딴 세상을 만든다.

대관령은 문을 열고
때 없이
나를 부른다.

—최호길, 〈대관령〉 부분

설악 깊은 골에
나 산밭 하나 일구었네.

씨 묻은 후
몇 차례 소나기가 밟고 갔네.

샛강에 초가을 달
그 눈물을 지우던 날

메밀꽃은 흐드러져
골짜기를 채웠네.

가신 이의 뼛가루
온 산 가득 뿌려졌네.

—최명길, 〈메밀꽃〉 전문

최호길이 고향인 강릉 지역의 장소 지표를 드러낸 〈대관령〉에서는 "푸르고", "소망"이라는 밝은 이미지를 구사하고 있다. "대관령은 문을 열고/ 때 없이/ 나를 부른다"는 표현은 마치 '대관령'이 자녀를 집으로 불러들이는 듯한 '어머니'의 형상을 취한다. 한편 최호길이 그의 생애 중 가장 오래 삶을 살았던 동해 지역의 장소 지표를 사용한 〈촛대바위〉에서는 시적 화자의 우울한 정조가 우세하다. "홀로 서 있는/ 촛대바위는// 세상을 등지고/

불도 켜지 않고/ 수평선만 바라보고 있다"는 식으로 일출의 명소 촛대바위를 일몰의 장소로 대치하면서 관조의 자세를 취한다. 이는 장소의 친밀감보다는 대타적인 관점에서 장소를 사유하는 양상과 같다. 그 밖에도 〈삼화사 가는 길〉에서 "시리도록 쌍폭 맑은 소리 벽계수따라/ 꾀고리 쌍지어 무릉반석 넘나"든다고 노래한 부분, 〈망상해수욕장 소식〉에서 "새아침 햇빛 솟으면/ 황금빛 바다는 다시 북새통 해변이/ 설레임으로 시작된다"고 표현한 부분 등에서도 유사한 정조를 엿볼 수 있다.

최명길의 작품 〈메밀꽃〉에서는 시적 화자가 표면적으로 설악산 자락에 있는 밭에서 메밀이 자라나는 과정을 진술하고 있다. "묻은 후"와 "밟고 갔네" 간의 대비는 예사롭지 않는 징후를 예감케 한다. 작품의 말미에는 메밀꽃의 활짝 핀 모습을 "가신 이의 뼛가루"라는 이미지에 투사하고 있다. 이러한 구도는 '메밀꽃'과 '인간'의 경계가 무화된 생태학적 지평을 환기한다. 마치 화자가 생을 마칠 장소로서 설악을 상정하고 있는 듯하다. 최명길의 작품에서 설악산은 종종 죽음과 관련된다. 위의 작품 외에도 〈겨울 설악〉, 〈설악을 보며〉, 〈설악산도 가끔〉, 〈청동불통〉 등을 들 수 있다.[40] 그 외에도 작품 〈물음〉에서는 "빈 나무", 〈대청봉서 하루〉에서는 "울음 소리", 〈달을 보았다〉에서는 "배고픈 날들" 등의 시어가 어두운 정서를 보여주고 있다.

이상으로 살펴본 바대로 최호길과 최명길의 작품은 특정 장소들의 경험이 시화되는 양상이 주요한 국면을 형성한다. 주지하는 바와 같이 "문학의 구체적 체험은 한 사회를 추상적 가치 속에 고착시키는 전체화에 길항하는 기능"[41]으로부터 자유로울 수 없다. 장소는 시의 주체에게 영향을 주며, 또한 시의 주체 역시 장소를 경험함으로써 상호 교감을 이루게 된다. 또한 장소는 공간의 일부로서 인간의 구체적 경험이 생성되는 맥락적이고 문화적인 의미와 관련이 깊다. 따라서 장소로 인식하는 생활과 세계는 공간과 비교했을 때 특별한 가치를 지니며, 나아가 우리의 정체성을 형성하기에 이른다.[42] 이처럼 최호길과 최명길의 시편은 강원 영동권 지역의 다양한 장소 소재가 형상화되고 있을 뿐만 아니라 실존적 배경으로 장소가 전

40 〈메밀꽃〉에서 "가신 이의 뼛가루", 〈겨울 설악〉에서 "해골", 〈설악을 보며〉에서 "연옥", 〈설악산도 가끔〉에서 "구천지하", 〈청동불통〉에서 "죽음"이라는 시어가 나타난다.

41 이남호, 《사유의 공간》, 생각의 나무, 2005, 51쪽.

42 에드워드 렐프, 김덕현 · 김현주 역, 《장소와 장소상실》, 논형, 2005, 77~104쪽 참조.

유되는 양상을 변주하고 있다.

생태문학적 양상 최호길과 최명길이 일생을 살았던 강원 영동권 지역은 산과 바다로 어우러진 지역이다. 따라서 구체적인 장소 지표는 동시에 생태학적 지평과 연동된다. 이들 작품에서는 예의 자연에 관한 소재가 반복적으로 등장한다. 특히 '산'에 관련된 사유가 강세를 보인다. 1990년대 최호길 작품 속에서 '산'은 200편 중 44편(22%)에 이르며,[43] 최명길의 작품 속에서는 시어 '산'이 165편 중 86편(52%)으로서 과반을 점유한다.[44]

> 실타래 몽실 구름 일면
> 산 위에 또 산을 만들고
> 물 속에 잠기면 이그러졌다 다시
> 몸을 일으키며
> 가까이 가면 미풍에도 움직이고

43 작품 목록을 열거하자면 〈장날〉, 〈마르지 않는 강〉, 〈참외밭 향기〉, 〈첫눈〉, 〈까치밥〉, 〈고향의 가을〉, 〈단풍〉, 〈대관령〈2〉〉, 〈삼화사 가는 길〉, 〈소요〉, 〈수석〉, 〈달〉, 〈퇴직 맞는 새봄에〉, 〈낙조의 다짐〉, 〈사월의 향수〉, 〈이유없는 이별〉, 〈산〉, 〈동해의 꿈〉, 〈사월의 연정〉, 〈진달래꽃〉, 〈참 시작을 위하여〉, 〈가을산에 오르는 사람〉, 〈이별이 숙명처럼〉, 〈금강산〉, 〈백두산〉(《민들레》); 〈望鄕歌〉, 〈도둑고개〉, 〈낫〉, 〈조이밭 향기〉, 〈泉谷洞 그 사람〉, 〈벌초날 사연〉, 〈江陵 이야기〉, 〈내 고향 소식〉, 〈보릿고개〉, 〈강물〉, 〈진달래 · 1〉, 〈진달래 · 2〉, 〈가을 편지〉, 〈산〉, 〈파도〉, 〈대관령〉, 〈우울한 하루〉, 〈바람이고 싶어라〉, 〈歲寒 정경〉(《강물이 하루를 싣고 가네》) 등이다.

44 작품 목록을 열거하자면 〈아기산〉, 〈달마봉 동배꽃〉, 〈산〉, 〈산울림〉, 〈산지기〉, 〈겨울 설악〉, 〈아침 산〉, 〈반달〉, 〈반만 울리는 피리〉, 〈메밀꽃〉, 〈시의 오두막〉, 〈매봉산 그 사람〉, 〈설악을 보며〉, 〈그날〉, 〈미몽의 노55래〉, 〈가을 편지〉, 〈온 하늘을 불사른 후에야〉, 〈단풍 아래서〉, 〈저 하늘 속에〉, 〈물음〉, 〈달 베개〉, 〈혼자 있는 밤〉, 〈깊은 강〉, 〈대청봉서 하루〉, 〈그날 밤에〉, 〈온몸 새벽으로 깨어〉, 〈산에서 길을 보며〉, 〈바람 찬 날에〉, 〈오솔길〉, 〈산바람〉, 〈동해가 달을 품고 있을 때〉, 〈저녁 놀〉, 〈소를 찾으며〉(《반만 울리는 피리》); 〈만남의 잎새〉, 〈산 대접〉, 〈향기〉, 〈밤길〉, 〈青山韻〉, 〈내가 나를〉, 〈은자, 물을 건너다〉, 〈띠풀집〉, 〈산파도〉, 〈隱寂庵〉, 〈너〉, 〈귀〉, 〈산향기〉, 〈산이 된 사람〉, 〈산 게으름뱅이〉, 〈누운 산〉, 〈물 속 산〉, 〈눈 산〉, 〈솔부엉이〉, 〈산노루〉, 〈어느 날〉, 〈산바라기〉, 〈구름 산을 타고〉, 〈십이선녀탕에서 하룻밤〉, 〈알몸뚱어리 잔치〉, 〈설악산도 가끔〉, 〈물방울〉, 〈죽은 나무 · 1〉, 〈잃어버린 나〉, 〈보고있는 사람〉, 〈가을 밤〉, 〈귀뚜라미〉, 〈흰구름 그 사람〉, 〈桶理를 지나며〉, 〈쓸모없는 사람〉, 〈시인 학교〉, 〈잠자는 나무〉, 〈할머니〉, 〈죽변〉, 〈눈 내리는 날〉, 〈백두산〉, 〈지리산 먼 새벽〉, 〈지리산 촛불〉, 〈토끼봉 미싯가루〉, 〈산잠자리〉, 〈지리산 팔랑나비〉, 〈바위꽃〉, 〈지리산 땅바람소리〉, 〈지리산 狂人〉, 〈지리산 황소능선〉, 〈죽은 나무 · 2〉, 〈청동불통〉, 〈피 묻은 산〉(《은자, 물을 건너다》) 등과 같다.

바라보다 쳐다보면 높아지는 산
기쁨이 있을 때는 노을춤 추고
슬픔이 있을 때는 이슬눈물 흘린다

오르면 오를수록 넓어지는 산
나도 산이되어 산속에서 늡는다.

—최호길, 〈산〉 부분

저 요란스러운 바람소리를
어쩔까?
산을 본다.
한밤에 몸을 씻고 앉아
깊은 침묵에라도 든 듯,
가므스레
달무리 거닐어 가고 있는
산,
그 흐름을 지켜본다.
문득 내 이마에 와 비치는 산
그 산이
나를 괴롭혔다.

—최명길, 〈산〉 전문

위에서 최호길은 '산'을 지기(知己)처럼 의인화하여 "기쁨"과 "슬픔"을 함께 나누는 위안의 대상으로 보고 있다. "쳐다보면 높아"보이는 산도 "오를수록 넓어지는 산"으로 체감된다. 그리하여 감각적 전이의 대상으로 인식하고, 급기야 시적 화자는 "나도 산이 되어 산속에 늡는다"고 토로한다. 그러다 보니 최호길의 시에 나오는 '산'에 관련된 시어들은 '뒷동산'에 치중되어 나타난다. 예컨대 〈참외밭 향기〉의 "뒷동산 꾀꼬리", 〈낫〉의 "뒷동산 찰갈비", 〈벌초날 사연〉의 "뒷동산 굴참나무", 〈보릿고개〉의 "뒷동산에 올라" 등이다. 이처럼 최호길의 작품 속에서 '산'은 고향집 '뒷동산'처럼 친근하여 안식을 얻을 수 있는 생태적 존재로 기능하고 있다.

최명길은 《반만 울리는 피리》의 서문에서 "산과 물은 내 시의 집"[45]임을 밝혔고, 또한 《은자, 물을 건너다》의 서문에서는 "산과 물은 내 시의 화두"[46]라고 적시하였다. 이것은 최명길의 작품에서 '산'이라는 시어가 과반수를 차지하는 것과 무관하지 않다. 최명길과 산의 운명적 관계는 "산의 치마폭에 휩싸여 있는 동안에는 깊은 내 그늘 속 애증과 비애가 어디론지 스러"[47]진다고 고백한 부분에서도 확인된다. 위의 시 〈산〉에서 화자는 "요란스러운 바람소리"라는 인간의 염려를 "침묵"으로 잠재울 수 있다고 확신하는데, 그 믿음을 산에서 발견한다. 이처럼 산은 허욕과 욕망의 내면을 털어버릴 수 있는 귀의처이자 자아 성찰의 장소이다. 이러한 시정신은 자연과 하나가 된 생태적 존재론의 지평과 다르지 않다.

최명길 시세계에 특화되어 있는 생태학적 지향은 남다른 주목을 요한다. 일생을 거쳐 산행에 몰두했던 최명길이기에 망자가 된 이후에도 산에 관한 유고가 지속적으로 발견되고 있다. 《산시 백두대간》(2014), 《잎사귀 오도송》(2016), 《히말라야 뿔무소》(2017) 등의 유고시집이 단적인 사례이다. 이들 텍스트는 자연과 삶을 하나로 여겼던 최명길의 문학 인생을 사후적으로 증거하고 있다.

어찌 헤아릴까?
해 돋을 녘 동해에 떨어진 물 한 방울
반짝 하는 순간
온 설악이 환히 비쳐있네.
나 이제 그 물방울산 水月과 함께 해도
괜찮으리
고요해져
한 마리 나비로 변하거나
벌레로 변하거나

—최명길, 〈동해와 물 한 방울〉(《콧구멍 없는 소》) 전문

45 최명길, 〈시의 집〉, 《반만 울리는 피리》, 3쪽.
46 최명길, 〈누덕 등불〉, 《은자, 물을 건너다》, 5쪽.
47 위의 글, 같은 쪽.

최명길은 스스로 뽑은 대표작 중 하나로 위 작품을 지정한 바 있다.[48] 이 작품은 자연과 화자, 그리고 시의 언어가 일치하는 물아일체의 감각을 전달한다. 한 방울의 물방울이 동해라는 대양과 만나는 순간, 화자의 신체는 설악의 "물방울산 水月"이 되거나 "한 마리 나비" 혹은 "벌레"로 전이된다. 일생을 바친 생태적 사유가 우화등선의 경지를 감각하는 시편과도 같다. 이는 또한 '詩禪一味'의 세계를 온몸으로 증거하는 적실한 작품이라 할 수도 있겠다.[49]

요컨대 최호길의 작품에서는 자신의 고향인 강릉 지역의 다양한 장소명이 밝은 정조와 더불어 재현된다. 특히 뒷동산과 같은 향수의 장소는 친근감 있게 반복되고 있다. 한편 최명길의 작품에서는 속초 지역의 장소 상징인 '설악산'이 우세하며 어두운 정조를 드러낸다. 그는 《반만 울리는 피리》의 서문에서 "산은 일몰을 부르는데 괴로움은 가슴을 떠날 줄 모르고 육신은 六根의 노예가 되어 흔들"[50]리는 존재임을 밝힌다. '산'은 시인에게 자아 성찰의 공간으로 존재하고 있는 것이다. 또한 기존의 인위적 경계를 해체하고 새로운 생태적 지평을 지향하는 시상을 발견할 수 있다. 최호길과 최명길의 작품이 형상화한 다양한 장소 지표와 친자연적 서정은 인위적 권력 의지, 인간이 제도적으로 구획한 장소 경계와 무관한 생태적 경계의 지평을 환기하고 있는 것이다.

4. 지역 문학사적 의미

모두에 언급한 바와 같이 최호길과 최명길 시는 강원 지역의 문단에서 중요한 의미를 지닌다. 최호길의 경우 동해, 최명길의 경우 속초 지역에서 현대적 문학장의 1세대 격 인물로서 상징적 의미를 지니고 있다. 이들의 활동은 이성선과 최인희[51] 등을 잇는 생태문학적 계보학의 주요 단위로 기록

48 최명길, '자선대표시', 《열린시학》 17(4), 고요아침, 2012. 12, 29쪽.

49 이 찬, 〈'詩禪一味', '禪那'로서의 시에 새겨진 고통의 편린들—최명길 시의 방법론〉, 《열린시학》 17(4), 고요아침, 2012. 12, 52쪽.

50 최명길, 〈시의 집〉, 앞의 글, 4쪽.

51 이들이 강원 영동권 문단에서 지닌 상징적 의미에 대해서는 남기택, 《강원영동지역문학의 정체와 전망》, 앞의 책 참조.

되어야 한다. 최명길의 얼마 되지 않는 문학론 중에는 다음과 같은 구절이 있다.

> 나는 한때 시적 공간을 무슨 성역인 걸로 알았다. 그렇지만 시적 공간은 성역이 아니라 생활 속에 있다. 삶에 부딪혔다가 문득 날카롭게 허공을 차고 지나가는 미묘한 감정이 시의 촉을 움 틔운다.[52]

이 말은 진솔한 삶 속에 문학의 정수가 내재되어 있다는 깨달음을 전한다. 이들의 문학적 생애에는 외형적인 문단 정치나 권력이 부각되는 편은 아니다. 그럼에도 불구하고 지역 문단을 구성하고 적극적 활동을 지속한 면모는 이들 문학의 아비투스이자 남다른 면모라 하겠다. 앞서 본 것처럼 강원권 영동 지역의 경우 한국전쟁기 활동한 청포도동인회 이후 1960년대 이후에야 지역 문단이 정립되는 모습을 보인다. 이러한 현황을 통해 최호길과 최명길의 활동이 강원 영동권에서 본격적인 지역 문단을 형성하는 주요 계기였음을 알 수 있다. 이 또한 문학장의 실천적 사례로서 지역 문학사에서 의미 있는 지표일 것이다.

이 글은 강원 지역의 형제 시인 최호길과 최명길의 시세계에 대해 로컬리티와 생태적 지평을 중심으로 고찰하였다. 시인의 생애와 시적 자의식은 지역이라는 범주와 긴밀히 연관되는데, 강릉은 최호길과 최명길의 출생지로 어려서부터 가족과 함께 삶을 살았던 근거지이다. 성인이 된 이들은 각각 동해와 속초에 정착하여 문학 활동을 하다가 생을 마감했다.

이들의 시세계는 강원 지역의 친자연적 성향에 기초하고 있다. 강원 지역이 지닌 천혜의 자연환경, 생태문학적 전통 등이 이들 시세계에도 이어지고 있는 것이다. 먼저, 이들의 시에는 고향의 원형과 중층적 양상이 빈번히 등장한다. '어머니', '할아버지', '할머니' 등 가족 공동체의 다양한 형상 역시 고향을 중심으로 하는 시적 지평의 근저를 형성하는 주요 요소라 하겠다. 다음으로, 이들의 작품세계를 통해서 장소성에 기반한 생태학적 지평을 발견할 수 있다. 문학적 삶과 실천 장소로서의 지역은 최호길과 최명길 시의 핵심적 의미망을 형성하게 된다. 문학 내적으로는 설악산과 동해

52 최명길, 〈시의 돌팍길은 미묘하고도 멀어〉, 《유심》 2013년 12월호, 150쪽.

가 대표적인 장소 이미지로 반복 전유된다. 이는 장소성을 매개하는 전형적인 서정의 양상이요, 해당 지역의 생태문학적 지평을 형성하는 소이일 것이다. 문학사회학적으로는 생태주의적인 삶, 지역 문단의 구성과 헌신적 노력 등이 부각된다. 이러한 면모는 문학적 측면에서 로컬 히스토리를 정립하는 데 필수적인 요인 중 하나이다. 이처럼 최호길과 최명길의 시는 문학이 인간 삶의 총체성을 반영하고, 대부분의 생이 존재가 귀속된 지역에서 이루어진다는 보편적 명제를 실증하는 사례에 해당된다. 소재주의를 넘어 로컬리티를 전유한 성취, 생태학적 시학의 지평 등은 최호길과 최명길의 시세계가 지닌 문학사적 의의로 기록되어야 할 것이다.

11

강원권 문학운동의 현 단계

—강원작가회의와 그 과제

1. 운동의 시대

강원 지역의 문학운동은 오랜 역사적 연원을 지닌다. 근대적 의미의 문학 제도가 성립된 이래 강원 지역은 지속적으로 운동사적 실천 양상을 담보해 왔다. 이러한 면모는 구한말의 의병 활동을 매개로 발생된 의병문학, 지역 출신의 작가들의 신소설, 일제강점기 근대문학의 다단한 전개 과정 속에서 직간접적으로 발견된다.[1] 한국전쟁 이후 본격적으로 정립되어 온 강원 지역의 문학장 속에서 진보적 문학운동은 본격적으로 조직적 형태를 갖춰 나가기에 이르렀다.

1960~1970년대를 거치면서 한국 문학운동은 본격적으로 발전되어 나갔다. 그 정점에 1980년대라는 시대가 놓인다. 1980년대를 운동의 시대로 호명하는 데에는 특별한 이견이 없을 줄 안다. 이때는 대한민국이라는 사회 구성체의 각 분야에서 민주화가 급속도로 진전된 시기였다. 물론 이러한 일대 변혁은 관련된 제반 모순과 내적 성숙이 축적되어 온 시간을 전제로 한다. 사회 운동사에 있어서 1980년대는 이른바 중층결정의 시점이었던 것이다.

문학장의 경우도 예외는 아니었다. 진보적 문학운동의 흐름이 조직적

1 근대 문학장 초기의 강원권 문학 양상에 대해서는 남기택, 《강원영동지역문학의 정체와 전망》, 청운, 2013 참조.

으로 규합되어 탄생한 민족문학작가회의(한국작가회의) 창립 총회가 개최된 것은 1986년 9월의 일이다. 여기에는 1974년 자유실천문인협의회 창립, 1980년 기관지 《실천문학》 창간 등의 전사가 선행되어 있다. 민족문학의 내적 역량이 성숙되어 출현한 작가회의는 지역의 문학운동에 대해서도 거점 조직으로 기능하기에 충분하였다.

《강원작가》의 탄생은 문학사 내에 존재했던 이러한 흐름과 연동된다. 강원권 문학장 속에서도 민족문학의 전통은 일부 작가들에 의해 계승되어 왔고, 개별 지역 단위에서의 동인 단체 활동으로 조직화되고 있었다. 그러한 동력을 바탕으로 민족문학작가회의 강원지회는 1999년 10월에 결성되었다. 그 기관지 형식인 《강원작가》는 단체 결성 이듬해인 2000년 12월에 창간호의 결실을 맺었다. 지령 21호를 맞는 2018년 현재, 《강원작가》는 창간호로부터 19년, 단체 결성으로부터 20년의 역사를 지니게 된 것이다.

이 글은 《강원작가》의 지난 흐름을 되돌아보고, 앞으로의 방향을 모색하기 위한 목적을 지닌다. 이런 류의 주제는 한 편의 글이 감당할 수 있는 범위를 넘어서기 마련이다. 20여 권에 이르는, 그것도 전 장르가 망라된 텍스트를 개별 평론이 다루기란 불가능에 가깝다. 따라서 이 글은 작가론이나 작품론이 되기 어렵다. 그보다는 《강원작가》라는 매체 자체를 대상으로 삼은 일종의 메타비평 성격을 지닐 수밖에 없다.

2. 《강원작가》의 창간과 출사표

연간지 형태로 발간되어 온 《강원작가》가 18년 간 20호의 지령을 갖게 된 것은 2001년과 2005년의 경우에 반년간지였기 때문이다. 이때 발간된 2~3호와 7~8호를 제외한 《강원작가》는 모두 연간지이다. 잡지의 체재는 창간 당시와 지금을 비교할 때 크게 달라지지 않았다. 기념비적 의미가 있는 만큼 창간호 목차를 다시 보면 아래와 같다.

창간사: 이상국

초대시: 조오현, 이성선, 김준태, 박기동, 최명길, 류명선, 고형렬, 정일남
초대글: 민영

회원시: 성희직, 정근풍, 허림, 류재만, 지영희, 김남극, 최돈선, 최봉명, 이창희, 손흥기, 하말철, 심은섭, 이용식, 박수련, 김창균, 서정욱, 최돈선, 김영욱, 권혁소, 이상국, 김홍주, 서경구, 이언빈, 장승진, 김영섭, 오태권
단편소설: 이상인, 유형종, 이순원, 김도연
특집(이태준): 이병렬
논문: 유형종

《강원작가》 창간호는 대개의 문예지가 보편적으로 다루는 내용을 비교적 충실히 갖추고 있다. 신생의 조직에서 펴내는 기관지임에도 불구하고 시와 소설을 위시한 창작 장르와 더불어 평론 형식을 포함하는 종합지로서의 성격을 지니고 있었던 것이다. 이는 무엇보다 그 전부터 지속되고 있던 지역 내 문학 활동의 역량 덕분이라 하겠다. 척박한 문화 환경 속에서도 문학적 신심을 놓지 않았던 작가들과 단체들의 조직적 성과가 전제되어 있었기에 강원작가회의의 성공적 전개가 가능하였다. 그런 점에서 개별 문인은 물론 단위 지역별로 전개되고 있는 동인 활동은 《강원작가》의 역사와 더불어 소중히 기록되어야 한다.

체재만을 두고 볼 때 예의 시란의 비중이 큰 동시에 4편의 단편소설이 수록되고 있는 점 역시 주목된다. 대개의 지역 문단은 시 장르의 비중이 절대적 우위를 점하고 있다. 이러한 양상은 강원권 지역에서도 유사하게 나타난다. 그럼에도 불구하고 전통적으로 특화된 서사적 지평의 저력은 《강원작가》가 지닌 강점이자 개성임이 창간 당시부터 발견되고 있다.

한편 논문란(〈'통的'인 문학의 완성—김소진론〉)과 특집란(〈이태준의 문학사적 위상〉)에 수록된 글은 이른바 '학술 논문'의 형태이다. 문예지에 논문 게재가 불가한 건 아니겠으나, 이것이 곧 '평론'의 부재를 뜻한다는 점에서는 문제적이다. 논문과 평론의 엄격한 구분은 한국 학계와 평단의 관행이자 병폐이기도 하다. 이 구분을 절대화할 필요는 없다. 그러나 장르론적 관점으로 볼 때 평론과 달리 논문은 문학의 범주로 보기 어렵다. 더더욱 특집란의 글은 기존에 발표되었던 논문(《상허학보》 1집, 1993. 12)이 특별한 설명 없이 그대로 재수록된 경우에 해당한다. 잡지의 기획이 본의 아니게 중복 게재라는 결과로 이어진다면 문제가 아닐 수 없다. 이런 현상은 평론에 대한 자의식의 결여, 나아가 지역 내 열악한 평단의 실정을 반증하는 사례라 하겠다.

강원권 문단에서 전문 평론가가 극히 부족한 현실은 20여 년이 지난 지금도 별반 달라지지 않았다.

그렇다면 《강원작가》의 모토 혹은 문학적 세계관은 어떤 것인가. 물론 이는 조직의 강령에 명문화되어 있겠지만, 이론적 정의가 문학적 결과를 담보하는 것은 아니다. 작품의 총량에 대한 귀납적 접근으로 이를 추론해야 마땅하나, 주어진 시간과 지면은 부족하기만 하다. 이때 '창간사'라는 상징적 수사는 이념과 실천이 공존하는 훌륭한 텍스트일 수 있다. 당시 민족문학작가회의 강원지회장이었던 시인 이상국은 다음과 같이 창간사를 쓴다.

> 강원도는 자칭 미래의 땅이다. 그것은 서울에서 멀다라는 말이자 아직 덜 약아 바라졌다는 말이고 그것은 곧 자연이나 인성이 덜 파괴되었다는 말일 수도 있다. 이 말을 전부 뒤집으면 촌스럽다는 것이다. 그 미래의 땅에서 생산되는 미래의 문학, 어찌 보면 자위의 언사요, 또 어찌 보면 청정한 자연생태계와 더불어 산소 같은 문학이 나올 수도 있다는 희망 같기도 하다. 그러나 좁아지기만 하는 지구, 손바닥만한 땅덩이 위에서 남과 북이 무엇이며 강원도가 무엇이겠는가. 다만 저마다 고유한 이름과 아름다운 모양을 가진 숱한 나무와 나무들이 높은 산과 숲을 이루고, 영길처럼 우뚝하거나 실오라기처럼 가느다란 길들이 마을과 마을을 연결하듯 우리들 개개 문학의 독특하고 진지함이 강원문학이라는 길과 한국문학이라는 큰 산을 만들어낼 수 있지 않을까.(이상국, 〈나무처럼 길처럼〉, 《강원작가》 창간호)

이 글에는 《강원작가》의 입장이 비유적으로 제시되어 있다. 창간사로만 보면, 당시 '민족문학'이라는 정언명령 아래 문화운동의 일환으로 조직된 기관지임에도 정치적 성격은 두드러지지 않는다. 그보다는 은유적이고 철학적으로, 문학 본연의 존재론을 '강원도'라는 지역과 관련지어 강조하려는 성격이 강하게 드러난다. 하여 위 글은 강원권 문단의 '촌스러움'에 대한 고백은 물론 그로 인한 "자위의 언사"로서의 문학, 또한 천혜의 지정학적 조건이 강제하는 "산소 같은 문학"으로서의 가능성을 적시하였다. 나아가 "저마다 고유한 이름"으로서의 강원문학이라는 특수성이 "한국문학이라는 큰 산"으로서의 보편성과 길항하는 유기적 관계를 제안하고 있다.

위와 같은 모토는 어떻게 실천 혹은 실현되어 왔는가. 《강원작가》의 모든 작품들이 저마다의 모습으로 강원지회의 이념은 물론 문학의 보편적 가치를 형상화해 왔을 것이다. 다만 이 글은 제반 여건상 조명 범위를 한정할 수밖에 없다. 따라서 위의 표현대로 자위의 언사이자 산소로서의 문학, 즉 강원권 문학의 구체태를 목적의식적으로 지향한 경우에 주목하고자 한다. 그런 작품은 곧 강원문학의 정체성이자 '고유한 명명'의 주류이기도 할 것이다.

3. 매체적 양상

우선 전반적 매체 양상을 종합해 본다. 《강원작가》 19권을 통독하고 나면 크고 작은 통계가 손에 잡힌다. 형식적인 수에 불과한 것도 있지만 의미 있는 지표를 제공하기도 한다. 단순한 차원으로 지난 18년 동안 한 호도 거르지 않고 작품을 수록한 문인이 있는지도 궁금하다. 한 호도 거르지 않은 문인은 없지만, 한 해도 거르지 않은 경우는 있다. 권혁소(3호 결), 이상국(2호, 7호 결), 허림(3호 결) 등이 그들이다. 이들은 반년간지로 발행되던 2~3호와 7~8호 중에서 빠진 것을 제외하고는 매년 작품을 수록하였다. 그렇기에 《강원작가》의 산 역사라 할 만하다.

장르적 관점에서 볼 때 예의 시, 소설, 기타 산문은 대표적인 꼭지로 지속되어 왔다. 그 밖에 평론, 포토 · 그림 에세이, 서평 등이 군소 장르로 들고 나갔다. 일부 기획, 특집 등이 있는데 장르적으로는 앞선 것들에 포함된다. 특이한 장르 구성이라면 희곡란에 강석현의 〈미명〉(7호), 장시란에 유승도의 〈하얀 꽃〉(16호), 마당극란에 홍구보의 〈잿봉 맞은 새신랑〉(18호) 등이 있다. 성패를 떠나 이들 작품은 의욕적 도전으로 《강원작가》의 외연을 확장했다는 점에서 주목된다. 그런데, 이들 실험적 장르는 결과적으로 처음이자 마지막 시도였다는 점에서 아쉬움을 남긴다. 잡지의 다양성 측면에서 재고가 필요한 전사라 하겠다.

창간 당시부터 기관지를 고수해 온 《강원작가》가 비회원에게 지면을 할애하는 경우로는 이른바 초대 문단이 대표적이다. 초대란은 비회원 중에서 강원도 출신 작가나 작가회의 기타 지회의 작품을 수록해 왔다. 예컨대 강원 지역에서 활동하는 원로 문인이거나 이곳 지역 출신인 민영 · 정일남 · 조오현(창간호), 최성각(2호), 강세환(3호), 정연휘(4호), 심재상(5호), 홍파(6호) 등의 작품을 접할 수 있다. 작고한 이성선(1941~2001, 창간호), 박명자(1940~2017, 5호) 등의 이름은 여전히 애틋하기만 하다.

작가회의 기타 지회와의 교류는 《강원작가》의 지역적 연대 사업으로 지속되어 왔다. 창간호 이후 제주지회(2호), 충북지회(3호, 7호), 경북지회(4호), 광주전남지회(5회), 부산지회(6호), 대전충남지회(8호), 영주지회(9호), 인천지회(10호) 등에서 작품을 받아 수록하였다. 11호부터 한동안 중단된 지회 초대란은 최근 제주지회(18호), 부산지회(19호) 식으로 재개되었다. 기타 연변 작가(5호, 6호, 8호), 훈춘 작가(13호) 등 한중 문학인 교류를 위해 노력한 흔적도 볼 수 있다.

잡지를 통한 대외 사업 콘텐츠로 신인상 제도를 빠트릴 수 없겠다. 신인상은 2003년 발간된 5호(1회)에서 출발했다. 시(위명희), 평론(김개영) 분야로 신예를 배출하며 야심차게 출발한 신인상 제도는 이듬해 6호(2회) 이후 11호까지 당선자를 발표하지 못했다. 12호(3회)에는 추천제로 변신하여 대상자를 냈고, 17호(4회)와 19호(5회)에 이르러서 다시 당선자를 소개하였다. 신인상 배출이 불규칙적인 것은 무엇보다 응모자가 없기 때문일 것이다. 이는 《강원작가》만의 문제가 아닌, 오늘날 지역 문단이 처한 전반적 형편과 같다.

지역 문학장의 노령화와 신진 인력의 서울 집중은 한국 문단이 지닌 구조적 문제점이 아닐 수 없다. 한국 사회의 속류 자본이 구조화한 기형적 토대가 변하지 않고서는 개선되기 어려운 문제이기도 하다. 따라서 기존의 조건 속에서 전략적이고 효율적으로 제도를 운용하는 혜안이 필요할 것이다. 《강원작가》가 배출한 평론가는 1회 신인상의 김개영이 유일하다. 당선작인 〈뜨거운 침묵, 공(空)의 오르가슴—시집 《나무 비린내》론〉은 김영준 시집을 다룬 글로서, 심우도(尋牛圖)를 매개로 하여 불교적 상상력의 세계를 능숙하게 분석한 수작이다. 그런데 당선자가 《강원작가》에 수록한 평론은 신인상 수상작이 유일하다. 젊은 평론가의 후속 작업을 추동하지 못한 점, 조직적 연대를 지속하지 못한 점 등이 못내 아쉽다.

형식적인 차원이긴 하지만 분재의 약속이 예고 없이 사라지거나(6~7호), 2회 이후 신인상 공지가 불규칙했던 실수는 반복하지 말아야 할 점이다. 그 밖에 《강원작가》의 매체적 구성으로 볼 때 파격적 내용이라면 8호

자료란의 '성명서'를 들 수 있다. 유일한 자료란이었으며 당대 강원도를 뒤흔든 문단 사건을 담고 있기에 다시 주목해 본다. 여기에는 2005년 1월 31일에 강원대문인회, 강원작가회의 등 10개 단체 명의로 발표된 성명서(〈《강원문학대선집》 발간은 유보되어야 한다〉)와 동년 8월 9일에 '제4회 강원예술발전 심포지엄 및 강원문인대회 참가 문인 일동'으로 발표된 성명서(〈《강원문학대선집》을 즉각 폐기하라!〉) 전문이 전재된다. 이들 성명서에는 2002년 12월 발간위원회 준비모임으로부터 2005년 발간되기까지, 《강원문학대선집》을 둘러싼 파행과 갈등이 생생히 기록되어 있다.

> 강원도민이라면 누구나 알고 있는 중진 문인들의 작품이 빠져 있음에도 '강원문학 100년사', '강원문학대선집'이라는 수식어는 발간 주체의 편협한 시각이 가져온 역사 왜곡이다. 강원문학 100년사를 조명할 사료로서의 가치를 찾아볼 수 없는 이 발간물은 작품성은 뒤로 한 채 원고만 제출하면 게재되어 선집이라 할 수도 없는 그저 문집에 불과한 것이다. 어찌하여 《대선집》은 이런 칠삭둥이 모습으로 세상에 나오게 되었는가?(성명서 부분)

성명서는 이 선집을 강원문학의 사료로서 볼 수 없는 이유가 "기존의 합의 내용을 일방적으로 무시하는 상황, 강원도를 대표한다고 할 수 있는 원로 문인들의 진정어린 충고를 짓뭉개는 후안무치"의 결과라고 규정한다. 10년 이상의 시간이 흐른 지금, 《강원문학대선집》은 성명서의 요구와 달리 폐기되지 않았다. 성명서는 폐기 요구가 수용되지 않을 경우 "할 수 있는 모든 방법으로 이의 시정을 위해 노력할 것"임을 명시하였다. 지금도 그 노력은 계속되고 있는 줄 안다. 우리의 폐기는 책자의 물리적 소멸만을 뜻하지 않는다. 진정한 폐기는 기형적인 "칠삭둥이 모습"일 수밖에 없는 강원의 문학사를 복원하려는 항상적 실천 속에 있다. 완성이 곧 폐기임을 믿는 《강원작가》의 행보는 더디지만 묵묵히 지속될 것이다.

그 문학의 도정에서 전제해야 할 하나의 미학적 입장이 있다. 강원 지역은 격변의 근현대사를 거치면서 소외의 장소라는 운명을 비자발적으로 지니게 되었다. 한국전쟁의 격전지이자 분단의 최전선이라는 상징적 사건을 겪으면서 정치, 경제, 사회, 문화 등의 제반 분야에서 열악한 환경과 인력으로 구조화되고 말았다. 그 기저에는 한국 사회를 이끈 속류 자본의 시장 논리가 자리한다. 이러한 실정은 이주의 삶과 트랜스로컬의 감각을 본능으로 부여하는 기제이기도 하다. 르페브르를 빌면 모든 공간은 사회적 공간이요 생산된 공간이다.[2] 공간과 장소가 위계화된 정치적 범주일 수 있는 것이다. 강원 지역에 부여된 소외와 이주의 감각을 목적의식적으로 전유할 필요성이 이로부터 비롯된다. 로컬리티와 동시에 트랜스로컬리티를 지향하는 시선은 근대적 지정학이 부여한 근공간 중심의 장소애, 정체성이라는 선험적 가치에 집중되는 공간론 등을 극복하기 위한 실천적 태도이기도 하다.

4. 텍스트와 쟁점

이제 작품 내부를 들여다볼 순서가 되었다. 창간 초기부터 최근까지 활동이 지속되는 일부 경우를 예시할 수밖에 없음은 이 글이 취한 불가부득의 방법론이다. 창간사에 드러난 《강원작가》의 이념 중 하나는 강원도 고유한 작품을 통해서 문학의 보편적 가치를 실현하는 것이었다. 강원도 작품의 고유성이라는 층위는 다양한 관점에서 설명이 가능하다. 그 중에서도 로컬리티의 전유 양상은 대표적인 자질이자 미학에 해당될 것이다.

> 배알 뒤틀린
> 속내장을 빼버릴 것
>
> 한낮에 녹았던 몸은
> 한밤에 반드시 얼어야 할 것
>
> (중략)
>
> 두 눈을 부릅뜨고
> 입은 쫘악 벌리고
> 세상을 바라봐야 할 것
> 아니

2 앙리 르페브르, 양영란 역, 《공간의 생산》, 에코리브르, 2011 참조.

하늘을 노려봐도 좋음

그렇게 황태가 되면
눈 덮인 설악
그 시린 바람을 속내장으로 채우고
마른 눈 동공 속엔 연민을 품고
한 쾌가 하나처럼
술꾼을 용서하는
맛 좋은 술국이 될 것
값비싼 주검이 될 것

—박종헌, 〈황태〉(《강원작가》 2호) 부분

먼저, 특수한 사물 혹은 대상을 다루는 경우가 있다. 위 작품은 강원도 고산지대에 특화된 황태 덕장의 풍경을 소재로 한다. 황태 건조의 제반 과정을 명령형 어미로 반복함으로써 시행 자체가 하나의 정언명제인 듯한 효과를 산파한다. 황태를 의인화하여 화자의 강한 의지를 드러내는 형식인 것이다. 박제가 되어 가는 황태에게 세상과 하늘을 직시하라는 요구는 말라서 비틀어지더라도 현실을 몸에 각인하라는 주문과도 같다. 이는 곧 화자의 욕망이 물화된 형상이다. 그렇게 황태의 몸은 시인의 몸을 변주한다.

마지막 연에 이르러 황태는 연민을 품은 존재로 귀결된다. 연민을 체현한 존재이기에 숭고한 대상이고, "값비싼 주검"일 수 있다. 그런데 연민의 증거는 "맛 좋은 술국"일 뿐이다. 맛을 느끼는 주체가 황태 입장에서 타자이므로, 황태의 숭고함은 타자와의 관계에 의해 증명되는 셈이다. 이렇듯 이 작품은 마른 황태 하나로부터 타자의 존재를 품은 신체를 이끌어 낸다. 대상 사이에 연민의 끈이 서로를 용서하는 이타적 관계로 이어진다. 또한 거기에는 현실을 직시하는 엄정한 태도가 전제되어 있다. 그런 관계와 태도는 공동체의 가치를 반영한 존재론에서 비롯될 것이다. 이 지극한 철학적 사유 속에 황태, 즉 강원권 지역의 사물에 대한 환유가 오롯이 자리하고 있다.

그러나 저러나 친구여

몰운대 그 노송들은 여적지 정정하신가
광대곡 그 물빛 시방도 누군가의 심장을 적시고 있는가
가리왕산 원시림의 한 맺힌 비명을 누군가는 다독이고 있는가

정선에 가기 위해 생각한다, 생각하며 쓴다
광부들 동발 지던 기울어진 어깨를 밟고 슬롯머신만 쌩쌩한 건 아닌지
화전민들 백골 분멸한 자리에 오일장 꽹과리만 요란한 건 아닌지
빨치산들 스러져간 길 위로 관광열차만 맹랑한 건 아닌지

—권혁소, 〈정선에 가기 위하여〉(《강원작가》 19호) 부분

또한, 문학사적 사건 역시 강원권의 로컬리티를 유비하는 주요 대상 중 하나이다. 위 작품에서 묘사한 장면에는 강원 지역의 근현대사적 사건이 압축되어 있다. 몰운대나 광대곡, 가리왕산의 안부를 확인하는 발화는 짐짓 취한 수사적 의문일 뿐이다. 이들은 항상 이미 의연한 정선의 자연물이다. 그 의연함을 훼손하는 것이 인위적 사건이다. 광부의 무거운 어깨는 산업화 시대의 근간 동력이었던 탄광 산업을 환기하고, 화전민의 흩어진 분묘에는 척박했던 기층 민중의 삶이 녹아 있으며, 스러진 빨치산의 흔적은 치열했던 비극적 역사의 현장을 다시 재현한다.

이들 상징적 사건 속에는 핍진한 로컬 히스토리가 함축되어 있다. 예컨대 탄광 산업은 여전히 강원 지역의 현재를 전조하는 기제이다. 탄광을 중심으로 한 도내 일부 산업도시의 면모는 근대적 이중성을 함의한 문제적 현상이었다. 탄광 산업은 일제강점기에 이미 형성되었고, 험준한 지역을 연결하는 철도 역시 탄광 개발의 부산물이었다. 그것은 수탈을 목적으로 한 식민지 산업이기도 하다. 탄광을 골자로 한 산업도시로서의 성격은 내재적 발전이 아닌 수탈의 타자성에 의해 강제된 그것이었던 까닭에 문명의 수혜와는 거리가 멀었다. 이러한 모순적 지형이 강원권 근대도시의 발생적 맥락이었고, 그 특성은 지역문학의 성격에도 영향을 미쳤다. 탄광은 강원권 지역 문인들의 주요 소재이자 장르 양상으로 전유되어 왔던 것이다. 그리하여 위의 화자는 "광부들 동발 지던 기울어진 어깨"를 기억하는 것이 탄광의 도시인 정선으로 가기 위한 태도여야 함을 은연중 역설하고 있다.

다음으로, 구체적 장소 상징도 로컬리티 형상화의 전형적 양상에 해당된다. 조광태는 한탄강이라는 장소 지표를 연작시 형태로 기획한 사례이

다. 한탄강은 북으로부터 발원하여 분단 철원을 가로질러 흐르는 강원 지역의 대표적 장소 상징 중 하나이다. 굴곡 많은 한탄강은 분단 국토 최북단이라는 비극적 장소에 유비된다. 하지만 "고암산 금학산 백마고지 뒤척이게 하는/ 원혼들의 피 눈물 달래기 위해/ 한탄강의 흐름은 무조건 용서"(〈한탄강—용서〉, 《강원작가》 17호)라고 한다. 자연의 물성이 분단의 상처와 살육의 고통마저도 화해로 이끈다. 실로 강원 지역이 지닌 천혜의 생태 환경은 종요로운 생명의 조건이다. 이처럼 조광태 작품은 장소의 본성으로부터 기원하는 선 굵은 시학을 추구한다. 그에 따라 인간과 공동체의 가치, 우주의 원리와 철학적 입장 등을 담아내며 〈한탄강〉 연작이 이어지고 있다.

그 밖에, 사라져가는 풍속을 통해 고유한 장소성과 문학적 개성을 추구하는 경향 역시 로컬리티의 고유한 영역이다. 이와 관련해서는 류재만의 해양시가 특징적이다. 그의 시세계는 해양과 관련된 경향을 지님은 물론, 단순한 소재주의를 넘어 목적의식적인 장르 실험을 지속하고 있다. "해방 전후로 기억된다고 했다/ 정어리가 잡히지 않기 시작하면서/ 갑자기 오징어가 온 바다에 득시글득시글 거렸단다"(〈오징어와 정어리〉, 《강원작가》 16호)와 같은 표현은 해산물 관련 풍속을 빌어 '묵호(墨湖)'라는 장소의 유래를 진술한다. 자연으로부터 장소성이 부여되는 과정을 통시적으로 그리고 있는 것이다. 지명이 유래한 내력은 곧 삶의 이력과 연동되고, 그 결과 정어리 기름이나 오징어 먹물이 그곳에서의 삶을 가능케 했던 대표적 기제였음이 드러난다. 장소의 언표에 풍속과 삶의 역사가 중층적으로 각인되는 형국이다.

이상으로 예시한 사물, 사건, 장소, 풍속 등의 제반 양상은 때로 서로를 넘나들면서 '강원'이라는 지역의 로컬리티를 구성한다. 이 서정적 지표들의 양태는 공통적으로 강원의 감각으로 수렴될 수 있다. 허림은 이를 "강원은 뭐길래/ 몸속에/ 몸속에/ 광솔처럼 깊은 것이냐"(〈강원〉, 《강원작가》 19호)와 같이 각인된 신체라 썼다. 이언빈 식으로 보면 "세상 길 위에/ 북소리 깔면서/ 신나게 몸 버리던 시절/ 목마른 민주주의와/ 잠든 칠판 깨우던 푸른 기억"(〈소나기에 기대어〉, 《강원작가》 19호)이 시간을 거슬러 현재로 소급되는 기연의 감각이 된다. 이상국의 표현을 빌면 그것은 "앞버덩/ 어머니 같은 논물과 벼 포기들만 아는"(〈거기 가서 한 잔〉, 《강원작가》 17호) 고유한 언어들이요, 역으로 "이 말을 시로 만들기 위하여"(〈달은 아직 그 달이다〉, 《강원작가》 16호) 우리를 채근하는 이곳의 정동(情動)들일 것이다.

로컬리티 범주 외에도 《강원작가》의 스펙트럼은 실로 다양하다. "말(言)이 절벽을 뛰어내릴 때마다/ 두부 모서리도 같이 뛰어내려/ 출렁, 밥알 그득 담긴 입은 슬프다"(김창균, 〈꿈, 식목일 무렵〉, 《강원작가》 19호)와 같이 천륜의 애틋한 정을 미분화된 내면 서정의 결로 다루는 양상으로부터, "흔하디흔한 잔돌들이지만/ 저마다 유일무이하고/ 저마다 다른 균열과 상처로 꽃핀 것들"(고진하, 〈아루나찰라의 잔돌들—인도 시편〉,[3] 《강원작가》 15호)처럼 국가와 민족을 초월하여 삼라만상의 존재론을 변주하는 범우주적 상상력에 이르기까지 《강원작가》가 지닌 사유의 영역은 말 그대로 광대무변한 것이었다.

다양성의 한 축에는 소장파의 개성과 뚝심이 자리하고 있다. 유승도의 장시 〈하얀 꽃〉(《강원작가》 16호)은 실험적 도전 중 하나로 앞서 소개한 바 있다. 이 작품은 여는 시 〈건널목〉을 포함해 1부 6절과 2부 9절로 분절된 체재를 지니며, "탄광촌 사람들"의 현재적 삶을 긴 이야기체로 그린다. 장면마다 이어지는 핍진한 묘사는 사양길에 접어든 지 오래인 탄광산업의 실정과 열악한 노동환경을 한 편의 르포르타주와 같이 재현하고 있다. 표제로 사용된 '하얀 꽃'은 곰팡이를 비유하는 듯한데, "곰팡이꽃의 하얀 미소"나 "새하얀 곰팡이꽃"과 같이 갱도 벽에 시공된 나무들마다 피어난 곰팡이가 비루한 삶을 달래는 유일한 존재로 배치된다. 이러한 시적 서사는 그 미학적 성취는 물론 지역 공동체의 문화와 역사를 복원하고 있다는 점에서 남다른 주목을 요한다.

또 다른 예로 근년에 등장한 박금란은 거대 담론의 시적 서정을 견지한 채 민족문학의 적자임을 선언하는 당찬 여류다. 그는 여전히 "쏟아지는 폭우로 흠뻑 적은/ 비닐천막 동양시멘트 500일/ 정규직복직 투쟁"(〈기다림〉, 《강원작가》 19호)을 직설적인 언어로 기록한다. 이런 표현은 철 지난 혁명적 낭만의 수사에 불과할지 모른다. 하지만 2017년 9월, 삼표시멘트는 자신이 인수한 동양시멘트의 비정규직 하청 노동자 39인을 정규직으로 복직하는데 합의하였다. 그 합의는 시멘트 업계 최초의 정규직 전환 사례로서 해당 노동자는 물론 민주노총 등의 오랜 조직적 연대 투쟁이 맺은 결실이었다. 박금란 시는 스스로 실재가 된 것이다.

3 잡지에 표기된 제목은 '검아루나찰라의 잔돌들'이나 시집(고진하, 《꽃 먹는 소》, 중앙북스, 2013)에서 산명이 '아루나찰나'로 바로잡혔기에 시집 표기를 따른다. 부제목은 잡지 표기의 것을 그대로 두었다.

서정적 양상 이외에도 소설 및 산문의 수위를 간과할 수 없다. 일일이 거론하기 어렵지만 창간호부터 지금까지 강기희, 김도연, 노상윤, 박문구, 유형종, 이순원, 홍구보 등이 소설란을 만들어 왔다. 이들이 들려준 이야기는 《강원작가》가 지닌 서사적 상상력의 깊이와 너비를 증거하기에 충분하다. 한편 김영욱은 시 창작은 물론 도내 시비의 현장을 탐방하고 그 이력을 분석하는 일련의 기획을 이어가는 중이다. 19호까지 14회라는 가장 오랜 연재를 기록하고 있는데, 학술적 정치함의 문제는 논외로 하더라도, 문학 제도를 통해 지역 문학사를 복원하려는 의미 있는 시도가 아닐 수 없다. 《강원작가》는 이런 류의 선 굵은 지역 서사를 씨줄로 하고, 무수한 개별 서정들이 날줄이 되어 강원 지역의 로컬 히스토리와 문학적 지평을 형성해가고 있다.

5. 결론 및 제언

《강원작가》는 강원 지역을 대표하는 문예지 중 하나이다. 또한 《강원작가》는 민족문학 전통의 계보학적 매개 역할을 담당하고 있다. 현 단계 실정에서 《강원작가》의 색채를 민족문학적인 것으로 일반화할 수는 없다. 그럼에도 대개의 작품은 리얼리즘적 세계관에 근거한 공동체의 가치와 구체적 삶의 모티프를 반영한다. 이러한 면모는 강원권 문학운동의 거점으로서 지닌 성격을 방증하고 있다.

동일한 맥락에서 《강원작가》는 해당 지역의 문학적 정체성을 구성하는 주체로서의 위상을 부여받게 된다. 이때 '정체성'에만 집중되는 무의식을 경계할 필요가 있겠다. 현 단계 지역문학 담론에서 궁극적 목적으로 전제되는 개념 중 하나가 정체성 개념이다. 정체성은 지역문학 범주가 성립하기 위한 근거이자 미적 지향의 대상으로 통용되고 있다. 문학이 삶을 반영하는 이상 구체적인 삶과 문학 행위가 이루어지는 장으로서의 지역이라는 단위는 이론적으로나 예술적으로나 유의미한 범주에 해당된다. 문제는 관련된 문학 행위들이 동반하는 일종의 단선적 성격에 있다. 비근한 예로 대부분 지역 문단은 문학장의 오랜 관성이기도 한 개별 동인 및 문학회 단위에 근거하고 있다. 이러한 구조는 한국 문학장의 성격에 해당되는 것으로서 나름의 충분한 의미를 지닌다. 그럼에도 불구하고 문학의 진정성과 관련하여 여러 문제점을 파생하는 것도 사실이다.

오늘날의 이론적 지평에 따르면 "정체성과 통일성으로 인해 부패된 사랑"은 "창조를 포함하지 않으며 차이 없는 반복"에 그친다.[4] 말하자면 지역문학의 경계와 정체성에 매몰되는 것은 '부패한 사랑'에 해당된다. 지역의 정체성(identity)을 넘어 다양한 특이성(singularity)과 조우하려는 실천 속에 '진정한 사랑'이 물화되는 것이다. 우리의 문학이, 지난 20여 년의 시간이, 행여 "차이 없는 반복"에 그치는 것은 아닌지 냉정히 되돌아볼 필요가 있다.

《강원작가》는 '반복'을 벗어나기 위한 탈주의 노력을 얼마나 실천하여 왔는가. 매체와 관련해서는 앞서 거론한 초대란의 존재가 대표적 예시라고 본다. 잡지는 해당란을 통해 지역 출신 작가나 기타 지회의 작품을 지속적으로 수록해 왔다. 운동과 실천의 관점에서 소통을 시도해 온 흔적이라 하겠다. 한편 뒤집어 보자면 '회원시'와 '초대시'로 시란을 구분하는 《강원작가》의 전통적 방식은 진정한 소통을 가로막는 모순적 경계일 수 있다. 진정한 소통이라면 경계를 허물고 넘어서야 하는데, 회원과 비회원을 구분하는 체재 자체가 이미 확고한 경계를 전제하고 있기 때문이다. 이런 딜레마는 《강원작가》가 지금과 같이 '기관지', 즉 해당 기관의 전유물이라는 위상을 고수하는 한 극복하기 어려운 선험적 한계일 수밖에 없다.

하나의 중요한 문제가 남게 되었다. 이는 기관지라는 《강원작가》의 위상과 관련된다. 사실 다양한 제반 문제가 이와 연동되어 있다. 물론 기관지라는 범주 자체가 문제될 수는 없다. 작가회의 강원지회라는 조직이 존재하고, 그 조직의 이념과 정신을 담아내는 매체로서 기관지를 부정할 수 있는 이론은 없다. 하지만 그것이 동인지와 같은 성격으로 고착되는 경우는 문제적이다. 《강원작가》는 소속 회원 전원에게 청탁되고, 일종의 의무로 작품을 제출하여 제작되는 회원 중심의 문예지이다. 원고료 지급은 요원한 난제이다. 현 시스템이 그 난제를 방치하기도 한다. 전 회원의 작품을 수록하고 전 회원에게 원고료가 지급되는 형국도 이상하기 때문이다. 전국 단위의 작품을 소개하며 소통되는 전문 문예지로 보기 어려운 이유가 여기에 있다. 동인지 체재는 시대를 선도할 문학 이론이나 쟁점 작품을 게재할

4 안토니오 네그리 · 마이클 하트, 정남영 · 윤영광 역, 《공통체》, 사월의책, 2014, 267쪽.

기회가 적고, 잡지 메커니즘이 무의식적으로 매너리즘에 빠질 가능성이 높다. 작금의 많은 문학 매체가 해당 지역의 문예진흥기금에 의존하여 자기만족적 잡지 활동을 반복하고 있다는 사실을 상기할 필요가 있다. 《강원작가》가 건강한 문학운동을 지향하는 한 자기만족적 관성을 넘어서려는 고민은 항상적으로 수반되어야 한다.

《강원작가》가 연간지 형태에 머무르고 있는 실정, 전체 회원에게 청탁하는 관례, 열악한 재정 등은 사실 하나의 고리로 연결되어 있다. '원고료'라는 상징은 창작 노동에 대한 정당한 대가만을 의미하지 않는다. 원고료는 전문 편집위원회의 상설 운용, 그에 위임한 목적의식적 지면 기획, 문예전문지로서 전국적 필진과 다양한 장르의 확보, 양질의 작품 생산, 계간지로의 점진적 확장 등을 강제하는 기제이기도 하다. 원고료를 전제로 한 선별적 청탁은 어쩌면 강원작가회의의 기득권을 포기하는 것이기에 더욱 의미 있는 선택일 수 있다. 재정은 아포리아임이 분명하다. 하지만 기존 예산의 효율적 설계, 후원, 필요한 경우 회원의 갹출 등을 통해 해결할 수 있는 문제라고 본다.

《강원작가》 5호에는 한 장의 사진이 게재되어 있다. 2003년 11월 1일, 1회 강원작가상과 신인상을 심사하는 장면이다. 인물 순으로 이언빈, 유형종, 권혁소, 이상국, 서준섭, 류재만 등이 머리를 맞댄 흑백의 이미지. 필자로서는 아주 고답적인 느낌이었다. 이것이 동화 속 풍경인 듯한 이유가 무엇일지 생각해 본다. 흑백이 주는 아련한 효과일까? 14년이란 세월 때문일까? 아니면, 문단 원로와 소장 작가가 모여 진지하게 숙의하는 장면을 이제는 기대하기 어려워서일까? 이 사진 이후 '강원작가상' 소개는 《강원작가》에 등장하지 않았다. 계파를 초월하여 문학의 미래를 치열하게 논쟁하는 자리는 찾아보기 쉽지 않다. 평론가는 점수가 되는 논문 쓰기에 급급하기 마련이고, 시인과 소설가는 삶의 중심을 생업을 위한 시간에 할애할 수밖에 없다. 신자유주의 자본 논리는 문단이라고 해서 예외가 아니다. '문학의 죽음'이라는 가라타니 고진 식의 비유가 정론성 상실만을 가리키는 것이 아닌 시대인 듯하다. 그러나 이 깊은 굴곡의 시절을 견디는 운명도 우리의 몫일 것이다. 작가회의 정신에 따라 참다운 문학적 실천에 투신하는 삶은 진보적 문학인이 받아들인 강령이기도 하다.

이 글과 같은 문제제기를 통해 향후 《강원작가》의 위상 재고와 전략적 실천을 위한 공론장이 마련되는 작은 계기라도 될 수 있기를 바란다. 강원 지역에 거점을 두고 전국 독자와 소통하는 문예지, 강원작가회의 주관 아래 한국문학 담론을 선도하는 전문 계간지가 필요한 시점이다.

12

바다와 열차의 모더니티

1. 계몽의 표상

반도라는 지정학적 배경을 선험적으로 지닌 우리나라에 있어서 바다가 미치는 영향은 지대한 것이었다. 바다는 상고시대로부터 한민족 삶의 실정적 배경으로서 존재해 왔다. 반면 열차는 근대화와 더불어 이동과 생산의 인위적 상징물로 민족사에 등장하였다. 1899년 9월 18일 경인선로를 따라 노량진과 제물포 사이를 처음으로 운행한 이래, 기차는 근대적 문명의 일상화를 알리는 상징물로 기능하였다. 어찌 보면 이질적일 듯한 두 소재는 근대문학의 출범과 더불어 공통된 목적으로 전유되었다. 근대성을 모토로 한 계몽의 기획에 있어서 대표적 기제라는 운명을 지니게 된 것이다.

> 텨……ㄹ썩, 텨……ㄹ썩, 텩, 쏴……아.
> ᄯᅡ린다, 부슨다, 문허바린다,
> 泰山갓흔 놉흔뫼, 딥태갓흔 바위ㅅ돌이나,
> 요것이무어야, 요게무어야,
> 나의큰힘, 아나냐, 모르나냐, 호통ᄭᅡ디하면서,
> ᄯᅡ린다, 부슨다, 문허바린다,
> 텨……ㄹ썩, 텨……ㄹ썩, 텩, 튜르릉, 콱.
>
> —최남선, 〈海에게서 少年에게〉 부분

한국 근대문학의 성립 과정에서 바다는 중요한 의미를 지닌다. 구한말의 제도적 격변과 더불어 근대적 '문학' 개념이 정립되는 과정은 계몽 담론의 '언문화(諺文化)' 과정과 크게 다르지 않았다. 이때 무한한 가능성의 대명사로서 바다는 계몽의 기원이자 제재로 소환되기에 충분하였다. 이미 바다는 그것이 지닌 원형적 의미로부터 서구 근대문학의 정형에 이르기까지 계몽 담론의 문학적 도구로 전유되고 있었다. 하여 〈해에게서 소년에게〉(1908)는 태산이나 바위 등의 존재도 어찌할 수 없는 바다의 위용을 노래한다. 이는 바다를 빌어 그 용기와 힘이 대한의 소년들에게 전이되기를 희구하는 것이라고 이해할 수 있다. 새 시대의 주역이 될 소년들이야말로 바다와 같은 큰 희망과 세력을 지녀야 할 것이라는 육당의 신념이 그대로 시화되고 있는 것이다.[1] 그렇게 육당 최남선(1890~1957)의 〈해에게서 소년에게〉는 한국 문학사의 전범이 되었다. 최남선은 동일한 시기에 문명 예찬의 기획을 알리는 〈경부철도가〉(1908) 역시 작성하였다.

우렁탸게토하난 긔덕소리에
남대문을등디고 떠나나가서
빨리부난바람의 형세갓흐니
날개가딘새라도 못따르겟네

늘근이와덞은이 석겨안젓고
우리네와외국인 갓티탓스나
내외친소(內外親疎)다갓티 익히디내니
됴고마한딴세상 뎔로일웟네

—최남선, 〈경부텰도노래〉 부분

〈경부철도가〉는 장편 기행체의 창가이며 원제목은 '경부텰도노래'이다. 이 작품은 철도의 개통으로 대표되는 서구 문화의 충격을 수용하여 제작된 것으로서, 경부선 시작인 남대문역에서부터 종착지인 부산역까지의 여러 역을 차례로 열거하면서 관련된 풍물 · 인정 · 사실들을 서술해 나가는 형

1 최남선 문학사상의 효용과 한계에 대해서는 남기택, 《경계와 소통, 한국 현대문학의 다층성》, 북스힐, 2013 참조.

식을 취하고 있다.[2, 3]

소년의 야망을 환기하는 바다와 근대 문명을 견인하는 기차. 이들은 공히 계몽된 주체의 재생산을 목적으로 동원된 대상이었다. 첨단 문명을 상징하는 웅장한 철도의 이미지는 자연스럽게 계몽의 도구로 호명되었으며, 바다 역시 객관적인 자연이라기보다는 근대라는 제도와 주체에 의한 각성의 수단이었다. 근대 문학사는 이제 한 세기를 훌쩍 넘어 완숙의 단계를 그려나가고 있다. 바다라는 환경과 열차라는 기계는 여전히 우리 문학장의 자연적 · 문명적 배경으로 현전하고 있다. 이들을 전유해 온 문학사의 흔적은 그 자체로 한국문학과 근대성에 조응하는 주요 지표가 될 것이다.

이 글은 강릉 바다를 중심으로 문학 담론의 차원에서 좌표를 설정하고 방향성을 모색하는 일환으로 준비되었다. 또한 KTX 노선 상용화에 따라 열차와의 관련성을 폭넓게 진단하려는 목적을 지닌다. 그럼에도 불구하고 이와 같은 문화 행정적인 주제에 대한 깊이 있는 문학적 논거를 이 글은 알지 못한다. 따라서 이어지는 내용은 해양시의 보편적 현황과 강원 영동권의 실정, 그리고 고속철도라는 새로운 화소와의 관계를 함의할 문학적 가능성에 관한 시론 수준으로 정리될 것이다.

2. 현 단계 해양문학과 강릉권의 전범

해양문학의 현황 근대시 100년의 역사적 경험이 축적되면서 문학은 미적 자율성의 영역이라는 예술적 본성을 성숙시켜 왔고, 2010년대에 이르러 미증유의 개성을 산파하고 있는 중이다.[4] 해양문학 분야에 있어서도 그 다양성과 장르적 토대가 어느 정도 확보된 듯하다. 바다는 도구적 성격을 벗

2 한국학중앙연구원, 《한국민족문화대백과사전》(http://encykorea.aks.ac.kr) 참조. 근대성의 상징으로서 철도와 문학의 관계에 집중한 기존 논의로는 김동식, 〈신소설과 철도의 표상—이인직과 이해조의 소설을 중심으로〉, 《민족문학사연구》 49, 민족문학사연구소, 2012. 8; 김지녀, 〈최남선 시가의 근대성—'철도'와 '바다'에 나타난 계몽적 공간 인식〉, 《비교한국학》 14-2, 국제비교한국학회, 2006. 12 등 참조.

3 김동식, 〈신소설과 철도의 표상—이인직과 이해조의 소설을 중심으로〉, 《민족문학사연구》 49, 민족문학사연구소, 2012, 84쪽.

4 이하 해양문학과 관련된 본 장의 내용은 남기택, 〈바다와 로컬 히스토리〉, 《신생》 2018년 봄호 참조, 재인용.

어나 삶의 장이요 내면적 전유의 대상으로 존재하게 된 것이다. 그럼에도 불구하고 현 단계 해양문학이 한국 문학장의 주변부라는 입지와 이른바 소수문학의 위상을 온전히 극복한 것 같지는 않다. 한국 해양문학은 여전히 소재주의적 관심 속에서 근근이 그 명맥을 이어가고 있는 중이다.

해양문학 관련 담론의 현 단계 수위를 일별함은 그것이 점한 자리를 증거하는 하나의 수단일 수 있겠다. 2000년대 이후의 양상에 주목해 볼 때 해양문학과 관련된 제도적 성과로는 《해양과 문학》(한국해양문학가협회), '해양문학상'(한국해양재단) 등이 대표적이다. 그 밖에 개별 지역이나 단체에서 주관하는 '여수해양문학상'(여수문인협회), '한국해양문학상'(부산문인협회), 《해양문학》(한국해양문화발전연구소) 등의 흔적을 볼 수 있다.

2003년 창간호를 낸 《해양과 문학》은 반년간지와 미간행 등을 반복해 오다가 2017년 현재 연간지 형태로 20호를 발간하였다. 창간호 당시 창간사(〈출범의 닻을 올리며〉)와 소설 〈교전 수칙〉을 썼던 천금성(1941~2016)이 고인이 되어 20호 특집('천금성 소설가를 추모하며')의 대상이 되었다. 그의 활동에 대한 평가는 다양하겠으나 한국 해양문학을 개척해 온 공로만큼은 문학사적 의의를 지닌다 할 것이다.

'해양문학상'은 한국해양재단이 2007년부터 운영해오고 있다. 이 상은 "해양인의 진솔한 삶과 도전을 그린 문학작품을 통하여 해양에 대한 국민적 관심 유도와 중요성 인식 확산에"(《2016 제10회 해양문학상 수상작품집》) 기여할 목적으로 제정되었다. 이보다 앞서 '한국해양문학상'은 부산문인협회 주관으로 "신 해양시대를 맞아 해양에 대한 인식을 재정립할 수 있는 치열한 문학정신으로 한국해양문학의 폭과 깊이를 더할 참신하고 무게있는 작품을 발굴하는 데 그 의의를 두고 1997년 제정"(부산문인협회 홈페이지)하여 운영되고 있다. 2017년에는 배기환의 시 〈윤슬의 푸른 수평선〉 외 49편을 21회 대상 수상작으로 선정하였다. 이들 문학상은 공모 형식의 제도가 지닌 한계가 없지 않지만 해양을 소재로 한 작품을 꾸준히 발굴 및 소개하는 계기라는 점에서 충분한 의미를 지니리라 본다.

> 경매사가 종을 울리는 공판장
> 지친 트롤선이 마악 부려놓은
> 생선 비린내를 어루만지는 손가락이 있다

손가락이 움직일 때마다 기지개 켜듯 피어나는
꽃잎들
자갈치 꽃이 핀다
손가락이 만든 꽃잎은 바다의 기호

—신진련, 〈오늘을 경매하다〉 부분

이 작품은 《2015 제9회 해양문학상 수상작품집》에 수록된 금상 수상작이다. 부산 자갈치 시장 공판장의 치열한 경매 현장이 정제된 언어와 비유로 형상화되고 있다. "자갈치 꽃"을 피우기 위해 "제 몸을 터뜨리는 물꽃들"의 수려한 이미지가 인상적이다. 오랜 경험이 전제되지 않고서는 포착하기 어려운 감각일 것이다. 지은이 스스로는 "18년 동안 어판장에서 만나왔던 사람들이 제 안에서 발효되어 한 편의 시가 만들어졌"으리라고 당선 소감을 적고 있다. 문학과 체험의 필연적 연관, 삶의 장으로서의 바다 등을 엿볼 수 있는 서정적 국면이다.

개별 연구자의 활동 역시 해양문학 담론을 구성하는 중요한 수단이자 결과물일 것이다. 대표적인 해양문학 연구자의 한 사람인 구모룡은 《해양풍경》[5]의 3부 '해양문학의 양상'에서 천금성의 해양소설, 김성식과 이윤길의 해양시를 재삼 강조하였다. 김경복 역시 〈해양시의 양상과 그 의미〉[6]를 통해 김성식 해양시에 주목한 바 있다. 해양문학의 꾸준한 성과에 비해 관련 분야에 대한 2000년대 이후의 이론적 모색은 더딘 편으로 보인다. 해양과 관련된 비평 담론이 일회성 사업이나 개별 작업에 국한되고 있는 경향을 극복하기 위해 제반 단위의 관심이 동반되어야 할 줄 안다.

지금까지 살펴본 제도적 현황을 통해서도 드러나는 바와 같이 해양문학 장르에 주목하는 경우는 대개 해양과 관련된 입지 조건을 갖춘 지역이나 단위 내에서이다. 이른바 중앙 문단의 명망 있는 문예지에서 해양문학과 관련된 기획이나 특집을 마련하는 경우는 드문 것이다. 이러한 현황 역시 문학과 삶이 하나일 수밖에 없다는 근본 전제를 확인케 하는 소이일 수 있다. 또한 이는 해양문학의 역사 속에 관련 지역의 고유한 로컬 히스토리

5 구모룡, 《해양풍경—현대 해항도시와 해양문학의 양상》, 산지니, 2013.

6 김경복, 〈해양시의 양상과 그 의미—김성식의 시〉, 《시의 운명과 혼의 형식》, 천년의 시작, 2010.

가 각인되어 있다는 점을 연역하는 근거이기도 하다.

실로 해양시는 관련 지역의 문단과 개별 작가들에 의해 꾸준히 생산되고 있다. 최근의 경향을 문예지를 통해 일별하자면, "산다는 것은/ 모아서 먹는 갯벌처럼/ 서럽게 고이는 그늘이었음을/ 어둠이 내린 적막한 바다였음을/ 그대는 아는가?"(강현주, 〈농게〉, 《신생》 2017년 겨울호)와 같은 표현을 볼 수 있다. 바다를 소재로 하여 삶을 내면적으로 성찰하는 전형적 방식이다. 여기서는 농게에 투사된 화자의 내면이 전경화된다. 이러한 방식은 바다를 다루는 서정시의 빈번한 구도일 것이다.

그 밖에도 "오래전 나는 이렇게 들었다// —검은 구름의 들판을 지나 검은 강물이 흐르는 협곡을 거슬러 오르면 거기 비석처럼 검게 탄 고사목이 서 있을 것이고 고사목 뿌리로부터 흘러나가는 검은 바다를 볼 수 있을 것이다// 나는 형이 그랬던 것처럼/ 검은 바다로 가기 위해 밤의 어둠 속으로 붉은 발가락들을 밀어 넣었다"(문신, 〈검은 바다로 가는 길〉), "바다가 스스로 깊어지는 곳/ 화포 방게들이 가까스로 바닷물을 끌고 와/ 뻘밭 가득 밀물 들게 하면/ 고양이도 차오르는 한낮의 침묵에 바다를 향해 털을 세운다"(김경애, 〈화포(花浦), 그 그리운 포구〉, 이상 《작가와 사회》 2017년 여름호) 등을 본다. 전자는 "검은 바다"의 상징을 통해 '형'에 대한 기억과 비의적 관계가, 후자는 "스스로 깊어지는 곳"의 물성을 매개로 순천만 화포 포구의 장소성이 부각되고 있다.

해양문학 양상을 연속 기획으로 소개하는 경우도 있다. "아버지는 열아홉에 한 여자를 바다에 가두었네/ 아버지의 아버지가 사랑했던 그 여자/ 보이는 곳에 오두막 짓고/ 평생 떠나지 않았네"(권선희, 〈섬〉), "우도에서는/ 보이는 게 섬 반 바다 반"(사윤수, 〈작은 섬—우도시편4〉), "가을산에게 봄바다를 어떻게 전할까 고민하다/ 삼월초순에게 물었습니다"(오창헌, 〈봄바다 편지〉), "바닷물에 결이 있듯/ 삶에도 결이 있어/ 해류에 단련된 몸부림의 결"(이성배, 〈기장 미역〉, 이상 《동안》 2016년 가을호) 등이 그것이다. 우리 시대의 다단한 바다 전유 양상을 한눈에 접할 수 있는 순간이라 하겠다.

> 고래좌에서 족보로 대물림된 혈통이다 가훈을 거역하며 먼 해리를 맹목으로 연 항해, 성년이 된 지문으로 지느러미를 펼치고 윤슬 이는 부력을 타넘으며 청색시대의 비린내를 파도에 풀어나간다 (중략) 심연

아래로 침몰하는 순간, 고래가 예인선으로 떠오른다 태풍에도 끊어지지 않는 수평선으로 힘줄을 풀어 구명줄을 단단히 묶는다 고래 힘줄이 팽팽하게 당겨진다 파도 끝에서 아득히 추락하는 아뜩한 공포에 속죄하는 마음을 감싸듯 품는다 사랑의 징표로 등에서 분수공을 활짝 열어 비산하는 물보라로 오색무지개를 띄워 올린다 온몸에 벅찬 용서의 울림을 퍼트린다 생명선을 끌어당기는 거룩한 핏줄에 이끌려 닻별이 뜬 항구에 닿는다 아버지가 심해 속 무덤으로 돌아간 자리에 오동도가 언약의 등대불빛을 밝혀 심장 동맥에서 동백을 피운다

—태동철, 〈고래의 혈통〉 부분

19회 여수해양문학상(2017) 시 부문 대상 수상작인 위 작품은 고래 사냥이 매개된 어느 삶을 역동적인 이미지로 재현한다. 생의 운명을 압축한 문장이 연속적으로 배치되는 국면이 한 편의 시적 서사를 방불케 하면서도, 인간과 고래를 넘나드는 감각적 전이가 시적 긴장을 유지하고 있다. '고래'는 대표적인 해양 생물로서 바다를 주제로 한 시편들 속에서 종종 전유되어 왔다. 예컨대 〈고래〉(김명이), 〈고래 발자국〉(임영석), 〈고래를 꿈꾸며〉(배한봉), 〈고래를 위하여〉(정호승), 〈고래의 꿈〉(송찬호, 최승자), 〈고래의 항진〉(박남철), 〈나의 고래를 위하여〉(정일근), 〈독도 고래〉(이청리) 등의 전사를 볼 수 있다. 〈고래의 혈통〉은 이들 고래 시편의 계보학을 잇는 흔적이기도 하다.

한편 시집의 최근 성과로서 김미령의 《파도의 새로운 양상》[7]을 들 수 있다. 이 현학적인 표제의 실체는 "수면을 핥는 바람의 혀는 수많은 기호들을 파생시킨다/ 새로 태어난 관점 하나가 갈라져 간다"(〈파도의 새로운 양상〉)와 같이 지극한 내면의 운산이 펼쳐지는 장에 유비될 것이다. 그 밖에도 "파도치는 거리"나 "일렁이는 흰 건반들"(〈캉캉〉)처럼 시적 배경 속에 중첩된 바다의 이미지를 발견할 수 있다. 김요아킴의 《그녀의 시모노세끼항》[8]에서는 "새벽을 틈타 빨간 고무다라이를 타고/ 정박 중인 남해의 큰 항구를 조업 중"(〈어시장을 말하다〉)인 '할매들'을 만난다. 어시장은 "비록 풍장 될 듯한 가난이지만/ 퇴적한 세월에 비례하는 손놀림이/ 예사롭지 않"은 삶의 현장으로서, 현상 너머의 실재를 재현한다. 시집 표제가 된 〈그녀의 시모노

7 김미령, 《파도의 새로운 양상》, 민음사, 2017.
8 김요아킴, 《그녀의 시모노세끼항》, 황금알, 2017.

세끼항〉은 역사적 상상력과 이국적 소재를 동원하여 신화적 엘레지를 시도한 야심찬 기획이라 할 만하다.

이렇듯 현 단계 해양시는 여전히 정중동의 파고 위를 운항 중이다. 《신생》 2017년 가을호에는 시인 이해웅(1940~2015)의 추모 특집이 마련되었다. 그에게 바다는 "밤마다/ 반란을 모의"하는 장이었다. "그것도 해저의 은밀한 곳에서/ —가장 비굴한 자를 위하여/ —가장 불의한 자를 위하여"(〈반란하는 바다〉, 《반란하는 바다》, 1977) 그러하였다. 지금의 바다는 어떤 모습인가. 바다의 반란이 더욱 절실한, 불가피한 시간일 수 있다. 우리 모두가 이 긴장의 순간으로부터 자유로울 수 없는 실정은 해양시가 나아갈 운명의 좌표를 예고하고 있는 듯하다. 더더욱 강릉은 바다의 도시이다. 이곳의 옛 이름 중 하나인 '명주(溟洲)'가 함의하듯이 바다라는 의미를 명명 자체에 각인하고 있다. 바다의 예고가 남다를 수밖에 없는 장소일 것이다.

강원권 해양시의 예시 앞에서 거론된 바다 양상은 대개 시집 내에서 부분적인 화소에 해당된다. 해양시라 한다면 보다 구체적인 체험을 바탕으로 목적의식적인 일련의 창작 과정을 수반할 때 보다 깊이 있는 성과와 논구가 가능할 것이다. 그에 관한 예시를 위해 강릉 출신의 작가들 중에서 문제적인 경우를 들면 다음과 같다.[9] 먼저 이윤길의 《더 블루》[10]는 바다와 관련된 상상력이 텍스트 전편을 가로지른다. 《대왕고래를 만나다》(2009), 《파도공화국》(2012), 《바다, 짐승이 우글우글하다》(2013) 등의 기존 시세계가 상징하는 바와 같이 이윤길에게 특화된 해양시의 경향에 대해서는 재론의 여지가 없다. 최근의 시집에서도 이윤길은 해양시의 본령을 유감없이 보여 주었다. 그는 시라는 장르 자체가 "뱃사람의 생을 받아 적은 것"이요, 바다는 "뱃사람 삶의 시작과 끝"이며 "결국 뱃사람이 바다"(〈시인의 말〉)라 하였다.

9 바다시를 중심으로 한 강릉권 바다문학의 전반적 양상에 대해서는 본 학술대회의 1회 발표에서 정연수에 의해 정리된 바 있다. 정연수, 〈강릉 바다문학의 현황과 특징—바다시를 중심으로〉, 《제1회 강릉바다 학술대회 자료집》, 동해안바다연구회, 2017. 8. 10 참조.

10 이윤길, 《더 블루》, 신생, 2017.

실습항해사와 초보선원 겁먹지 마라
뱃전 곁 출렁출렁 뱃구레 문지르는
가리비양식장 부이같이 고요하다
흰고래 뿔을 닮아가는 삶의 유희
노틸러스 잠항처럼 부유하다
분기공 가득한 무지개처럼
고래는 포세이돈을 친구 삼고
그대는 고래를 해신으로 섬긴다
등댓불 가뭇한 먼 바다 심해에서
남극에서 북극으로 경계를 넘는 고래

굵어진 눈주름의 당신 그대가 고래다

—이윤길, 〈당신이 고래다〉 전문

이윤길은 문학과 삶이 일치하는 시인 중 한 사람이다. 뱃일에 건 일생과 그 결과물로서 해양시 장르의 일관된 추구는 해양 문학사의 관점에서 중요하게 기록되어야 할 이력임이 분명하다. 위 작품은 앞서 본 고래의 계보학을 잇는 이윤길 식 서정의 사례이다. 화자는 "실습항해사와 초보선원"에게 그들 스스로가 "고래"임을 적시한다. 핍진한 경험과 관련 노동에 대한 자긍심이 없고서는 드러내기 힘든 표현일 것이다. 나아가 이윤길 시는 "침몰도 어쩔 수 없는 바다의 부분"(〈파도〉, 《작가와 사회》 2017년 겨울호)이라고 단언하기도 한다. 이는 바다가 된 화자가 세상에 던지는 경구일 것이다. 이어서 "산그늘 만겹 붉은 꽃은 피어도/ 부서지거나 무너지거나 솟구쳐도 그건 벽/ 지상을 벗어나 물방울로 돌아갑니다// 나는 파도입니다"라고 쓸 때, 그것이 파도에 투사된 자아의 정동임을 의심하지 않는 이유는 바로 이윤길 시에 전제되어 있는 진정성 때문이라 하겠다. 수부(水夫)들의 해양 체험을 구체적으로 형상화한 것이 해양문학의 장르적 조건이라면 이윤길 시는 한국 해양시의 적자일 수밖에 없다.

강릉 출신의 작가 중 최근의 해양시 관련 성과로서 간과할 수 없는 또 다른 사례는 류재만의 《여기 울릉도, 오징어》[11]일 것이다. 류재만은 해양 노동

11 류재만, 《여기 울릉도, 오징어》, 그늘빛, 2017.

에 직접 종사하지 않으면서도 해양문학을 일관되게 추구해 왔다. 기존에 상재했던 《어달리 바다》(1999), 《해비늘 벗기기》(2002), 《파도를 재우다》(2006), 《나루》(2013) 등은 모두 바다에 대한 일련의 헌사에 다름 아니다. 류재만 시는 해양과 관련된 경향을 지님은 물론, 단순한 소재주의를 넘어 목적의식적인 장르 실험을 지속하고 있다는 점에서 문제적 대상임이 분명하다.

《여기 울릉도, 오징어》는 표제가 환기하는 것처럼 주로 울릉도와 오징어를 소재로 하는 작품을 묶은 것이다. 특별한 기교나 상징적 장치가 두드러지지 않음에도 쉽게 읽히지 않는 이유는 일관된 내면적 독백의 어조, 그 진술을 이끄는 방언 투 표현, 특정 표지가 생략된 발화 주체의 전환 등이 혼효됨으로써 낯선 독서의 시간을 이끌기 때문이다. 예컨대 "관솔불 오징어잡이는 한 길 물속이 한계"이지만 "걱정할 내일이 없"는 반면, "열 길 백 길 넘어 들어가는 집어등 연승잡이"는 "눈먼 놈 하나 없게 되"어 "내일은 물론 또 내일이 참 걱정되게 되"(〈관솔불과 집어등〉)는 결과를 낳았다. 문명의 발달에 따라 인간과 자연이 황폐화되어 가는 모순의 현실을 지적하는 셈이다. 이 작품은 단순한 시형이지만 이번 시집의 형식과 주제 의식을 집약적으로 보여주고 있다. 구체적인 진술이나 설명을 동반하지 않은 채 관찰자의 시선과 생활의 언어로써 관련 정황을 담담히 묘사할 뿐이다. 여기서의 구어체 표현, 휴지와 공백, 언어유희, 시적 반전 등의 외장을 기억할 필요가 있겠다.

류재만 시에 등장하는 삶의 영역에서 가장 빈번한 형태는 '뱃일'과 관련된다. 뱃일은 구체적 노동의 형태로 반복해서 배치되는데, 예컨대 "하장도 아무나 하는 게 아니다/ 빙가리꾼처럼 죽어라고 작업을 하지 않아도 되고/ 선주에게 떼어준 몫에서 떼어 받는 월급쟁이고/ 소주 서너 병 정도는 찬값을 더는 요령에 달려 있고/ 기관방에 붙어 있어/ 배오징어 말리기 이래 좋은 데 없다"(〈하장과 빙가리꾼〉)와 같은 대화는 익숙한 장면 중 하나이다. 주석에 따르면 '하장'은 "식사를 담당하는 선원"을, '빙가리꾼'은 "이 배 저 배 옮겨 다니는 초보 어부"를, '배오징어'는 "조업 중 해풍으로 말린 오징어"를 가리킨다. 특정 공간을 떠나 존재할 수 없는 언어들이다. 또한 울릉도는 이번 시집의 중요한 화소이자 장소이다. 표제가 되는 소재인 만큼 울릉도의 형상은 시집 곳곳에 배치된다. 그 중에서도 〈울릉도 뱃길〉은 울릉도의 역사와 장소성을 집약하고 있다. 또한 우리가 왜 울릉도라는 장소에 주목해야 하는가를 암시하면서도 서정적 형상화에 성공한 작품에 해당된다.

그 밖에 시집의 내용적 범주로서 설정할 만한 단위는 풍속의 차원이다. 해양 문화에 대한 다양한 형상화 양상이 그것이다. 예컨대 "사타구니 가운데에 예리하게 벼린 칼을 찔러 넣는다/ 아픔을 줄이려는 의도는 전혀 아니다"로 시작하는 〈오징어 할복〉은 오징어 회와 관련된 제반 풍속을 상세하고도 재미있게, 한 편의 드라마처럼 묘사한다. 그런데 류재만 시가 바다의 문화를 낭만적인 서정을 통해 우화적으로만 그리는 것은 아니다. 시집 속에는 비판적 역사의식을 비롯하여 물신주의로 점철되는 현실에 대한 냉철한 판단이 도사리고 있다.

> 대곤 위에는 대붕을 그려주세요
> 대붕의
> 한쪽 발은 지구를 낚아채고 있고요
> 발톱이 지구를 꿰뚫고 있어야 합니다
> 한쪽 발은 대곤의 창자를 벌리고 있고요
> 남은 발들은 꺾인 날개 위에 뚝 꺾여 질질 끌려가듯 그려주세요
> 중요한 건 모든 걸 놓아 버리고
> 지구를 떠나려는 의도를 그려 넣는 건데요
> 지금일까 조금 더 기다릴까
> 하는 망설임도 있어야 합니다
>
> —류재만, 〈남극(南極)과 북명(北溟)〉 부분

이 작품은 지구 온난화라는 문명의 역설을 다룬다. 첨단 문명의 발달은 인간의 삶에 유래 없는 편리를 가져왔지만, 그 대가로 자연의 황폐화를 낳았다. 자본주의라는 제도가 전 지구화된 이래 오존층 파괴는 가속화되고 있다. 여기서 화자는 '대곤'과 '대붕'을 소재로 한 편의 그림을 그리고자 한다. 대곤과 대붕은 곤붕(鯤鵬), 즉 《장자》에 나오는 상상의 물고기와 새를 가리키는 듯하다. 사전적 의미에 따르면 대붕(大鵬)은 하루에 구만 리를 날아간다는, 매우 큰 상상의 새를 뜻한다. 북해에 살던 '곤'이라는 물고기가 변해서 되었다고 기록되어 있다. 그런 대붕은 화자의 화폭에서 발톱으로 "지구를 꿰뚫고", 또 "대곤의 창자를 벌리고" 서고자 한다. 이 부정적인 이미지의 소이는 "셀 수 없는/ 더러운 발가락"일 터인데, 이는 곧 "사람의" 것이

다. 인류의 욕심이 괴물의 형상을 낳은 형국이다. 화자가 원하는 캔버스는 가히 그로테스크하며 또한 혁명적이다. 회화의 역사는 급변하는 패러다임과 시대적 혼돈에 저항하는 강렬한 이미지를 기록해 왔다. "안광조차 없는 눈알들"의 소묘는 극단적인 아방가르드 화풍에 비견될 법하다. 이처럼 〈남극과 북명〉은 신화적 상상력을 동원하여 우리 시대의 묵시록을 현현하고자 한다.

가장 큰 쟁점은 서사시의 국면일 것이다. 류재만의 서사시를 향한 기획은 기존의 문학 지평 속에서도 확인된 바 있다. 단편 서사시 〈파도를 재우다〉(《파도를 재우다》)나 장시 〈나루〉(《나루》)는 대표적인 예시일 것이다. 이번 시집에서도 장시의 실험은 계속되고 있다. 《여기 울릉도, 오징어》의 3부는 장시 〈오징어, 놀다 가다〉에 할애된다. 원고지 220매에 이르는 장시로서 소제목에 따라 7장으로 분류된다. 각 장의 소제목은 '오징어의 오징어', '회유의 오징어', '부부의 오징어', '아버지의 오징어', '아들의 오징어', '어머니의 오징어', '오징어 놀다 가다'와 같다. 이 작품은 여러 면에서 파격적 의미를 지닌다. 무엇보다 장시라는 형식 자체가 전위적인 것이다. 이런 식의 장편은 성패를 떠나 발표 지면을 구하기조차 어렵다. 발생과 유통이 '잡지'라는 제도적 메커니즘으로 전제되는 현실을 모를 리 없는 시인이 장시의 실험을 고집하는 데에는 분명한 이유가 있으리라 짐작된다. 시적 서사가 아니고서는 재현될 수 없는 풍속과 로컬 히스토리의 실재가 〈오징어, 놀다 가다〉의 배면에 작동하고 있음을 기억할 필요가 있겠다.

> 니 어데서 왔나?
> 니 뒤 따라 왔아
> 어디서부터 따라왔는데?
> 다리가 다섯 쌍으로 붙어 있었고 그것도 대가린 줄 아는 지느러미에 붙어있을 때부터 따라왔는데 왜 묻는데?
> 고만할 때면 여기서 아주 먼 물이 뜨신 남쪽 동넨데
> 하도 어려서 기억이 거의 없지만 흉내를 내며 따라오더라니 다리가 떼어지더라
> 니가 기억하는 제일 오래 된 데는 어디나?
> 몰라 눈을 뜨니까 니가 있었던 것밖에 대가리에 다리가 붙어 있는데 어째 알겠나

니네 엄마는 어데 있나?
낳자마자 배가 고파 뜯어먹은 그게 엄마 아닌가 싶아
어데서?
밤꽃 냄새가 뿌연 거기가 어딘지 보여야 알지
엄마는 뜯어먹었다 치고 아부지 얼굴은 봤나?
아부지를 봤으면 아부지 따라 갔지 니를 따라 왔겠나
니 내가 보이나?
아니 시커먼 목소리는 들리는데 희미하게 어른거리기도 해

—류재만, '오징어의 오징어'(〈오징어, 놀다 가다〉) 부분

텍스트 내부를 보자면, 〈오징어, 놀다 가다〉는 '어머니의 오징어'를 제외한 나머지 장들이 위와 같은 대화체로 전개된다. 위 장에서는 오징어-되기의 시선을 통해 탄생과 이동, 생존과 번식에 관한 이야기가 어떤 박물지보다 생생하게, 특유의 만담 형식으로 전달되고 있다. 각 장의 발화 주체는 오징어와 오징어, 남편과 아내, 아들과 부모 등으로 변주된다. 방대한 시적 서사를 대화로만 이끄는 데에는 정치한 구상이 필수적이다. 시상 전개나 정황의 개연적 전달에 있어서 곤란이 불가피하기 때문이다. 또한 특징적인 것은 시점이 표제에 따라 오징어, 부부, 아버지, 아들, 어머니 등으로 이동한다는 점이다. 동일한 시적 상황이 각각의 시각에 따라 달리 발화됨으로써 다성의 언표를 구현코자 한다. 또한 화자의 이동은 시간의 공간화라는 시적 효과를 낳는다. 이는 사건의 입체적 구성을 위한 카메라 기법과 유사하다.

《여기 울릉도, 오징어》는 류재만 시세계에 있어서 지금까지의 경향을 집약하고 일단락 짓는 하나의 기점이라 할 만하다. 그런 만큼 기존의 형식과 주제의식을 반복하고 있다. 이런 양상은 류재만 시가 지닌 한계이기도 하다. 작품과 작품이 서로를 넘나들며 씨줄과 날줄로 교차되고 있는 장면은 시적 서사가 취한 긴밀함의 구조이겠지만, 관점에 따라서는 소재의 제한이요 기법의 반복으로 평가될 수 있다. 더불어 엄밀하지 못한 시어 운용, 요설 투 진술로의 경사, 그로 인한 시적 긴장의 상쇄 등은 류재만 시세계가 재고해야 할 미학적 영역임이 분명하다.

3. 바다와 열차, '강릉'이라는 장소

본 장에서는 바다와 열차를 아우르며 강릉의 장소성을 시화하는 경우에 보다 주목해보고자 한다. 강릉, 바다, 열차. 이들 세 개의 키워드를 관통하며 미적 수월성이 공인된 문학 텍스트 중 대표적인 예시는 무엇인가. 필자로서는 가장 먼저 떠오르는 것이 김수영(1921~1968)의 〈미농인찰지(美濃印札紙)〉이다. 그는 불의의 사고로 작고하기 전해 8월에 이 작품을 탈고하였다.

> 우리 동네엔 미대사관에서 쓰는 타이프 용지가 없다우
> 편지를 쓰려고 그걸 사 오라니까 밀용인찰지를 사 왔드라우
> (밀용인찰지인지 밀양인찰지인지 미룡인찰지인지
> 사전을 찾아보아두 없드라우)
> 편지지뿐만 아니라 봉투도 마찬가지지 밀용지 넉 장에
> 봉투 두 장을 4원에 사가지고 왔으니 알지 않겠소
> 이것이 편지를 쓰다 만 내력이오—꽉 막히는구려
>
> 꽉 막히는 이것이 나의 생활의 자연의 시초요
> 바다와 별장과 용솟음치는 파도와 조니 워커와
> 조크와 미인과 패티 김과 애교와 호담(豪談)과
> 남자와 포부의 미련에 대한
> 편진는 못 쓰겠소 매부 돌아오는 길에
> 차창에서 내다본 중앙선의 복선 공사에 동원된
> 갈대보다도 더 약한 소년들과 부녀자들의
> 노동의 참경(慘景)에 대한 편지도 못 쓰겠소 매부
>
> 이 인찰지와 이 봉투지로는 편지는 못 쓰겠소
> 더위도 가시고 오늘은 하루 종일 일도
> 안 하고 있지만 일용인찰지의 나의 생활을
> 당신한테 보일 수는 없소 이제는
> 편지를 안 해도 한 거나 다름없고 나는
> 조금도 미안하지 않소 매부의 태산 같은
> 친절과 친절의 압력에 대해서 미안하지 않소
>
> 당신이 사 준 북어와 오징어와 이등차표와

경포대의 선물과 도리스 위스키와 라즈베리 잼에 대해서
미안하지 않소 당신의 모든 행복과 우리들의 바닷가의
행복의 모든 추억에 대해서 미안하지 않소
살아 있던 시간에 대해서 미안하지 않소
나와 나의 아내와 우리 집의 온 가옥의 무게를 다 합해서
밀양에서 온 식모의 소박과 원한까지를 다 합해서
미안하지 않소—만 다만 식모를 부르는 소리가
좀 단호해졌을 뿐이오 미안할 정도로 좀—

—김수영, 〈미농인찰지〉 전문

김수영은 이 작품을 발표할 당시 강릉에 있는 매부네 집으로 여행을 다녀왔을 것이다. 바다가 보이는 별장에 초대 받아 조니 워커를 마시며 즐거운 시간을 보낸 듯하고, 북어와 오징어 등의 특산물과 이등차표를 선물로 받았음을 알 수 있다. 여행에서 돌아온 후 답례차 매부에게 보낼 서한의 준비 과정에서 이 작품은 만들어졌다. 김수영 특유의 요설투 문장과 반복에 의한 강조를 통해 편지지에 얽힌 사연을 형상화하고 있다.

편지를 쓰기 위해 타이프 용지를 사 오라고 했더니, 식모가 비싼 미농인찰지를 사 왔던 것이 사단이었다. 미농지는 닥나무 껍질로 만든 질기고 얇은 종이이고, 인찰지는 미농지에 괘선을 박은 종이로서 흔히 공문서를 작성하는 데 쓰인다. 결국 편지는 쓰다가 중단된다. 꽉 막히는 나의 생활을 이 비싼 인찰지와 봉투지로는 옮길 수 없다는 것이다. 화자는 그것이 부득이한 결과이기에 매부에게 결코 미안하지 않음을 재차 강조하고 있다. 다소 억지스러운 주장이 시인의 강한 자의식을 환기한다. 미농지라는 고품질 종이 위에 자신의 속된 생활을 담을 수는 없다는 인식 자체가 위선적인 것이다. 그러나 긴 진술의 사이에는 속악함을 기만하는 숭고함이 요령처럼 담긴다. 여행에서 돌아오는 길의 차창을 통해 발견했던 이미지, 즉 중앙선 복선 공사를 위해 동원된 소년들과 부녀자들의 노동의 참경이 그것이다.

식모를 부르는 단호한 목소리에 미안함을 느끼는 감정을 마지막에 부기한 것 역시 위악성의 가면 뒤에 웅크린 진정성일 것이다. 김수영은 자신이 취한 위악의 포즈 이면에 숨은 시적 양심을 이렇듯 부끄럽게 드러내고 있다.

바다와 열차를 중심으로 강릉의 문학을 일별하기 위한 이 글에서 김수영의 〈미농인찰지〉를 길게 이용한 데에는 나름의 이유가 있다. 이 작품은 강릉의 장소성을 문학적으로 전유하는 데 있어서 여러 면에서 시사점을 지닌다. 강릉권 지역문학의 관점에서 볼 때 무엇보다 한국 현대시사의 대표적 예시인 김수영 시세계 내에 강릉의 경험과 장소 지표가 형상화되고 있다는 점은 반가운 사실일 것이다. 반면 위 작품에서 전경화되는 것은 시인의 자의식과 개성적인 위악성의 포즈이지 강릉의 장소성 자체는 아니다. 그 자체로 문학사의 소중한 성과이겠으나, 지역문학의 관점에서는 그것이 주요한 논거일 수 없다.

그럼에도 불구하고 미적 경험과 장소 전유는 이항대립적으로 분리된 범주가 아니라는 사실을 확인할 필요가 있다. 양자는 불가분의 관련 속에 서로를 지양하며 시어라는 언어물을 구성한다. 〈미농인찰지〉 역시 미적 수월성과 문학적 사유가 구체적인 장소 경험으로부터 비롯된다는 변함없는 사실을 증거한다. 강릉이라는 장소에 주목한 지역문학적 입장, 거점 지역의 장소성에 부응하려는 문화산업적 시도가 항용 수반해야 하는 태도 역시 이와 무관할 수 없을 것이다.

참 아름다운 역이었습니다
내 기억 속에 흐린
기적 소리만 남아있는 경포대역
바다가 그리운 사람들을
쏟아내던 바다로 가는 종착역이었습니다
머리 늘어뜨린 늙은 해송들이
파도 소리에 귀를 세우는
옛날 역사 근처에서
멀리서 뿌욱하며 달려올 것만 같은
그대 실은 기차를 생각합니다,
쑥부쟁이 엉겅퀴 해당화 꽃잎에
눈길을 주다, 고개를 들어
하늘차창에 비친 사람들을 기억합니다
세상에 태어나 처음 기차를 탄 곳은
경포대역이었고 처음 내린 곳은

5분 거리의 강릉역이었습니다
그토록 짧은 두 역을 하루에 몇 번씩
왕복했던 기차여행은 잊을 수 없습니다.
횟집이 들어찬 옛날 기찻길 위에는
싱싱한 생선들이 올라와
기차를 타고 먼 여행을 떠나는 듯합니다
세상공부 길은 아직 먼데
어릴 적 기차 안에서 읽던 책들은
왜 아직도 눈물을 흘리고 있는 걸까
지금은 흔적도 없이 사라진
옛날 경포대 역사 근처서
그대를 싣고 올 기차를 기다립니다.

—박용재, 〈경포대역〉 전문

《강릉》[12] 속의 한 편으로 자리한 위 작품은 경포대역을 소재로 기차와 바다가 어우러진 풍경을 소환한다. 강릉이라는 장소의 구체적인 경험과 장소 지표가 아름다운 서정으로 형상화된 수작이라 할 만하다. 한편 작품 속에 그려진 이 서정적인 공간 배경은 더 이상 현실의 장소가 아니다. "내 기억 속에 흐린/ 기적 소리"로만 존재하는 과거의 심상지리인 것이다. 오늘날의 현실에 있어서 해당 지역의 장소 상징을 구획하는 기준은 자본의 논리일 수밖에 없다. 문학적 입장에서는 아쉬울 수밖에 없는 삶의 실정이기도 하다.

'강릉 바다와 KTX의 활용'이라는 타이틀을 건 이번 학술대회는 이른바 문학의 문화콘텐츠화를 위한 하나의 시도라고 사료된다. 그와 관련해서 이 글과 같은 학술적 논구는 그리 실용적인 것이 아닐지 모른다. 그럼에도 불구하고 모든 문화콘텐츠의 근저에는 인문학적 상상과 정치한 고증이 기반하고 있어야 한다는 점을 강조할 필요가 있다. 실용적 가치를 경제적으로 추구한 조급함이 현 단계 한국사회에서 각종 병폐의 원인이라는 역사적 사실을 망각해서는 곤란할 것이다. 문화 도시로 가는 도정에 강릉이 지닌 유구한 역사적 전통은 매우 소중한 자원이다. 이를 현재화하려는 진정정 있

12 박용재, 《강릉》, 작가, 2010.

는 노력은 문화사업의 전략적 기획에 있어서 무엇보다 견지되어야 하는 입장이어야 하리라 본다. 문화콘텐츠 산업은 지역의 정체성 문제와도 긴밀히 연동된다. 이때 지역의 정체성은 이른바 구성적(constitute) 개념임에 주목할 필요가 있다. 문학작품의 제도적 전유는 이러한 관점에서 진행되어야 한다. 또한 지역 정체성의 구성주의적 입장이 일종의 행정편의적 관점으로 해석되어서는 곤란할 것이다.

4. 고속철 혹은 신생의 기제

그 밖에 바다와 열차가 길항하는 강릉의 문학적 형상화 양상으로는 정동진 소재의 작품들을 대표적 경향으로 들 수 있겠다. 강릉시 정동진리라는 장소 자체가 기차가 닿는 동해안의 절경으로 상징되기 때문이다. 그리하여 정동진은 강원 영동권 지역의 대표적 문화상품으로 개발된 지 오래다.

> 겨울이 다른 곳보다 일찍 도착하는 바닷가
> 그 마을에 가면
> 정동진이라는 억새꽃 같은 간이역이 있다.
> 계절마다 쓸쓸한 꽃들과 벤치를 내려놓고
> 가끔 두 칸 열차 가득
> 조개껍질이 되어버린 몸들을 싣고 떠나는 역.
> 여기에는 혼자 뒹굴기에 좋은 모래사장이 있고,
> 해안선을 잡아넣고 끓이는 라면집과
> 파도를 의자에 앉혀 놓고
> 잔을 주고받기 좋은 소주집이 있다.
> 그리고 밤이 되면
> 외로운 방들 위에 영롱한 불빛을 다는
> 아름다운 천장도 볼 수 있다.
>
> 강릉에서 20분, 7번국도를 따라가면
> 바닷바람에 철로쪽으로 휘어진 소나무 한 그루와
> 푸른 깃발로 열차를 세우는 역사,
> 같은 그녀를 만날 수 있다.
>
> —김영남, 〈정동진역〉 전문

위 작품 이외에도 정동진은 문학작품의 소재로 빈번히 활용되어 왔다. 시 〈정동진〉(정호승)과 〈정동진 횟집〉(김이듬), 소설 〈바다의 벽〉(박명애)과 〈그대 정동진에 가면〉(이순원), 극본 〈모래시계〉(송지나) 등은 동일한 장소가 문학화되는 다양한 방식을 보여주고 있다. 문학작품에서의 공간적 표현은 단순히 지명을 지칭하고 기술하는 것만이 아니다. 사람들이 구체적으로 어떤 공간에 처해 있고, 처해진 공간에 대해 어떻게 지각하고 인식하는가에 관한 이해를 가능하게 한다. 그리하여 문학작품 속의 정동진(문학적 측면)은 비평과 보도, 다수의 독자층 확보 등 경제적 측면(생산과 소비), 그리고 정동진에 대한 멘탈맵(mental map) 변화, 방문 및 여행, 문화경관의 변화, 배경장소 주민의 삶의 변화 등 문화지리적 측면과 연관을 지니게 된다.[13]

하지만 오늘날의 정동진에서 〈정동진역〉이 묘사하는 것과 같은 서정적 풍경을 찾아보기는 힘든 실정이다. 오히려 부박한 현실과 함께 "이름 난 여행지가 대부분 그러하듯 실망스러운 벗은 몸을 보여주고 벼려온 파혼을 감행하기 좋은 모래바람이 분다"(김이듬, 〈정동진 횟집〉)는 묘사가 공감을 더한다. 제도적 선택과 집중이 상업성만을 부각시키게 된다면 진정한 지역 정체성을 형성하는 과정이라 할 수 없다. 이러한 현상은 관광산업의 행정적, 제도적 모색에 있어 인문학적 성찰이 중요한 필연적 이유를 설명해주기도 한다.

이 글은 바다와 열차 이미지를 중심으로 강릉 지역의 대표적인 시문학 양상을 점검하였다. 한국형 고속철도, 즉 KTX는 첨단의 근대 문명으로 강릉 지역에 정착하였다. 이 고속철은 강릉 지역에 있어서는 남다른 의미를 지닌다. 강릉선은 한국 자본주의의 변방에 미친 최첨단 자본의 수혜인 것이다. 이론적 차원에서는 얼마든 가능한 일이지만 극단적 효율이 지배하는 현실적 차원에서 KTX 경강 노선은 불가능한 상상이었다. 이를 실현한 결정적 요인 중 하나가 동계올림픽의 성공 유치를 위한 국가적 욕망이었음에는 재론의 여지가 없다.

김수영이 강릉 여행을 마치고 서울로 돌아갈 무렵, 그가 탄 열차는 거의 온종일의 시간을 철도 위에 머물렀을 것이다. 아래 기록은 당시 서울,

13 이은숙, 〈문학공간의 인식체계와 특성〉, 《한국 근대문학과 장소의 사회학》(현대문학이론학회 제46차 전국학술발표대회자료집), 2008. 12. 12, 9~10쪽.

강릉 간을 운행했던 열차의 풍경을 전하고 있다.

> 철도청은 지난 1일 아침 6시 10분 서울역에서 서울 강능간을 운행하는 보통급행열차 제51 · 52열차의 명명식을 가졌다.
>
> 십자성호로 명명된 이 열차는 종전에는 〈동해〉호였는데 편성은 2등 2량, 3등 4량, 식당차 1량, 소화물차 1량등 도합 8량으로 서울에서 아침 6시 30분에 출발, 강능에는 17시 30분에 도착하는 열차이다.(〈서울 · 강능간 보통급행〉)[14]

위 기사가 1968년 4월호의 것임을 보면, 〈미농인찰지〉를 쓴 전해 역시 유사한 조건에서 열차가 운행되었음을 짐작할 수 있다. 11시간의 여정 위에서 김수영은 피곤한 몸과 마음을 추스르며 시를 상상했을 것이다. 강릉선 KTX 노선은 서울과 강릉 간의 거리를 2시간 이내로 좁혀 놓았다. 김수영이 경험했던 시간과 공간이 전혀 새로운 범주로 재구성된 것이다. 근대성의 좌표로 설정되었던 바다와 열차라는 상징이 2019년대의 강릉 문학장에 신생의 기제로 실재하고 있다.

강원 영동권 고속철의 기점으로 재구성된 강릉역은 "바다가 그리운 사람들"을 인도하는 "바다로 가는 종착역"으로 거듭날 수 있을 것인가, 아니면 언젠가 "지금은 흔적도 없이 사라"져 버린 채 "횟집이 들어찬 옛날 기찻길"(박용재, 〈경포대역〉)의 운명을 이어받을 것인가? 그 향방은 "그대를 싣고 올 기차"를 상상하는 강릉의 예술, 행정, 문학적 실천에 따라 가늠될 수 있을 것이다.

14 《월간 한국철도》 1968년 4월호.

출처

이 책에 수록된 글들은 아래에 근거하여 수정, 보완되었다.

1부

〈한국학과 글로벌 학제〉 : 2015 전국학술대회, 어문연구학회, 2015. 11. 27.

〈문학담론과 시대지평〉 : 2014 전국학술대회, 어문연구학회, 2014. 11. 28.

〈현대시와 미적 공준—김동명 시를 중심으로〉 : 《김동명문학연구》 4, 김동명학회, 2017. 10; 어문연구학회 전국학술대회 발표문, 어문연구학회, 2017. 11. 17.

〈지역학으로서의 삼척문학〉 : 《인문사회과학연구》 10, 인문사회과학연구소, 2019. 6.

〈부재 너머의 장소—강릉권 문학장의 경우〉 : 2019 인문주간 학술발표회, 강릉인문도시사업단/강릉원주대 인문학연구소, 2019. 11. 1.

〈〈최생우진기〉의 장소성 전유〉 : 《영주어문》 41, 영주어문학회, 2019. 2.

2부

〈김동명 시, 강릉, 로컬리티〉 : 《김동명문학연구》 7, 김동명학회, 2018. 10.

〈심연수 육필정본의 현재성〉 : 심연수 탄생 100주년 학술대회, 2018. 7. 3.

〈신봉승 시와 역사적 상상력〉 : 《비평문학》 67, 한국비평문학회, 2018. 3.

〈최호길 · 최명길의 생태시학〉 : 《문학과 환경》 16/4, 문학과환경학회, 2017. 12.

〈강원권 문학운동의 현 단계—강원작가회의와 그 과제〉 : 《강원작가》 20, 강원작가회의, 2017; 《인문사회과학연구》 9, 인문사회과학연구소, 2018. 12.

〈바다와 열차의 모더니티〉 : 제2회 강릉바다학술대회, 동해안바다연구회, 2018. 8. 30.

지역학으로서의 문학

_강원권 문학장 재구

지은이 소개

남기택 南基澤

1970년 대전 출생. 1999년 《작가마당》, 2007년 《현대시》로 등단. 충남대학교 국어국문학과 및 동 대학원을 졸업했다. 주요 저서로는 《근대의 두 얼굴, 김수영과 신동엽》, 《경계와 소통, 한국 현대문학의 다층성》, 《지역, 문학, 로컬리티》 등이 있다. 현재 계간 《동안》 편집장으로 활동하고 있으며, 강원대학교 자유전공학부에 재직 중이다.

E-mail : litoem@kangwon.ac.kr

지역학으로서의 문학
_강원권 문학장 재구

2020년 2월 28일 초판 1쇄 발행

지은이와의 합의로 인지 첨부를 생략함

지은이 남 기 택

발행인 박 종 성

발행처 삼경문화사

우 04003 / 서울특별시 마포구 잔다리로 101

전화 02-732-1244 / 팩스 02-332-6185

등록 1998.07.06. 제 10-1614호

ISBN 978-89-88408-44-5 93810 값 20,000원

{지역학으로서의 문학}

_강원권 문학장 재구